O último segredo de Anne Frank

Joop van Wijk-Voskuijl
e Jeroen De Bruyn

O último segredo de Anne Frank

A história não contada de Anne Frank,
de sua protetora silenciosa
e de uma traição em família

Tradução
Claudio Carina

Revisão técnica
Bruno Leal Pastor Carvalho

CRÍTICA

Copyright © Jeroen De Bruyn e Joop van Wijk-Voskuijl, 2015.
Copyright em língua inglesa © Bep Voskuijl Producties BV, 2018, 2023.
Inspirado em *Anne Frank: The Untold Story*, publicado em 2018 pela Bep Voskuijl Producties BV, originalmente publicado em holandês em 2015 por Prometheus/Bert Bakker com o título *Bep Voskuijl: Het Zwijgen Voorbij*.
Trechos de *The Diary of a Young Girl: The Definitive Edition*, de Anne Frank, editado por Otto H. Frank e Mirjam Pressler, traduzido por Susan Massotty, copyright da tradução © Penguin Random House LLC, 1995. Utilizado com permissão da Doubleday, uma marca do Knopf Doubleday Publishing Group, uma divisão da Penguin Random House LLC. Todos os direitos reservados.
Trechos de *The Diary of Anne Frank: The Revised Critical Edition*, de Anne Frank, copyright para todos os textos de Anne © Anne Frank Fonds, Basel/Suíça, 1986, 2001.
Copyright da tradução inglesa © Doubleday, uma divisão da Random House LLC (Nova York), e pela Penguin Books, Ltd (Londres), 1989, 2003. Utilizado com permissão da Doubleday, uma marca do Knopf Doubleday Publishing Group, uma divisão da Penguin Random House LLC. Todos os direitos reservados.
Copyright © Editora Planeta do Brasil, 2024
Copyright da tradução brasileira © Claudio Carina
Todos os direitos reservados.
Título original: *The Last Secret of the Secret Annex: The Untold Story of Anne Frank, Her Silent Protector, and a Family Betrayal*

Preparação: Cássia R. Oliveira
Revisão: Ana Maria Fiorini e Valquíria Matiolli
Diagramação: Negrito Produção Editorial
Capa: Fabio Oliveira
Imagem de capa: Passport photos Anne Frank, 1939/Wikimedia Commons

Dados Internacionais de Catalogação na Publicação (CIP)
Angélica Ilacqua CRB-8/7057

Wijk-Voskuijl, Joop van
  O último segredo de Anne Frank : A história não contada de Anne Frank, de sua protetora silenciosa e de uma traição em família / Joop van Wijk-Voskuijl, Jeroen De Bruyn; tradução de Claudio Carina ; revisão técnica de Bruno Leal Pastor Carvalho. – São Paulo : Planeta do Brasil, 2024.
  304 p.

  ISBN 978-85-422-2659-1
  Título original: The Last Secret of the Secret Annex

  1. Holocausto judeu (1939-1945). 2. Guerra Mundial, 1939-1945. 3. Frank, Anne, 1929-1945.
  I. Título. II. Bruyn, Jeroen De. III. Carina, Claudio. IV. Carvalho, Bruno Leal Pastor.

24-1199   CDD 940.5318

Índice para catálogo sistemático:
1. Holocausto judeu (1939-1945)

Ao escolher este livro, você está apoiando o manejo responsável das florestas do mundo

2024
Todos os direitos desta edição reservados à
EDITORA PLANETA DO BRASIL LTDA.
Rua Bela Cintra, 986, 4º andar – Consolação
São Paulo – SP – CEP 01415-002
www.planetadelivros.com.br
faleconosco@editoraplaneta.com.br

Para os (bis)netos de Bep Voskuijl:
Robin, Elly, Jochem, Hester, Casper, Rebecca, Kay-Lee e Ryan —
as novas gerações, os herdeiros desta história.

SUMÁRIO

Prólogo: Uma carta da Bélgica 9

PARTE I: ANNE

1. Por trás da estante de livros 19
2. Estrelas amarelas 33
3. Segredo absoluto 45
4. Bocas para alimentar 57
5. Encobrimento 69
6. A festa do pijama 77
7. Um pequeno ato de descuido 89
8. À espera da invasão 99
9. Tudo estava perdido 109

PARTE II: NELLY

10. A voz de uma jovem 121
11. Ratazana cinzenta 135
12. Exílio e retorno 143

PARTE III: BEP

13. Resquícios 157
14. Tio Otto 171
15. Negacionismo 193
16. Uma garota chamada Sonja 203
17. A doce paz 221
18. O caderno vazio 233

Epílogo: As coisas que deixamos para trás 243

Nota sobre as fontes 251
Notas 253
Índice remissivo 283
Agradecimentos 297

PRÓLOGO
UMA CARTA DA BÉLGICA

Este projeto não começou como uma investigação sobre os recônditos mais escuros do Anexo Secreto, mas com uma carta enviada a mim, em 2009, por um menino de quinze anos, da Antuérpia, chamado Jeroen De Bruyn. Como milhões de outras crianças, Jeroen ficou comovido com o diário de Anne Frank, que a mãe leu para ele pela primeira vez quando tinha apenas seis anos de idade.

Sob todos os aspectos, Jeroen foi uma criança curiosa e extraordinariamente madura. Assim que foi capaz de entender que o mundo já estivera em guerra, pediu detalhes à mãe. Ela contou as histórias que tinha ouvido na infância — sobre vizinhos obrigados a usar a estrela amarela e mísseis V2 explodindo nas ruas da Antuérpia. A pergunta seguinte foi uma que as crianças sempre fazem e os adultos muitas vezes se esquecem de fazer: *Por quê?*

Como não tinha uma resposta apropriada, a mãe recorreu a um dos mais famosos registros daquela época, *Het Achterhuis* [O Anexo], conhecido em português como *O diário de Anne Frank*. Algumas pessoas provavelmente vão pensar que Jeroen era novo demais para ser exposto a um texto tão difícil, mas acredito que tendemos a subestimar a capacidade de compreensão e expressão das crianças — como o diário de Anne Frank demonstra com tanta força. Ademais, a mãe de Jeroen não leu todo o diário para ele, limitando-se a alguns trechos, evitando cuidadosamente as passagens mais perturbadoras.

Jeroen ficou fascinado. Passava horas fitando as imagens em preto e branco da estante móvel e do minúsculo e apertado Anexo Secreto. Sua cabecinha não conseguia entender por que famílias inteiras, até mesmo crianças pequenas, precisaram se esconder como ratos para não serem mortas. Começou a fazer mais perguntas à mãe sobre a guerra, e com o tempo ela lhe deu outros livros infantis sobre o assunto. Quando Jeroen ficou um pouco mais velho, começou a procurar livros sobre o Holocausto na biblioteca pessoalmente. Os pais estranharam seu interesse nascente, mas eram europeus liberais de mente aberta, mais inclinados a explicar do que a esconder a dura realidade do mundo.

Com o tempo, os livros infantis e filmes de animação foram substituídos por histórias densas e documentários antigos. As histórias e imagens tornaram-se mais explícitas, mais terríveis. Aos doze anos, Jeroen já tinha assistido a todos os filmes disponíveis sobre o Holocausto — *Shoah*, o documentário de nove horas de Claude Lanzmann, foi o que mais o impressionou — e lido todos os livros sobre Anne Frank que conseguiu encontrar. Quanto mais Jeroen aprendia, menos ele entendia. Como aquilo podia ter acontecido nas mesmas ruas plácidas e arborizadas por onde andava todos os dias? Como sua avó, a mesma mulher que lhe mandava mensagens de texto bobinhas, podia ter visto tudo com seus próprios olhos? Vizinhos sendo presos. Suásticas nas ruas. A cidade em chamas.

A avó de Jeroen também se chamava Anne. Nasceu no mesmo ano que Anne Frank — 1929 —, e durante a Segunda Guerra Mundial morou por um tempo com os avós a não mais de uns oitocentos metros do apartamento da família Frank, na zona sul de Amsterdã. Nos primeiros dias da ocupação, se apaixonou por um rapaz judeu chamado Louis. Embora ele tenha se escondido no interior da Holanda para escapar das garras dos nazistas, a maior parte da sua família foi assassinada no campo de extermínio de Sobibor, no leste da Polônia, onde foram mortos 34 mil judeus holandeses em aproximadamente cinco meses, entre março e julho de 1943. Teria sido aquela avó, Anne — com a mesma idade, da mesma cidade, com o mesmo nome —, quem despertou a obsessão de Jeroen por Anne Frank? Porque foi no que se transformou: em uma obsessão, uma necessidade de saber tudo o que havia acontecido dentro do Anexo Secreto.

Jeroen imprimiu centenas de artigos, montou álbuns de recortes, passava as férias escolares em Amsterdã, indo à Casa de Anne Frank. Comprou uma edição acadêmica do diário e estudou as notas de rodapé. Seu professor achava que sua "pesquisa", o conjunto cada vez maior de arquivos reunidos sobre todos os aspectos do caso, era apenas o passatempo ocioso de um estudante com muito tempo disponível; não daria em nada. Mas Jeroen tinha iniciativa, mesmo quando adolescente, e sabia ler nas entrelinhas. Não estava interessado só no que se sabia sobre o caso, mas também no que era desconhecido ou mal compreendido. Começou a se concentrar nas pessoas que protegiam o Anexo Secreto, aquelas que arriscaram a vida para manter Anne e a família em segurança por 761 dias — até todos serem misteriosamente traídos, não muito antes da libertação do país.

A partir de suas leituras, Jeroen percebeu que três dos "ajudantes", como são chamados em holandês, já haviam sido extensivamente estudados: concedendo inúmeras entrevistas, escrevendo suas memórias ou servindo como tema de livros e documentários. No entanto, havia outra ajudante, por acaso a mais nova, sobre a qual quase nada se sabia. A explicação habitual para o fato de haver tão poucas informações sobre essa ajudante era sua natureza tímida e discreta, e o papel secundário que desempenhara no drama do Anexo Secreto. Mas Jeroen conseguiu perceber, com base em evidências, que nada disso correspondia à realidade.

Na verdade, Jeroen começava a desconfiar de que a ajudante mais jovem poderia ter sido a mais importante para Anne. Era sua melhor amiga e confidente mais próxima. Em vista de um grande perigo, agiu heroicamente. No entanto, por algum motivo que Jeroen não conseguia descobrir, ela tinha passado a vida toda depois da guerra se escondendo do que fez.

Essa pessoa era a minha mãe, Bep Voskuijl.

Desde o momento em que o Anexo Secreto foi invadido pela Gestapo, em 4 de agosto de 1944, até sua morte, em 6 de maio de 1983, minha mãe fez questão de se evadir de assuntos relacionados a Anne Frank. Recusou o reconhecimento público pelo seu envolvimento no caso e evitou falar sobre seu papel até mesmo com seus parentes mais próximos, apesar de pessoalmente lamentar a perda daquela jovem amiga e de ter chamado sua única filha de Anne, em sua homenagem. A razão desse não envolvimento não tinha nada a ver com sua natureza reservada, como se imaginara. Na verdade, Bep ficou traumatizada pelo que viveu, e não quis chamar a atenção para os segredos que conhecia e preferia não revelar; segredos que pretendia levar para o túmulo.

Jeroen percebeu que havia uma história ali. O único problema era ele ter apenas quatorze anos. Não chegaria longe em uma biografia sem a participação dos familiares vivos de Bep, das pessoas que a conheceram e tiveram acesso a quaisquer documentos que ela tivesse deixado. Mas Jeroen temia, e com razão, que nós não o levássemos a sério por conta da sua idade e inexperiência.

Em 2008, Jeroen completou quinze anos, a mesma idade de Anne quando morreu de tifo no campo de concentração de Bergen-Belsen. Pouco depois do seu aniversário, ele resolveu finalmente abordar minha família. Como não conseguiu encontrar uma maneira direta de entrar em contato conosco, escreveu para Miep Gies, à época a única ajudante do Anexo Secreto ainda viva. O filho dela, Paul, atendeu seu pedido e o encaminhou a dois de meus irmãos, que não demonstraram interesse em falar sobre nossa mãe, mesmo porque pouco tinham a dizer sobre ela. Na carta, Jeroen não mencionou sua idade nem seus antecedentes, mas, após a primeira tentativa falhar, ele resolveu nos escrever uma carta mais longa, mais íntima.

Em cinco páginas, ele expôs suas intenções, os documentos que havia encontrado e os fatos que reunira, antes de pedir permissão para nos entrevistar. Ainda sem querer revelar sua verdadeira idade, somou alguns meses e disse ter dezesseis anos. Enviou essa carta à Casa de Anne Frank, em Amsterdã, que a encaminhou para mim.

"Sou um menino de dezesseis anos da Antuérpia" — assim começava a carta de Jeroen. "Há muito tempo que me interesso bastante pela história de Anne Frank." Jeroen explicou seu fascínio pelo Anexo Secreto, a mudança gradual de foco de Anne para seus ajudantes e, por fim, para minha mãe. Ficou surpreso por "se saber tão pouco" sobre ela. Disse ter "organizado um arquivo" no qual tentava "encaixar as peças do quebra-cabeça". Cada novo fato que descobria em um rolo de fita empoeirado ou num arquivo de jornal o deixava "eufórico". Acreditava que minha mãe tinha sido para Anne uma espécie de réplica, uma jovem guardiã do outro lado da estante com quem tivera uma amizade íntima, que também se apaixonou durante a guerra, teve suas desavenças com os pais e irmãos e viveu o período da ocupação com medo de ser descoberta. Explicou que Bep ainda era apenas um esboço, mas que "pouco a pouco a estou conhecendo melhor".

A idade de Jeroen me deixou cético, mas fiquei imediatamente impressionado pelo seu desejo sincero de conhecer minha mãe. Em certo sentido, eu também tinha passado a vida toda querendo a mesma coisa. Antes de receber aquela carta, ninguém jamais tinha me perguntado sobre seu papel na história de Anne Frank. O mundo exterior não conhecia o seu passado, e na família tínhamos uma regra tácita de nunca falar sobre o que tinha acontecido durante a guerra.

No entanto, ao longo dos anos, minha mãe me contou coisas que escondia de todos, até mesmo do meu pai e dos meus irmãos. Por algum tempo, fui para minha mãe um pouco do que ela foi para Anne: seu confidente e protetor. Mas as reviravoltas da vida complicaram a nossa relação; por mais que tenha me aproximado dela, nunca entendi exatamente por que sua experiência a torturava e a perseguia daquela maneira.

Respondi à carta de Jeroen e disse que deveríamos nos encontrar, que teria prazer em visitá-lo na Antuérpia para saber o que ele tinha descoberto e discutir seu projeto. Fiz a viagem com minha esposa, Ingrid, com quem morava no leste da Holanda. Jeroen me pareceu sincero, meigo e tremendamente focado. Forrara a mesa da cozinha dos pais de livros, todos marcados com uma profusão de *post-its* amarelos, criando um roteiro detalhado para a nossa conversa. Tinha acabado de encontrar uma rara gravação de uma entrevista concedida por Bep numa viagem ao Canadá, no fim dos anos 1970. Quando tocou a fita para mim, ouvi a voz da minha mãe pela primeira vez em mais de três décadas.

Não pude deixar de sentir que aquele encontro com Jeroen estava quase predeterminado. Eu tinha guardado os segredos da minha mãe por anos, e só agora percebia que vinha esperando uma oportunidade de compartilhá-los, de entendê-los ou, como disse Jeroen, de encaixar as peças do quebra-cabeça. Naquele dia, ainda não sabíamos que o empreendimento levaria mais de uma década. Até hoje não sei por que confiei àquele adolescente os segredos da minha família, nem por que contei a ele coisas que estavam enterradas havia muito tempo. Talvez algo na sua pouca idade tenha me desarmado.

De todo modo, disse que o ajudaria como pudesse. Não esperava que outros membros da minha família fizessem o mesmo, mas, quando entrei em contato com cada um, ninguém se opôs à minha participação. Claro que, na época, eles não podiam imaginar algumas das conclusões incômodas a que as evidências nos levariam, o rastro de traição que desvendaríamos. Ao contrário do que sugeriam as ilusões entre as quais fomos criados, os Voskuijl não eram tão diferentes de outras famílias da Amsterdã no tempo da guerra, nas quais a resistência e o colaboracionismo muitas vezes conviviam sob o mesmo teto.

De início, eu não pretendia ser o coautor de Jeroen, mas sim um guia: compartilhar o que sabia e abrir todas as portas que pudesse. No entanto, à medida que a história foi mudando, se expandindo e se aproximando de um ponto nevrálgico, ficou claro que Jeroen não conseguiria escrevê-la sozinho. Acabamos decidindo nos tornar parceiros no projeto, apesar das diferenças de idade e de trajetória. Por uma questão de clareza e para melhor transmitir minha experiência pessoal de ter crescido à sombra do Anexo Secreto, nós escreveríamos o livro na minha voz. Mas a história é tanto minha quanto de Jeroen. Depois de ter acompanhado sua transformação, de adolescente precoce a um talentoso jornalista, quando olho para trás e vejo nosso trabalho em conjunto, me sinto um pouco como um pai orgulhoso. E é aí que está o cerne do que trata o nosso livro: apesar de falarmos sobre a guerra e o Holocausto, sobre colaboracionismo e traição, não há outra maneira de definir este livro senão como uma história de família. E, como bem sabia minha mãe, existem dois tipos de laços familiares: um forjado pelo nascimento, o outro pelas circunstâncias.

Joop van Wijk-Voskuijl
Heemstede, Holanda
Março de 2023

PARTE I
ANNE

Nunca eles proferiram uma única palavra sobre o fardo que devemos ser; nunca se queixaram de representarmos tamanho problema.
ANNE FRANK sobre os que a ajudaram, 28 de janeiro de 1944

1
POR TRÁS DA ESTANTE DE LIVROS

Em um ano típico, cerca de um milhão de pessoas percorrem as bem cuidadas margens do canal Prinsengracht, em Amsterdã, a caminho de um depósito comum no número 263. Lá dentro, sobem uma escada íngreme, passam por um estreito corredor de escritório e se deparam com uma estante de madeira desgastada, que é também o portal para um mundo secreto.

Ao girar nas dobradiças, a estante revela uma passagem. Os visitantes entram em um labirinto de cômodos apertados, onde tentam imaginar como seria ser Anne Frank: o medo incessante, as réstias de luz diurna, a castanheira em frente à janela, o garoto no andar de cima, os risos abafados, o tédio, as discussões, a esperança obstinada. E a decisão de anotar tudo, de registrar aquela voz, ao mesmo tempo ingênua e madura e várias vezes muito engraçada. Uma voz que até hoje nos fala.

Quase todos os anos, eu mesmo faço uma peregrinação à Casa de Anne Frank. Torno-me um desses milhões de visitantes do Anexo Secreto. Quando faço isso, penso em Anne, é claro, e na sua família e nos outros quatro judeus que lá se esconderam, bem como nos 28 mil judeus que se escondiam na mesma época em outras partes da Holanda. Mas também penso em Johan Voskuijl, meu avô materno, o homem que construiu a estante e a instalou, em total sigilo, no verão de 1942. Fico imaginando o que levou um holandês tão comum a fazer algo tão extraordinariamente perigoso. O que o fez arriscar a vida para esconder judeus, quando tantos de seus compatriotas os delatavam à Gestapo?

Os números nunca ficam mais fáceis de aceitar. Setenta e cinco por cento dos judeus holandeses foram assassinados no Holocausto, conferindo à Holanda a maior taxa de mortalidade de todos os países da Europa Ocidental ocupados pelos nazistas. Apenas 5 mil dos 107 mil judeus holandeses mandados para os campos de concentração conseguiram voltar com vida. Um desses poucos "afortunados" foi o pai de Anne, Otto Frank. Ele tinha cerca de um metro e oitenta de altura — lembro-me dele bem mais alto que eu quando menino —, mas pesava menos de 52 quilos quando saiu de Auschwitz.

Quando voltou para Amsterdã, Otto sabia que sua esposa tinha morrido. "Toda a minha esperança são as crianças", escreveu em 1945 para a mãe, que morava na Suíça. "Apego-me à convicção de que elas estão vivas e que voltaremos a ficar juntos." Enquanto esperava por notícias sobre Anne e a filha mais velha, Margot, Otto fez uma visita ao meu avô, então acamado. Johan estava com câncer de estômago; tinha apenas alguns meses de vida.

Muitas vezes meus pensamentos voltam àquele momento, para o encontro de dois pais à beira de um abismo. Penso no desalento que deviam sentir e me pergunto que consolo, se é que algum, eles poderiam ter obtido um do outro. Teriam trocado um aperto de mãos? Teriam se abraçado? O que teriam dito? Teriam falado sobre quem poderia tê-los traído? Será que Otto falou a Johan sobre sua preocupação com Bep e sua intenção de fazer o que acabou fazendo: cuidar da minha mãe depois da morte de Johan, tornando-se uma espécie de segundo pai?

Quando entro no Anexo, volto a ser invadido por perguntas como essas. Passei toda a minha vida dirigindo-as somente a mim mesmo, e agora, aos 73 anos, quero as respostas, quero chegar o mais perto possível da verdade, mesmo que ela resulte incômoda. Agora finalmente estou preparado para entender a história de Anne Frank junto à da minha família, preparado para ver o Anexo Secreto pelos dois lados da estante. Meu objetivo é desvendar um mistério que nos uniu, um mistério que atormentou a vida da minha mãe e abriu um rombo na nossa família que até hoje não foi reparado.

Um fantasma na confeitaria

Minha mãe foi uma surpresa — ou o que se poderia chamar de acidente.

Quando minha avó, Christina Sodenkamp, descobriu estar grávida, no inverno de 1918, aos dezenove anos, ela se sentia jovem demais para ter um filho. Namorava Johan Voskuijl, de 26 anos, havia apenas alguns meses, e nunca tinham falado sobre casamento. Não estavam apaixonados e mantinham um relacionamento beligerante, que se acirraria com o tempo. Mas o que se poderia fazer? Naquele tempo, nas boas famílias, não havia escolha. Assim, Johan e Christina tornaram-se marido e mulher, fazendo seus votos em Amsterdã, sua cidade natal, em fevereiro de 1919. Minha mãe, Elisabeth Voskuijl, nasceu alguns meses depois, em 5 de julho.

Uma bebê rechonchuda, com cara de lua cheia e lindos lábios plissados, ela às vezes era chamada de "Bep", para abreviar, e às vezes de "Elli". Passado algum tempo, o nome "Bep" prevaleceu e continuou com minha mãe pelo resto da vida. Assim, quando imaginou uma futura edição publicada do seu diário, Anne deu à minha mãe o pseudônimo de "Elli", e foi quase como se tivesse ativado um alter ego que se mantivera adormecido desde o início da vida de Bep.

Os primeiros anos da vida de minha mãe foram relativamente idílicos, em comparação ao que viria a seguir. Embora o pai não tivesse escolaridade formal, Johan era um autodidata, bom com números e muito trabalhador. Aprendeu contabilidade sozinho lendo livros didáticos e fazendo cursos por correspondência. Em 1920, conseguiu um emprego estável como contador, o que possibilitou criar sua crescente família com relativo conforto. A segunda filha, Annie, nasceu em 1920, seguida por mais três meninas: Willy, em 1922; Nelly, em 1923; e Corrie, em 1924.

Apesar de todas essas bocas para alimentar, em 1926, quando Bep tinha sete anos, a família estava numa situação financeira estável o suficiente para se mudar do triste bairro de classe trabalhadora em que moravam para um espaçoso apartamento no segundo andar de uma casa de esquina na Fraunhoferstraat, em Watergraafsmeer, um bairro residencial arborizado na zona leste de Amsterdã.

Por alguns anos, minha mãe teve uma infância de conto de fadas na Holanda: com roupas bonitas para usar na escola e comida saudável na mesa. Igreja aos domingos. Férias de verão na praia com as amigas. No entanto, a vida na casa dos Voskuijl nunca foi exatamente afetuosa e aconchegante. Johan era um pai severo; produto da Igreja Reformada Holandesa, exigia que os filhos ficassem em silêncio durante as refeições, pois a comida era vista como uma dádiva de Deus. Seus atos de bondade não se expressavam em palavras, mas em ações. Carpinteiro talentoso, habilidoso e paciente, adorava construir complexos aviões de madeira e outros brinquedos para presentear os filhos nos aniversários. "O que os olhos do papai viam, suas mãos podiam construir", costumava dizer minha tia Willy.

Minha mãe era boa aluna, principalmente em matemática e holandês. Tinha herdado a memória fotográfica de Johan e seu dom para a matemática, conhecimentos que seriam úteis mais tarde. Era muito estudiosa, fazia suas tarefas semanais e adorava brincar na rua com as crianças do bairro.

Uma dessas crianças era um garoto chamado Jacob. Tinha mais ou menos a idade de Bep e morava dois andares abaixo dos Voskuijl, num apartamento atrás da drogaria e confeitaria da sua família, chamada Nabarro, que ocupava o andar térreo do prédio. Anos depois da guerra, passei com minha mãe pela antiga casa na Fraunhoferstraat. Ela me disse que a vitrine da loja — então ocupada por uma oficina de pintura — antigamente ostentava bandejas de doces, e que ela brincava de esconde-esconde embaixo delas. Ainda me lembro do estranho brilho vítreo que ela tinha nos olhos ao me contar essa história.

Quando os nazistas invadiram a Holanda, em 1940, a polícia de Amsterdã compilou, a pedido dos invasores, uma lista de todos os estabelecimentos comerciais de propriedade de judeus na cidade. Não se esqueceram de incluir a confeitaria Nabarro. Primeiro, não judeus foram obrigados a boicotar a loja. Pouco depois a confeitaria fechou. Em 1942, Jacob, sua irmã mais nova, Selma, e os pais foram embarcados num trem rumo ao campo de trânsito de Westerbork, e de lá deportados para Auschwitz, onde todos foram assassinados. A família imediata de Jacob não foi o único ramo da árvore a ser cortado. O avô e duas tias foram mortos numa câmara de gás em Sobibor; três de seus tios e mais uma tia morreram em Auschwitz. Treze dos primos também foram mortos em campos de concentração.

Não sei bem se minha mãe sabia exatamente o que tinha acontecido com a família de Jacob, nem se estava pensando neles quando me contou que costumava brincar embaixo das prateleiras de doces. Mas menciono esta história para dizer de antemão que quem conhece a história do Holocausto na Holanda somente a partir de Anne Frank pode ter uma falsa ideia do que aconteceu aqui.

Como explicou um dos sobreviventes holandeses do Holocausto anos depois da guerra, o diário de Anne Frank na verdade serviu como um tremendo "exercício de relações públicas" para a Holanda, dando às pessoas a impressão equivocada de que "todos os judeus ficaram escondidos e toda a população holandesa estava na Resistência" — fazendo essencialmente o que minha mãe fez, arriscando o pescoço para salvar os vizinhos judeus sob as barbas dos perseguidores nazistas, os verdadeiros "vilões". Na verdade, como disse o historiador holandês Geert Mak, a realidade escondida por tanto tempo atrás das nossas "fachadas limpas e vasos de flores" é muito mais controversa.

Os alemães orquestraram o Holocausto na Holanda, mas foram os holandeses que o executaram "com a precisão de um relógio", nas palavras de Adolf Eichmann. Os historiadores revelaram todo o escopo do nosso colaboracionismo, que uma estimativa diz ter envolvido cerca de meio milhão de cidadãos. Em comparação, nunca houve mais de sessenta oficiais alemães em Amsterdã durante a ocupação (embora o grande número de soldados recrutados conferisse aos alemães uma presença mais visível). Isso significa que, em números, foram os holandeses que mais prenderam judeus, com burocratas holandeses produzindo os mapas e as listas indicando suas localizações e escriturários holandeses confiscando seus bens e carimbando *J* em documentos de identidade. Nas noites em que havia batidas, o Departamento Municipal de Transportes de Amsterdã disponibilizava bondes especiais para transportar os judeus dos pontos de apreensão até a estação central, e a Nederlandse Spoorwege, a principal companhia ferroviária holandesa, operava trens noturnos com destino a Westerbork e à fronteira alemã. Se algum funcionário público ou condutor se recusou a trabalhar nesses turnos, esse fato não foi anotado nos registros oficiais.

Com exceção de alguns casos heroicos, os policiais holandeses aceitaram com entusiasmo a nova função de caçadores de judeus. "Em relação à Questão Judaica", disse em 1942 o austríaco Hanns Albin Rauter, chefe da SS em Amsterdã, a seu superior Heinrich Himmler, "a polícia holandesa se comporta de maneira notável, capturando centenas de judeus, dia e noite." Outro oficial da SS, Willy Lages, nome que se tornará importante na nossa história, estimou depois da guerra que sem o auxílio da polícia holandesa "nós não teríamos conseguido prender nem dez por cento dos judeus".

Tempos difíceis

E, assim, volto à pergunta de Jeroen quando menino: *Por quê?* Talvez nunca tenhamos uma resposta totalmente satisfatória, mas, para começar a elaborar uma explicação, a entender o que aconteceu com os Frank, com a família de Jacob e com a minha família, precisamos voltar ao período anterior à guerra, aos anos 1930, quando a vida normal começou a se deteriorar.

Anne Frank nasceu em 12 de junho de 1929. Quatro meses depois, a bolsa de valores de Nova York quebrou, afundando o mundo inteiro numa crise econômica. No início dos anos 1930, quase um em cada cinco habitantes de Amsterdã estava desempregado. Os cortes no serviço social causaram greves, tumultos e pedras arremessadas. A família de Bep não foi poupada: Johan perdeu seu emprego fixo. Com o pai desempregado, Bep teve de abandonar a escola aos doze anos para ajudar a cuidar dos irmãos — seu único irmão, Joop, de quem recebi o nome, tinha nascido em 1928; as irmãs mais novas, as gêmeas Diny e Gerda, nasceriam em julho de 1932.

Bep passou a maior parte da adolescência cuidando das crianças, e nas horas vagas trabalhava como camareira, garçonete de uma cafeteria e balconista de uma padaria — qualquer coisa que contribuísse com uns poucos florins para as despesas da casa. Eu cresci ouvindo histórias sobre a triste pobreza daqueles anos, ainda mais agravada pela lembrança de como as coisas *eram antes*. A família teve de se mudar do belo apartamento em cima da confeitaria para um apartamento de quatro cômodos na Lumeijstraat, em um sombrio bairro operário na zona oeste de Amsterdã. O lugar já seria pequeno para uma família de cinco pessoas, mas para uma família de dez era um absurdo.

Toda semana, Johan ia envergonhado até o centro de auxílio aos pobres carregando uma das gêmeas em cada ponta da bicicleta. Lá, recebia uma caixa contendo pão, manteiga, açúcar e granulado de frutas (*vruchtenhagel*, em holandês), bastante usado como recheio de sanduíche, para não se comer só o pão puro. À medida que a Grande Depressão avançava, os benefícios do governo iam sendo cortados. A inflação aumentou. Os Voskuijl tentavam apertar cada mais o cinto. Não havia mais dinheiro para roupas novas, toalhas ou panos de prato. O sabonete nunca era suficiente e havia apenas uma esponja áspera para se lavar. As gêmeas dormiam juntas numa cama de solteiro; quando fazia muito frio, usavam o casaco do pai como cobertor. Para economizar eletricidade, acendiam velas para iluminar a casa à noite.

Todo o dinheiro que a família conseguia obter era gasto em alimentação. Christina fazia de tudo para economizar na cozinha, preparando pratos frugais como ensopados de batata com pedacinhos de linguiça para dar sabor. Johan ficava com metade da panela, e o restante era dividido igualmente entre a mulher e os filhos. Mais tarde, as filhas lembrariam que, mesmo nos dias mais terríveis da Grande Depressão, as refeições preparadas por Christina eram sempre saborosas, mesmo que nunca houvesse o suficiente para todos. À medida que os anos 1930 avançavam, eles pareciam ter cada vez menos. E Johan tinha pouco a oferecer em termos de esperança. Simplesmente cerrava os dentes e dizia aos filhos: "Nós precisamos seguir em frente".

Não só na Holanda as pessoas foram forçadas a viver no limite. Na Alemanha do começo dos anos 1930, Otto Frank viu se dissolver tudo aquilo que outrora representara para ele o seu país. Proprietária de um pequeno banco, sua família estava enraizada na classe alta da comunidade judaica de Frankfurt. Judeu liberal e secular, Otto não teve uma educação religiosa e se sentia, sobretudo, cidadão alemão. Orgulhava-se de ter servido como oficial da infantaria na Primeira Guerra Mundial, e acreditava ter conquistado seu lugar no país e ter ali o futuro da sua família.

Não sendo um homem bairrista em essência, em vez de criar as duas filhas no privilegiado enclave judeu de Frankfurt, junto à mulher, Edith, decidiu se mudar para o bairro mais rural, mais plenamente de classe média alemã, de Marbachweg, onde moravam pouquíssimos judeus. De início, foram felizes, porém, no começo dos anos 1930, a fortuna da família declinou vertiginosamente. Com a quebra do mercado de ações, o banco da família Frank perdeu 90% de suas receitas. As condições econômicas pioraram por toda a Alemanha, com aumentos de impostos, desemprego, cortes nos serviços de seguridade social. Tudo isso deixou as pessoas com raiva, explorada por Adolf Hitler. A participação dos nacional-socialistas nas eleições na Alemanha aumentou de meros 3%, um ano antes da quebra do mercado de ações, para 37%, no verão de 1932.

De uma cortesia infalível, Otto não gostava de reclamar, nem mesmo quando a vida na Alemanha ficou difícil. Seria o último a lançar um olhar reprovador ou proferir uma palavra indelicada contra o antissemitismo. Dizia que no início dos anos 1930 sua família não tinha sido discriminada pelos vizinhos de Marbachweg. Mas o senhorio dos Frank era membro do Partido Nazista, e os amigos na vizinhança mais tarde lembrariam que a família se sentia ameaçada ali, e que as meninas tinham medo das tropas de choque que passavam marchando e cantando hinos nazistas. No começo dos anos 1930, eles se mudaram do bairro e foram morar com a mãe de Otto, no centro de Frankfurt. Mas os problemas não pararam por aí.

Em janeiro de 1933, Hitler foi nomeado chanceler da Alemanha. Quase de imediato, começaram os indícios do que estava por vir. Na primavera, foi aberto o primeiro campo de concentração em Dachau. O governo decretou um boicote nacional aos comerciantes judeus. Em Berlim, estudantes queimaram milhares de livros de autores judeus. Otto podia ver, nas pequenas coisas, que as políticas antissemitas de Hitler já afetavam sua família. A filha mais velha, Margot, passou a ser segregada das arianas na escola, e contou que só podia se sentar no canto da sala de aula com as colegas judias.

A filha mais nova, Anne, estava para ingressar no jardim da infância. Que espécie de infância ela poderia esperar na Alemanha nazista?

Otto afinal decidiu que chegara o momento de começar de novo. Uma vida nova, em outra cidade. A família tinha boas razões para escolher Amsterdã: Otto havia passado parte dos anos 1920 na cidade, trabalhando no banco da família. Seu holandês era razoável e ele ainda tinha contatos de negócios por lá. Era seguro? Bem, a Holanda fazia fronteira com a Alemanha, mas para os europeus daquela época o país parecia tão politicamente neutro e isento de conflitos quanto a Suíça. Os holandeses não lutaram na Primeira Guerra Mundial e tinham conseguido ficar à margem de todos os conflitos continentais do passado recente. Acima de tudo, os judeus sempre foram uma presença visível e aceita em Amsterdã, onde viviam em relativa paz.

Teoricamente, Otto tinha outras opções — contava com parentes e conexões na França, na Grã-Bretanha, na Suíça e nos Estados Unidos, mas precisaria de um visto de residente para imigrar para qualquer um desses países, e para isso teria de arranjar alguma maneira de ganhar dinheiro. Achou que poderia conseguir isso em Amsterdã. O cunhado de Otto, Erich Elias, mantinha contato com uma fábrica em Frankfurt que produzia pectina, um aditivo alimentar usado para engrossar geleias e compotas, e o vendia aos consumidores sob a marca Opekta. Elias tinha aberto recentemente uma filial da Opekta na Suíça, e acreditava que Otto poderia replicar seu sucesso nos Países Baixos. Isso exigiria de Otto ensinar às donas de casa holandesas, que preparavam suas geleias havia gerações, uma maneira nova e aprimorada de fazer as coisas. Sim, era um negócio difícil, mas seria dele. E o mais importante: permitiria a ele tirar a família da Alemanha.

Almoço na Merry*

Ao completar dezesseis anos, minha mãe já não parecia tão menina, mas sim a mesma jovem discreta e robusta retratada nas exposições da Casa de Anne Frank. Tinha um sorriso tímido, carinha de coruja e lindos olhos azul-esverdeados parcialmente ofuscados pelos óculos que usava. Usava fitas nos cabelos cacheados e ruge nas bochechas. Talvez não fosse uma beldade, mas tinha uma cabeça boa — e bom senso para perceber que a estava desperdiçando, trocando fraldas na Lumeijstraat. Quando se via no corredor escuro e sem janelas, ajudando as irmãs mais novas a estudar as conjugações de verbos em holandês à luz de velas, não conseguia deixar de sentir que poderia fazer muito mais da própria vida.

Bep resolveu seguir o exemplo do pai e aprender um ofício. Em 1937, matriculou-se no Instituut Schoevers, uma escola noturna para meninas e mulheres interessadas em se formar em secretariado. Aos dezoito anos, obteve certificados em taquigrafia, contabilidade e alemão. Não foi uma reviravolta do destino que a levou a trabalhar na Opekta; a vaga foi anunciada no jornal. Em algum momento da primavera de 1937, Bep foi chamada para uma entrevista no escritório da Opekta no canal Singel, onde ficava a empresa antes de se estabelecer no Prinsengracht. Otto gostou dela de imediato e a contratou como taquígrafa, mas logo suas responsabilidades se expandiram bastante.

Bep ficou feliz por ter encontrado um emprego, mas logo a Opekta se transformou em algo mais. O escritório era formado por um grupo de pessoas unidas tanto pelo afeto quanto por seus deveres profissionais; um grupo que ela mais tarde chamaria de Círculo da Opekta. Almoçava todos os dias com uma colega de trabalho, Miep Gies, uma austríaca miúda de vinte e tantos anos que cuidava

---

* Merry é como a Anne Frank chamava a praça Merwedeplein, onde ficava o apartamento. [N.E.]

da folha de pagamento e respondia às perguntas dos clientes sobre os produtos. Miep e Bep conversavam sobre tudo: o bonitão Henk do armazém lá embaixo; das irmãs que tanto exigiam de Bep; as escassas perspectivas românticas; e, claro, o patrão.

Bep nunca tinha conhecido ninguém com a mistura de cortesia e generosidade de Otto. Seu forte sotaque alemão e as tentativas imperfeitas de falar holandês só aumentavam seu encanto. Quando Otto a convidou para almoçar no apartamento da família, alguns meses depois de ela ter começado no emprego, Bep não soube bem o que pensar. Miep, convidada habitual para o almoço nos Frank, disse para ela não se preocupar, que não era nenhum tipo de teste — era apenas a maneira do sr. Frank de recebê-la no grupo.

A família Frank morava no Merwedeplein, um novo conjunto habitacional no bairro de Rivierenbuurt, em Amsterdã, onde muitas famílias foragidas da Alemanha tinham se estabelecido recentemente. Cerca de um terço da população do bairro era judia. Os apartamentos de tijolos marrons, com pequenas varandas e persianas de madeira branca, alinhavam-se ao longo de uma praça gramada triangular, onde as crianças brincavam quando o tempo estava bom.

A vida "na Merry", como Anne o chamava, era confortável. A maioria dos apartamentos fora construída na última década, e tudo parecia novo e limpo, o que o tornava um local ideal para pessoas desenraizadas; uma página em branco. Bep ficou deslumbrada com o apartamento dos Frank: os móveis caros trazidos da Alemanha, o antigo relógio de pêndulo e a biblioteca de Otto, com livros em vários idiomas. Mas nada daquilo parecia antiquado ou ostensivamente requintado, pois havia bonecas, giz de cera e brinquedos infantis espalhados por toda parte. A vida na casa dos Frank parecia girar em torno das filhas: Margot, de doze anos, e Anne, de nove.

As duas filhas de Otto não poderiam ser mais diferentes. Margot fora uma bebê anormalmente tranquila, que dormia a noite toda quase desde que nascera. A bebê Anne, por outro lado, tinha sido difícil — propensa a cólicas, muitas vezes precisando que Otto massageasse sua barriga por horas até ela voltar a dormir. Margot se tornou uma leitora voraz, introspectiva e um pouco perfeccionista, que pesava cada palavra com muito cuidado, e, por consequência, não falava muito.

Anne, uma vez superada a timidez inicial, não parava mais de falar. A menina de nove anos era um amontoado de contradições: os olhos e o sorriso expressavam muita vitalidade, mas na verdade era uma criança bem adoentada. A mãe a chamava de *Zärtlein* (a frágil). Era muito fraca para a aula de educação física e teve uma série de doenças — de coqueluche a catapora, e um leve problema cardíaco —, que a deixavam acamada por semanas a fio. Arredia entre estranhos, também podia ser direta e enérgica. Quando tinha apenas quatro anos, Anne subiu com a avó num bonde lotado e ficou ofendida por ninguém se levantar. Ela gritou para os passageiros: "Ninguém vai oferecer um lugar para esta senhora?".

Anne tinha olhos verdes, cílios longos e um adorável sorriso dentuço. Prendia o cabelo escuro atrás com uma presilha. Sua natureza idiossincrática (alguns diriam difícil) explica por que os pais decidiram mandá-la para uma escola Montessori em Amsterdã, onde cada aluno podia expressar sua personalidade e o currículo era adaptado aos seus interesses específicos.

Bep ficou maravilhada com a existência de uma instituição onde a matemática podia ser ensinada como um jogo. Mas boa parte da vida na família Frank parecia um jogo, uma brincadeira. As meninas chamavam o pai de "Pim", por alguma razão, e Otto escrevia poemas engraçados para os aniversários e contava historinhas inventadas sobre fadas invisíveis — a Paula Boa e a Paula Má —, cujo esconderijo só seria descoberto se as meninas se mantivessem absolutamente imóveis e em silêncio.

Bep adorava a atmosfera e a liberdade da família Frank. Tinha aprendido com Johan a ser recatada — na casa dela, as crianças serviam "para ser vistas, não ouvidas" —, mas, no Merwedeplein, ela aprendeu a participar das conversas. Além disso, tudo lá era muito *alegre*. A sra. Frank servia saborosos pãezinhos com queijo cremoso e confeitos. A limonada e o leite saíam de uma garrafa, não das pequenas latinhas com que Bep estava acostumada em casa. Cada prato parecia mais sofisticado que o outro, e todos eram servidos sobre numa bandeja giratória, para se girar a travessa e pegar o que quisesse.

Poucas vezes Bep tinha visto comida daquela qualidade. Também não conhecia pais que realmente ouvissem as filhas, quase como se estivessem interessados no que elas tinham a dizer. "Era óbvio que vínhamos de mundos diferentes", admitiu minha mãe para mim.

Anne sempre adorou as visitas de Bep. Talvez por ter crescido cuidando de tantas irmãs mais novas, Bep sabia exatamente as perguntas certas a fazer para acionar as engrenagens mentais de Anne. Às vezes, Anne passava no escritório da Opekta e brincava com a máquina de escrever de Bep. Dizia que um dia iria ganhar a vida com uma daquelas máquinas. Sonhava em ser jornalista, mas afirmava com muita seriedade que não deixaria suas ambições profissionais a impedirem de ter uma família. Desejava se casar com "o homem dos meus sonhos" e ter muitos filhos. Consigo imaginar o sorriso da minha mãe ao ouvir uma declaração assim daquela criança precoce, a expressão genuína no rosto de Bep que dizia *me conte mais*.

A diferença de idade entre Anne e Bep era de uma década, mas a ligação entre as duas foi instantânea, e logo se tornaria essencial para a sobrevivência de ambas.

2
ESTRELAS AMARELAS

No início da manhã de 10 de maio de 1940, a Alemanha invadiu a França, a Bélgica, Luxemburgo e a Holanda. Depois de meses de alarmes falsos e ameaças vazias, os holandeses foram pegos de surpresa. Minha mãe disse que os nazistas surgiram como "um raio vindo do nada". Alegaram ter apenas boas intenções, ter vindo nos proteger — nós, seus "parentes próximos", primos arianos. Mas, na verdade, o que estavam fazendo ao invadir a Holanda era abrir caminho ao redor da Linha Maginot, da França, para impedir os Aliados de construírem uma cabeça de ponte no mar do Norte, de onde pudessem, mais cedo ou mais tarde, atacar o Reich. Segundo os cálculos de Hitler, não havia como vencer a batalha da Europa sem tomar os Países Baixos.

No dia da invasão, a rainha Guilhermina da Holanda — a quem Anne Frank idolatrava e cuja foto ela logo afixaria acima da sua cama no Anexo Secreto — se pronunciou na rádio pedindo calma e ordem. Mas quem conseguiria manter a calma e a ordem com a algazarra constante das sirenes alertando para ataques aéreos e os enxames de bombardeiros de mergulho Stuka e Heinkel despejando o fogo do inferno pelos ares? Houve explosões no aeroporto de Schiphol, relatos de paraquedistas militares alemães disfarçados de oficiais do exército holandês ou de fazendeiros comuns pousando em campos de tulipas e praças de vilarejos. Os nazistas pareciam estar em todos os lugares ao mesmo tempo. Seus tanques e artilharia cruzaram rapidamente a fronteira, avançando em direção ao mar. Logo, a Luftwaffe transformaria a antiga cidade de Roterdã em escombros flamejantes.

Depois de cinco dias de Blitzkrieg,* estava tudo acabado. A despeito de cenas de resistência corajosa, os alemães desestruturaram o exército holandês com um ataque de força avassaladora e em alta velocidade. A rendição implicava ocupação. O povo holandês tentou negar alguns dos despojos ao vencedor. Atearam fogo aos estoques de petróleo nas imediações do porto de Amsterdã, criando uma enorme coluna de fumaça negra subindo ao céu. E fizeram questão de esconder seus tesouros: evacuaram as melhores obras de Rembrandt do Rijksmuseum e esconderam as pedras mais preciosas do distrito dos diamantes de Amsterdã. Os 140 mil residentes judeus da Holanda, porém, foram deixados à própria sorte.

Ao anunciar a rendição, o comandante em chefe das forças armadas holandesas disse a seus compatriotas que não havia escolha, que aceitar a derrota não só "evitaria mais derramamento de sangue" como também a "aniquilação".

Mas e quanto à aniquilação que essa decisão *facilitaria*?

"Tudo o que podemos fazer é confiar no futuro", acrescentou o comandante.

Ao menos a rainha teve a decência de pedir aos seus súditos para "pensar nos nossos compatriotas judeus", antes de fugir da Holanda a bordo de um contratorpedeiro britânico, em 13 de maio. Ao ouvirem falar que havia navios com destino à Inglaterra no porto de IJmuiden, milhares de judeus tentaram fugir, seguindo o exemplo da rainha. Mas todos os navios estavam lotados, e o

---

* Tática de guerra alemã que consistia em promover ataques surpresa rápidos e sucessivos. [N.T.]

porto, protegido contra revoltas. Não havia outro lugar para ir a não ser para casa.

Por toda Amsterdã, no clima ameno da primavera, as chaminés fumegavam onde as pessoas se apressavam em jogar revistas antifascistas e livros de autores judeus nas lareiras. A maioria dos judeus holandeses achava que esse dia jamais chegaria. A maioria realmente tinha acreditado que Hitler respeitaria a neutralidade da Holanda e debochado do braço local do Partido Nazista, o NSB, que, apesar de suas provocações espalhafatosas, só conseguira 4% dos votos nas eleições gerais mais recentes. Até a invasão, a maioria dos judeus holandeses considerava alarmistas os que optaram por fugir do país, e, pior, antipatrióticos. Um sobrevivente holandês do Holocausto lembrou que, em 1938, quando um advogado judeu de Amsterdã de sobrenome Gans decidiu imigrar para os Estados Unidos com a família por causa do clima político na Europa, seus amigos o consideraram "tolo e covarde".

"Nós somos holandeses", diziam. "E vamos continuar na Holanda."

Agora, muitos desses mesmos judeus lamentavam amargamente a decisão de terem ficado. Alguns não conseguiram aguentar a sensação de destruição iminente. Estima-se que 150 pessoas em Amsterdã, em sua maioria judeus, se suicidaram pouco depois da rendição, preferindo não esperar para ver o que os nazistas fariam. Em alguns casos, famílias inteiras se envenenaram, ou fecharam as janelas e abriram o gás. Em 15 de maio, às dez da manhã, Jacob van Gelderen, economista judeu e vice-presidente do Partido Social Democrata dos Trabalhadores da Holanda, foi encontrado em sua casa em Haia na cama, com a mulher e dois filhos adultos. Nenhum deles respirava.

Otto Frank jamais teria pensado em fazer algo tão drástico. Ele acreditava que poderia encontrar uma saída para sua família, e tentava esconder das duas filhas as possibilidades mais assustadoras do que poderia acontecer. No entanto, ao contrário de muitos residentes judeus da Holanda, ele sabia muito bem do que os nazistas eram capazes. Afinal, esta fora a razão de ter fugido da Alemanha para a neutra Holanda em 1933. Agora, com seu novo país ocupado, começou a se perguntar se conseguiria realizar o mesmo truque mais uma vez. Tentou obter vistos para os Estados Unidos e Cuba, mas todas as saídas estavam bloqueadas. Desta vez, nem mesmo o dinheiro e as boas relações puderam ajudar. Os parentes de Otto na Grã-Bretanha tinham insistido que ele mandasse as meninas para morar com eles. Contudo, agora as bombas alemãs já estavam causando destruição em Londres e em outras cidades inglesas, noite após noite, e Otto não aceitava a ideia de separar sua família. Ele acreditava que, acontecesse o que acontecesse, todos estariam mais seguros se ficassem juntos.

No começo da ocupação, Otto tinha razões para ser otimista. Por mais inquietante que fosse ver ocasionalmente um oficial da SS descansando nos canais e as tropas da Wehrmacht marchando pela praça Dam, a maioria dos holandeses ficou agradavelmente surpresa ao ver como tudo parecia "normal" naquele verão de 1940. Os estabelecimentos comerciais reabriram, a vida recomeçou, a maior parte dos alemães se comportava bem. De início até deixaram os judeus em paz, apesar de algumas novas exigências feitas aos açougues kosher, que só afetavam judeus religiosos. Alguns começaram a imaginar que a ocupação poderia ser menos catastrófica do que se temia a princípio.

Mas o alívio terminou com o fim do verão. Em agosto, todos os judeus alemães que haviam chegado à Holanda depois de 1933 tiveram de se apresentar aos nazistas. Otto Frank respeitosamente obedeceu à convocação, que, em janeiro, foi estendida a todos os judeus da Holanda.

Antes de começarem a ser presos, os judeus foram restringidos. Não podiam sentar nos bancos dos parques. Não podiam usar o transporte público. Não podiam dar aulas em universidades, nem exercer cargos públicos. Não podiam ter mais de mil florins em dinheiro físico. Não podiam ir a cinemas, a hotéis, à praia e a piscinas. "Vai ser difícil nos queimarmos no sol", escreveu Anne, tentando ver um lado positivo. Pouco depois, ela e outras 86 crianças judias seriam obrigadas a deixar a escola Montessori — só vinte delas sobreviveriam à tempestade que se aproximava.

As primeiras prisões em grande escala ocorreram em 22 e 23 de fevereiro de 1941, no antigo bairro judeu de Amsterdã. Durante um pogrom em que valentões do NSB e nazistas derrubavam judeus de suas bicicletas, saqueavam estabelecimentos de propriedade de judeus e espancavam cidadãos de forma brutal, 389 homens judeus foram levados sob a custódia dos alemães, e mais tarde seriam mandados para Buchenwald e Mauthausen; só dois sobreviveriam à guerra.

Os holandeses não se comportaram como espectadores indiferentes do crime ocorrido; ficaram indignados. Os comunistas convocaram uma greve geral para protestar contra o tratamento dado aos judeus holandeses. E, surpreendentemente, em 25 de fevereiro, 300 mil holandeses atenderam ao chamado e pararam de trabalhar. Restaurantes, estaleiros, estações ferroviárias — tudo fechou. A vida em Amsterdã parou. Até hoje, essa continua sendo a maior greve da história da Holanda. E, apesar de ter sido brutalmente reprimida pelos nazistas alguns dias depois, por um momento pareceu que os holandeses tinham atendido ao pedido da rainha: o de que eles não se esquecessem dos seus compatriotas judeus.

Houve ainda outros atos de coragem, estes em menor escala. Na primavera de 1942, entrou em vigor um dos mais infames decretos antijudaicos: a exigência de usar a estrela amarela de David. Alguns holandeses não judeus afixaram a estrela nas próprias roupas em sinal de protesto e solidariedade. Também se valeram do humor como defesa. A palavra holandesa para judeu, *Jood*, escrita em letras hebraicas estilizadas na estrela, foi transformada em acrônimo para a frase *Joden overleven de ondergang van Duitsland*: "Os judeus sobrevivem à queda da Alemanha".

E quem poderia duvidar? Afinal, como dizia o ditado: "Estava escrito nas estrelas".

O front doméstico

Bep se lembrava de como se sentiu impotente nos primeiros meses da ocupação, mas não podia demonstrar a extensão do seu temor e ansiedade sem alarmar os irmãos mais novos. Ela era a mais velha de oito filhos, cuidadora e exemplo para todos. "Bep disse que tempos difíceis viriam, mas que nós sobreviveríamos", lembrou minha tia Diny. "Ela não queria causar pânico."

Mas a mãe de Bep, Christina, *estava* em pânico. Mal conseguia sustentar a família antes da ocupação, e temia que a guerra tornasse a vida ainda mais difícil. Não demorou muito para seus temores se tornarem realidade. Naquela mesma primavera, Johan perdeu o emprego mal remunerado que tinha conseguido numa loja de móveis, mergulhando a família numa situação ainda mais aflitiva.

Enquanto Bep e as meninas mais velhas batalhavam para alimentar a família, Johan ficava em casa mexendo em seus brinquedos de madeira e acompanhando impaciente o andamento da guerra pelos jornais. Estava desesperado por ter alguma coisa para fazer. Depois de cada ataque aéreo, subia no telhado para recolher fragmentos de bombas e outros destroços que caíam no prédio. Minha mãe me disse que o homem era um sucateiro, alguém capaz de encontrar utilidade para coisas que qualquer um jogaria fora.

Johan sentiu que qualquer habilidade que tivesse estava sendo desperdiçada. Não estava trabalhando, não estava lutando, só observando — e se preocupando. Mas tentava manter uma atitude positiva. Dizia à família que eles sobreviveriam, que dias melhores viriam, mas era difícil para ele dizer a mesma coisa para seus muitos amigos judeus. Detestava ver o que os judeus de Amsterdã estavam sofrendo, obrigados a usar aquelas ridículas estrelas amarelas e sendo pouco a pouco despojados do mínimo de liberdade e dignidade que tornava a vida suportável.

Johan costumava dizer que gostava dos judeus por causa do seu humor e inteligência, mas acho que ele simplesmente via seus amigos judeus como pessoas comuns, e gostava deles pelo que eram como indivíduos. Sempre que recebia um amigo judeu para tomar uma bebida ou jogar xadrez, insistia depois em acompanhá-lo até sua casa, explicando à mulher: "Eu preciso ajudar de alguma forma". Essa forma era indicar o melhor caminho a seguir para evitar as patrulhas dos chucrutes.

Da meia dúzia de judeus que Johan considerava bons amigos, o mais próximo era um homem chamado Jonas Bed, um comerciante de tecidos mais ou menos da sua idade. Os dois adoravam assistir juntos aos jogos de futebol no estádio do time de Amsterdã, o Ajax. Depois dos jogos, voltavam para a Lumeijstraat para conversar, beber e dar risada até tarde da noite. Em 1942, quando as patrulhas alemãs começaram a se espalhar pela cidade, Johan recomendou a Jonas não ir mais ao estádio. Mas Jonas achou que ele estava exagerando; o futebol era uma das poucas distrações que lhe restavam. Então continuou indo aos jogos do seu amado Ajax, até que um dia foi preso no estádio. Os nazistas o mandaram para Bergen-Belsen, onde ele morreu no início de 1945, mais ou menos na mesma época e local que Anne e Margot Frank.

"Eu avisei para ele *não* fazer isso!", disse Johan à esposa, sentindo-se impotente.

Johan não era de modo nenhum um homem intolerante, mas, por mais que considerasse o antissemitismo um flagelo, sabia que não era um conceito estrangeiro importado da Alemanha. Existia na Holanda, é claro, mesmo sob o seu próprio teto. Sua mulher, Christina, não gostava de judeus. E Nelly, sua tempestuosa filha adolescente, que tinha dezesseis anos no começo da ocupação, acreditava em todas as coisas que o NSB dizia: que os judeus eram *Untermenschen*, criaturas subumanas, que traziam ideias políticas desestabilizadoras, como o comunismo, para a Holanda e que contaminavam a pureza racial do país.

Ao contrário da minha mãe, que era contida e respeitosa, e que sempre se deu bem com o pai estridente, Nelly estava em constante conflito com Johan. Os dois tinham algumas características em comum: ambos eram dotados de uma mente analítica e de força de vontade. Eram bons em matemática e gostavam de resolver enigmas. Eram até fisicamente parecidos, com as mesmas pálpebras sobrepostas e lábios crispados numa carranca perpétua. Mas o que Johan tinha de modesto, Nelly tinha de ostentosa. Gostava de se maquiar, de falar sobre seus romances incipientes no pátio da escola. Era até um pouco exibicionista. Quando Johan não estava por perto, às vezes andava pela casa só de calcinha e sutiã — um comportamento escandaloso na época —, até Christina mandá-la vestir uma roupa decente.

Durante a ocupação, Nelly se deixou seduzir por tudo que era alemão, principalmente a língua, que ela estudou até falar quase com perfeição. Acrescentava um elemento combustível ao casebre abarrotado que era o lar dos Voskuijl. Sentia-se amargurada e insatisfeita com a vida na casa — com a escassez de comida, com o frio cortante, a permanente falta de dinheiro, de roupas novas. E declarava e propagava sua insatisfação às irmãs mais novas, sempre resmungando, sempre procurando uma briga. *Bobagem de adolescente*, pensava minha mãe. *Ela vai sair dessa fase... Mais cedo ou mais tarde.*

Mas às vezes Nelly conseguia fazer minha mãe se sentir mais "sitiada" dentro da populosa casa da Lumeijstraat do que andando pela Amsterdã ocupada, em meio à trilha sonora das sirenes e da artilharia antiaérea.

Políticas de escritório

Por sorte, havia o escritório, que para minha mãe se tornou um santuário, um lar fora do lar. Apesar de todos os reveses e complicações da ocupação, os negócios da Opekta iam bem — tão bem, na verdade, que Otto estava expandindo os negócios. Agora não comercializava só pectina, mas também especiarias. E pela primeira vez desde que chegara à Holanda, em 1933, começou a ter lucro. Ironicamente, a ocupação tinha aberto novos mercados. Otto pode não ter percebido na época, mas um de seus clientes era a Wehrmacht, que comprava dele pimenta e noz-moscada por meio de um intermediário. No fim de 1940, seu negócio tinha crescido tanto que precisou de um escritório maior.

Otto alugou um prédio de tijolos estreito, de quatro andares, na rua do Prinsengracht, datado do século XVIII, bem perto da famosa igreja Westerkerk. Estavam incluídos no aluguel um depósito no andar térreo, escritórios no primeiro andar, mais depósitos no segundo e terceiro andares — e um labirinto de cômodos na *achterhuis*, a "casa dos fundos", que podia ser acessada por um corredor estreito. Anne adorou o novo escritório. Quando não estava papeando com Bep ou Miep, gostava de pregar pequenas peças, como derramar copos de água pela janela do segundo andar para assustar os transeuntes no canal.

Quando soube que o espaço do depósito, novo e mais espaçoso, precisava de funcionários, Bep viu uma oportunidade para o pai, inquieto em casa. *Quem não arrisca não petisca*, pensou, antes de recomendar Johan para o trabalho.

Otto Frank ficou entusiasmado com a ideia e contratou Johan como temporário, mas meu avô logo se mostrou indispensável e passou a trabalhar em período integral. Em pouco tempo estava supervisionando todo o armazém: moendo e misturando os temperos, embalando-os em contêineres, supervisando o processo de remessa e mantendo os funcionários na linha. Bep ficou feliz por ter algo a compartilhar com o pai. Ela me disse que aquilo acrescentou uma "nova dimensão" ao relacionamento entre os dois, uma proximidade e uma confiança sem par na família.

Com a chegada de Johan, o elenco de personagens da Opekta estava se completando. Além de Miep, a pequena equipe incluía o segundo em comando de Otto, Victor Kugler, um homem da região da Boêmia que falava alemão, de bigodinho e olhos nervosos e penetrantes. Sempre bem vestido, bonito de um jeito esguio e emaciado, parecendo uma figura de um quadro de Egon Schiele. Minha mãe não conseguia tirar os olhos dele, mas tentava desviar o olhar quando os dois se falavam para não corar.

Outro funcionário era Johannes "Jo" Kleiman, um bom amigo que Otto conheceu quando trabalhava no banco da família em Amsterdã, nos anos 1920. Kleiman chegou à Opekta em 1938 e cuidava da contabilidade. Era pálido, com um nariz adunco, óculos redondos e rosto simpático. "Ele era uma pessoa calada", disse Miep Gies certa vez, "cuja personalidade inspirava imediatamente sentimentos de confiança."

Miep, Jo, Victor, Johan, Bep: em pouco tempo essas cinco pessoas se tornariam os ajudantes do Anexo Secreto. Mas o primeiro ato conspiratório foi de natureza burocrática. Em outubro de 1940, cinco meses após o início da ocupação, os alemães decretaram que "todas as empresas industriais e comerciais em posse de judeus ou com sócios judeus devem ser registradas. O não cumprimento estará sujeito à pena de prisão de no máximo cinco anos e [pagamento de] 100 mil florins." Otto e seus funcionários não tinham ilusões: todos sabiam que assim que os alemães soubessem que a Opekta era propriedade de um judeu, a empresa seria imediatamente apreendida.

Assim, os membros mais antigos da equipe — Miep, Jo e Victor — se uniram para pensar e chegaram a uma solução que contornava astuciosamente a intenção dos nazistas. Em novembro de 1940, a Opekta seria transferida para Jo Kleiman. Ao mesmo tempo, o comércio paralelo de especiarias de Otto, chamado Pectacon, foi liquidado, e uma nova empresa, Gies & Co., foi fundada. Kugler foi designado diretor administrativo e o marido de Miep, Jan Gies, que deu seu nome ao negócio, tornou-se o presidente. Isso criou a ilusão de que as duas empresas estavam nas mãos de "arianos". Otto permaneceria no comando, mas não no papel.

Era um plano arriscado. Os judeus já começavam a ser denunciados, e Otto foi alvo de pelo menos uma tentativa de chantagem nesse período.* Bep entrou no esquema sem fazer muitas perguntas; entendeu logo o que estava em jogo. Johan sabia que sua filha mais velha era confiável, mas e o resto da família? Não era exatamente um segredo na Lumeijstraat que Otto era judeu.

"Não quero mais que se fale sobre o nosso patrão", decretou Johan aos filhos uma noite. "Isso pode ser perigoso, não só para ele, mas também para nós."

A empresa de Otto estava segura, ao menos por ora. Mas sua família corria muito perigo. Em 5 de julho de 1942, Edith Frank recebeu uma convocação do Escritório Central para Emigração de Judeus. Achou que aquela carta sinistra era endereçada a Otto. Quando voltou a olhar para o envelope, constatou ser para sua filha de dezesseis anos, Margot. "Por meio desta, considere-se convocada a participar da expansão do trabalho na Alemanha sob supervisão policial."

Os Frank entenderam o que aquela mensagem realmente significava, e já estavam preparados para isso.

---

* Em abril de 1941, Otto Frank pagou ao nazista holandês Tonny Ahlers certa quantia em dinheiro em troca de uma carta que Ahlers tinha interceptado. Na carta, escrita por Joseph Jansen, ex-funcionário de Frank, e endereçada ao NSB, Jansen descrevia uma conversa que tivera com Frank na qual ele questionava uma possível vitória alemã.

3

SEGREDO ABSOLUTO

Miep Gies era uma mulher pequena, com pouco mais de um metro e meio de altura, porém formidável. Seu trabalho na Opekta era o de responder às perguntas e reclamações dos clientes, lidar com o público externo. A última vez que a vi foi em 1999, em uma visita à sua casa na cidade portuária de Hoorn, ao norte de Amsterdã. Ela tinha então cerca de noventa anos, e eu não a via desde menino.

Minha mãe sabia que sempre poderia contar com Miep, mesmo pensando, no íntimo, que sua mais antiga colega podia ser impaciente e emocionalmente distante. Muito tempo depois de se aposentaram da empresa para criar suas famílias, as duas fizeram questão de manter contato. E agora Miep recebia a mim e meus dois irmãos mais velhos, Cok e Ton, na sua casa, de braços abertos, como se fôssemos membros da família. Nós três a beijamos no rosto. Paul, seu filho devoto, nos serviu chá e biscoitos. O marido de Miep, Jan, que fizera sua parte para proteger a família Frank durante a ocupação, tinha morrido seis anos antes. Assim, todo dia 4 de agosto, Miep rememorava sozinha o aniversário do ataque ao Anexo Secreto, mantendo uma vigília silenciosa.

Um clima melancólico marcou a nossa visita — ninguém disse isso, mas era para ser uma espécie de adeus. Nunca vou esquecer como Miep começou a conversa: "Agora, enquanto ainda podem, perguntem o que quiserem saber".

Miep nasceu em Viena como Hermine Santruschitz, em 1909. Foi criada na terrível pobreza que se seguiu à derrota da Áustria na Primeira Guerra Mundial. Sua família mal conseguia alimentá-la, e aos onze anos ela adoeceu devido à desnutrição. Apelando a um programa de ajuda, os pais a mandaram para morar com uma família holandesa na cidade universitária de Leiden. Seus anfitriões lhe deram o apelido de Miep e, com a anuência da sua família biológica, acabaram a adotando.

Miep foi uma das primeiras pessoas contratadas por Otto Frank para trabalhar no escritório quando ele se mudou para Amsterdã, em 1933. No fim da guerra, foi ela quem deu a Otto um lugar para morar e um ombro para chorar quando ele voltou de Auschwitz, sem nada — com sua casa destruída e a família assassinada. Miep era "a ajudante famosa", a que foi mostrada nas adaptações cinematográficas e teatrais da história de Anne Frank, enquanto minha mãe sempre ficou em segundo plano, longe de vista, geralmente por escolha própria.

Apesar de ter se tornado uma pequena celebridade nos últimos anos de vida, Miep nunca se importou com glória ou reconhecimento. Até o fim dos anos 1980, viveu uma vida tranquila em Amsterdã como dona de casa. Só escreveu *Recordando Anne Frank*, seu popular livro de memórias publicado originalmente em 1987, por insistência de uma escritora americana, Alison Leslie Gold, em que aparece como uma figura nada sentimental e até mesmo modesta quanto ao seu papel no drama. "Eu não sou uma heroína", escreveu. "Estou no fim da longa fila de bons holandeses que fizeram o que eu fiz — e muito mais."

Miep me causou uma forte impressão no início dos anos 1960. Eu devia ter uns treze anos na época, e me sentia pouco à vontade com suas visitas, pois sua simples presença parecia trazer de volta lembranças dolorosas que abalavam a paz sempre instável da nossa casa. Já sabia que minha mãe teria uma enxaqueca só de *pensar* no Anexo Secreto, entraria em depressão e passaria boa parte do dia seguinte na cama. Certa vez, ao ver a expressão sombria no rosto da minha mãe quando ela e Miep conversavam baixinho na cozinha, eu entrei e interrompi o que sem dúvida era uma conversa particular. "Vocês estão falando da guerra de novo?"

Achei que Miep não levaria minha intromissão muito a sério, que interpretaria aquilo como o rompante de um adolescente irritado, mas ela percebeu a revolta genuína que havia por trás. Ficou imóvel, e minha mãe começou a chorar. Percebendo o que tinha feito, tentei consolar minha mãe, abraçando-a pelos ombros, mas ela se recompôs a tempo de Miep me colocar no meu devido lugar. Sim, respondeu com um tom severo, elas *estavam falando* da guerra. "Mas você não devia se incomodar tanto com isso, Joop."

Em seguida, olhando para minha mãe, disse com um sorrisinho que elas tinham alguma experiência em assuntos difíceis, e que "Eu e Bep certamente não teríamos conseguido uma sem a outra". Depois deu um abraço na minha mãe e eu as deixei a sós para continuar a conversa.

Quando menino, eu achava incrível como terem vivido praticamente as mesmas experiências durante a guerra teve consequências tão diferentes nas personalidades de Bep e de Miep. Na verdade, a provação endureceu Miep. Ela se tornara impassível em relação à maioria das coisas, inclusive à própria fama. Ao longo dos anos, Miep recebeu uma série de prêmios relacionados a direitos humanos, foi condecorada pela rainha Beatriz da Holanda, e até um asteroide foi nomeado em sua homenagem. Enquanto minha mãe... Mas não quero me antecipar aos fatos.

Agora, enquanto ainda podem, perguntem o que quiserem saber.

Depois de trocarmos mais algumas cortesias, eu disse a Miep que havia algo que nunca tinha entendido direito: por que minha mãe foi a última pessoa da equipe da Opekta a saber do Anexo Secreto? Era por Otto não confiar muito nela, apesar de ela já trabalhar para ele havia cinco anos na época, de ter ficado amiga da família, frequentado sua casa e conhecido suas filhas?

"Não foi uma questão de confiança, Joop", ela me respondeu sem emoção. Otto e os outros não queriam envolver minha mãe porque ela "ainda era uma menina, com a vida toda pela frente". Na primavera de 1942, Bep tinha 23 anos, enquanto Victor e Jo estavam na casa dos quarenta. Miep tinha 33; seu marido, Jan, 37, e era um assistente social com tendências ativistas, com muitos contatos com a Resistência. Os membros mais velhos do Círculo sabiam dos riscos. Sabiam que, se os nazistas descobrissem que estavam escondendo judeus, todos poderiam ser jogados numa prisão ou mandados a um campo de concentração. Não sabiam ao certo se Bep conseguiria compreender totalmente o perigo envolvido. Miep me explicou que a razão pela qual eles afinal a incluíram no plano foi por considerarem que não tinham outra escolha. Primeiro, porque na prática não havia como ela continuar trabalhando com eles naquele pequeno escritório na Prinsengracht sem saber o que acontecia do outro lado da parede.

E, o mais importante, eles precisavam da ajuda dela.

Foi Otto quem teve a brilhante ideia de transformar a *achterhuis* num abrigo seguro, de desaparecer nas entranhas do seu negócio, um esconderijo tão óbvio e despretensioso que ninguém jamais pensaria em procurar ali. Talvez já alimentasse essa ideia em 1940, quando alugou o escritório na Prinsengracht, sabendo dos quartos extras no centro do prédio, cuja existência não era possível divisar do nível da rua.*

---

* Em entrevista concedida em 1981, ao então Instituto Nacional Holandês para Documentação da Guerra (RIOD), Bep afirmou que Otto Frank estivera procurando um esconderijo desde dezembro de 1940. Não sabemos se foi o próprio Otto a fonte original desta informação.

Mas, quando Otto ocupou o espaço, o acesso ao Anexo só era possível por uma entrada no térreo, fora do escritório. Em algum momento, durante os primeiros dias da ocupação, ele decidiu mandar construir discretamente uma escada que levasse à entrada do Anexo, a partir do pequeno corredor em frente ao seu escritório particular. Essa escada acabou sendo extremamente útil; os ajudantes podiam entrar no Anexo sem ser vistos pelo pessoal do depósito ou por algum vizinho intrometido.

No fim da primavera de 1942, Bep começou a perceber que seus colegas estavam agindo de maneira estranha, cochichando uns com os outros. Viu mobília sendo levada para a *achterhuis* e ouvia muito mais passos do que o normal na escadinha fora do escritório de Otto. *O que está acontecendo?*

Começou a observar a expressão dos colegas quando saíam do escritório de Otto, em busca de um lampejo de cumplicidade que levasse à tão esperada explicação ou à revelação do segredo. Mas semanas se passaram sem novidade. Bep não entendia por que estava sendo mantida no escuro. Achou que já pertencia ao círculo de confiança de Otto. Sabia sobre as manobras para arianizar a empresa, e que Otto continuava sendo o proprietário — uma informação que poderia causar grandes problemas a todos. Será que já não tinha provado sua lealdade?

Então, um dia, em junho de 1942, Otto finalmente chamou Bep ao seu escritório. A forma como ele fez a pergunta foi estranha, mais uma sondagem que um pedido: "Bep, você concorda que minha família se esconda no Anexo?".

Minha mãe ficou chocada, mas respondeu simplesmente: "Sim".

Deu a mesma resposta quando Otto perguntou se, junto de Miep, ela poderia cuidar da família Frank e de outra família judia que se abrigaria ali: providenciando alimentação, fazendo compras, mantendo todos em segurança. Depois da guerra, minha mãe minimizou aquele momento, dizendo que sua resposta foi "natural" e "humana". Que considerou uma questão de "dever", se não para com um país ou um credo, para com seus amigos. Otto sempre fora gentil e generoso com ela e a família Voskuijl. Agora ele precisava de ajuda. Foi só isso — um simples "sim", que causaria complicações intermináveis na sua vida.

Um tour guiado

No fim de junho de 1942, Otto levou Bep para uma visita aos cômodos que logo se tornariam o Anexo Secreto. Ela foi a última dos quatro funcionários do escritório a entrar. Desceram a escadinha que saía do escritório de Otto — que logo ficaria conhecida como a *helperstrap* (escada dos ajudantes) — e passaram por uma porta cinzenta ainda não disfarçada. Logo depois da entrada havia outra escada, mais íngreme, com uma pequena passagem à esquerda. A passagem levava ao que logo se tornaria o quarto de Otto e Edith. Otto mostrou a Bep outro quartinho ao lado, onde dormiriam suas filhas. Depois subiram uma escada e chegaram a um espaço iluminado que serviria como cozinha e sala de jantar, bem como um quarto de dormir para o parceiro comercial de Otto, Hermann van Pels e sua mulher, Auguste. O filho do casal, de quinze anos, ocuparia um minúsculo quartinho adjacente.

Apesar de o espaço — uma sucessão de escadas, paredes e recantos — causar a sensação de que se é um rato num labirinto, não era tão pequeno se comparado a alguns outros esconderijos espalhados pela cidade. Mesmo assim, Bep não conseguia imaginar como duas famílias conseguiriam viver confinadas naqueles quarenta metros quadrados por meses, talvez por anos, sem nunca poder sair.

Minha mãe já conhecia os cômodos, que tinham sido usados para guardar velhos arquivos do escritório. Por algum tempo, Victor também usara aquele espaço como laboratório, para misturar novos produtos alimentares. Mas agora o Anexo parecia mais uma loja de segunda mão depois de um terremoto que um depósito. Havia entulho por toda parte. Durante os últimos meses, móveis, tapetes e outras utilidades domésticas haviam sido secretamente trazidos da casa da família Frank para lá. A razão para o sigilo era a proibição aos judeus de transportar mobiliário pela rua. Os itens foram trazidos aos poucos, em sua maioria pelo irmão de Jo Kleiman, que tinha uma empresa de dedetização (e por isso costumava ser visto entrando em apartamentos), e disfarçadamente deixados na casa de Kleiman antes de serem sub-repticiamente levados para o Anexo à noite nos fins de semana, quando não havia ninguém por perto.

Durante várias semanas, caixas de papelão, roupas, lençóis e cobertores se acumularam no chão e nas camas. Pranchas de madeira se empilhavam aqui e ali. Bep percebeu que muita coisa já tinha sido feita: a instalação de uma nova pia no banheiro e a reforma de um lavabo em desuso. A pequena copa-cozinha do laboratório também tinha se tornado maior e mais moderna. Mas ainda havia muito a fazer.

Otto explicou que planejava passar as próximas semanas preparando o espaço. Tinha marcado a mudança da família para o fim do verão, mas depois adiantou para 16 de julho. Sabia que era apenas uma questão de tempo até os alemães baterem à sua porta. Corria o boato de que os nazistas tinham planos de deportar todos os judeus da Holanda — sabe-se lá para onde ou com que finalidade. Mas Otto achou que talvez eles tivessem um pouco mais de tempo. Sabia que, depois de se esconderem, não haveria como voltar atrás até o fim da guerra. Otto não quis contar seu plano a Anne e a Margot — por não querer assustá-las ou sobrecarregá-las —, mas um dia naquele verão ele deu a Anne uma dica do que estava por vir. "Nós vamos partir por conta própria", falou, "e não esperar para sermos levados embora." Não havia razão para ela se preocupar. O importante era valorizar sua liberdade, ou o que restava dela: brincando lá fora, tomando sorvete, deitando-se ao sol, pelo menos no telhado do prédio, se não a deixassem ir à praia ou a uma piscina. "Aproveite a sua vida despreocupada enquanto pode", concluiu.

O dia da mudança

O dia 5 de julho de 1942, um domingo, foi exatamente o lindo dia de verão de que Otto desejava que suas filhas desfrutassem. Por acaso, era também o aniversário de 23 anos de Bep. No meio daquela tarde, ela recebeu uma mensagem do seu empregador. Pode ter pensado que fosse para desejar feliz aniversário, mas na verdade transmitia uma informação chocante sobre Margot: os nazistas tinham mandado um policial holandês entregar a carta num domingo, quando o correio estava fechado. Bep percebeu que isso significava que o plano teria de ser antecipado. Mas ficou espantada quando soube que os Frank pretendiam se mudar para o Anexo no dia seguinte, 6 de julho. Diny, de dez anos de idade, não fazia ideia do que estava acontecendo, mas notou que o estado de espírito da irmã mudou abruptamente, de festivo para amedrontado — e resoluto.

"Nós precisamos fazer alguma coisa", murmurou Bep antes de jogar alguns objetos na sacola e sair de casa correndo. Minha mãe saiu de bicicleta, mas não está claro para onde teria ido — talvez se encontrar com Miep ou outros membros do Círculo.

Na manhã seguinte, assim que chegou ao trabalho, Bep foi chamada por Jo Kleiman ao escritório de Otto. De agora em diante, disse Jo, a ordem do dia seria "segredo absoluto". Ela não poderia falar sobre o Anexo com ninguém, nem com o namorado, nem com as irmãs ou a mãe, e de início nem com o pai, que trabalhava no depósito do andar de baixo. O importante era que os Frank tinham chegado em segurança, apesar de exaustos pelo trajeto até o escritório.

Otto fez parecer que a família tinha fugido para a Suíça, abandonado às pressas o apartamento na zona sul de Amsterdã, enviando cartas falsas a parentes distantes para manter os nazistas fora de seu encalço. Chegou a escrever um endereço falso na Basileia num bloco de notas deixado no apartamento. Anne fez sua mala. A primeira coisa que guardou nela foi um diário vermelho xadrez que ganhara de presente no aniversário de treze anos, um mês antes. "Espero que você seja uma grande fonte de consolo e apoio", escreveu na primeira página.

Suas anotações iniciais foram um registro bem característico da vida de uma adolescente sob a ocupação: observações sobre a família, as amizades e frustrações diversas ou, como ela definiu, as "reflexões" de uma "tagarela" de treze anos. Mas logo seu diário se tornaria algo totalmente diferente: uma janela para o Anexo Secreto.

Como os judeus não tinham permissão para usar o transporte público, Anne, Otto e Edith tiveram de andar os mais de quatro quilômetros desde o Merwedeplein a Prinsengracht. Como não podiam levar malas para o Anexo, para não chamar a atenção, eles vestiram várias camadas de roupas, na esperança de enganar os soldados alemães ao longo do caminho. Por sorte, uma chuva torrencial manteve as patrulhas ausentes das ruas. Miep chegara um pouco mais cedo para buscar Margot. As duas moças foram de bicicleta até a Prinsengracht. Os judeus eram proibidos de ter uma, e mais ainda de usá-la para se locomover, por isso Margot corria um grande risco no trajeto de bicicleta (e por não estar usando a estrela amarela), mas a ideia era parecer uma jovem holandesa comum indo trabalhar com uma amiga.

A tensão do trajeto provou ser demais para Edith e Margot. Quando chegaram ao Anexo, as duas desabaram nas camas desfeitas, então a mudança ficou a cargo de Anne e Otto, enquanto Miep e Bep abasteciam a cozinha com alimentos frescos.

Minha mãe avistou de relance os foragidos assim que chegaram. Pôde ver com os próprios olhos a expressão de medo e insegurança em seus rostos. Otto parecia muito determinado e muito calado, mas a certa altura reuniu a família e começou a falar. Explicou que iriam viver confinados por um período de tempo imprevisível e que seria necessário tentar viver o mais harmoniosamente possível. A situação era precária, mas não desesperadora; estavam em condições melhores do que muitos outros: tinham um lugar onde se esconder, tinham amigos em quem podiam confiar e, o mais importante, tinham uns aos outros.

Enquanto Margot e Edith descansavam, Otto e Anne abriram as caixas, organizaram os armários, improvisaram cortinas com retalhos de panos velhos e arrumaram tudo até "cairmos exaustos nas nossas camas feitas". No dia seguinte, havia mais trabalho a ser feito: esfregar o chão da cozinha e consertar as luzes. Só na quarta-feira, 10 de julho, Anne conseguiu registrar no seu diário "a enorme mudança na minha vida".

Anne comparou o Anexo com "uma estranha pensão". Era úmido, e o espaço todo pendia ligeiramente para um lado, uma característica típica das construções mais antigas de Amsterdã. Mas considerou ser "um lugar ideal para se esconder". Em 13 de julho, mais ou menos uma semana depois da mudança dos Frank, a família van Pels chegou, antes do combinado. Havia cada vez mais relatos de judeus sendo presos e, como registrou Anne, "era mais seguro sair dois dias antes que dois dias depois". No fim de julho, 6 mil judeus holandeses tinham sido levados para os campos de extermínio, número que aumentaria exponencialmente nos meses seguintes.

Dezenas de milhares de judeus começaram a se esconder por toda a Holanda. Os Frank sabiam que tinham a cabeça a prêmio — inicialmente, dois florins e cinquenta centavos por judeu encontrado, mas os nazistas continuaram aumentando a recompensa conforme intensificavam as buscas, até chegarem a quarenta florins.

Anne vivia apreensiva com que pudessem ser vistos por algum vizinho. Durante o dia, conseguia administrar seus temores; estava sempre ocupada demais, e tudo era tão novo e até um pouco empolgante. Mas à noite, no quarto, às vezes mal conseguia aguentar o silêncio, e sentia falta da companhia de alguém em particular. "Eu gostaria, mais do que qualquer coisa, de que Bep ficasse comigo, à noite, quando é a última a sair", escreveu.

Minha mãe logo entenderia o quanto Anne e os outros dependiam dela, e, onde quer que estivesse nos dois anos seguintes — no escritório remexendo faturas, ou no quarto cheio de correntes de ar que dividia com as irmãs —, seus pensamentos nunca se afastavam muito do Anexo Secreto.

4
BOCAS PARA ALIMENTAR

Minha mãe passou a guerra procurando o que comer. Se a escassez e o racionamento já tornavam difícil alimentar uma família comum em Amsterdã, seria muito mais difícil para oito judeus escondidos que não tinham como obter legalmente cupons de racionamento. Certos produtos alimentícios, como o açúcar, já eram racionados antes mesmo da invasão, mas, com a ocupação, a situação alimentar deteriorou-se rapidamente. Todas as importações que não vinham do Reich se esgotaram. Os nazistas confiscavam quase dez por cento da produção doméstica de alimentos, que era enviada à Alemanha para suprir o esforço de guerra. O queijo era racionado. Carne e ovos tornaram-se escassos. Só se podia encontrar versões falsas de café, chá e tabaco. Havia longas filas na porta das lojas e cada vez menos produtos nas prateleiras.

A qualidade da produção, motivo de orgulho dos fazendeiros holandeses antes da guerra, tornou-se péssima. Anne registrou o cardápio pouco apetitoso do Anexo Secreto: pão seco e café falso para o café da manhã, batatas podres para o jantar, a cozinha sempre fedendo a ameixas estragadas e salmoura. Publicaram-se livros de receitas com opções para tempos difíceis. Davam dicas sobre como substituir a carne por feijões picados ou mexilhões e como economizar combustível para cozinhar escaldando os vegetais ou comendo-os crus. Por conta da escassez de carne, as pessoas começaram a caçar passarinhos e até mesmo gatos de rua, fato que Anne — que precisou abrir mão da sua amada gata, Moortje, quando se mudou para o Anexo — registrou com horror.

O fato de o Anexo Secreto estar ligado a uma empresa de aditivos alimentares foi positivo. Otto tivera o cuidado de armazenar um grande suprimento de vegetais enlatados, frutas, peixe e leite condensado, bem como muitos quilos de amido de trigo, antes de se esconder. Eles também conseguiam ficar com parte das entregas regulares de açúcar da Opekta. Mas ainda assim a comida não era nem de perto suficiente para alimentar oito pessoas. Conseguir mais alimentos se provou um grande problema que muitas vezes coube a Miep e à minha mãe resolver.

Miep comprava o máximo de comida que conseguia. Às vezes voltava de suas rondas para o Anexo tão sobrecarregada de sacolas que Anne dizia que ela parecia "uma mula de carga". Mas ela não podia passar muito tempo fora do escritório, pois precisava ficar à sua mesa para atender às ligações dos clientes. Por outro lado, o trabalho da minha mãe como datilógrafa podia ser feito de madrugada, liberando-a para passar o dia em busca do que fosse necessário.

Era um trabalho perigoso, muitas vezes feito sob as vistas de soldados alemães e espiões holandeses. Jan Gies conseguia cupons de racionamento falsificados ou roubados (obtidos por meio de seus contatos na Resistência), que minha mãe usava com comerciantes amigos. Havia duas quitandas onde gostava de comprar legumes, e um açougueiro amigo de Hermann van Pels muitas vezes conseguia fornecer um pouco de carne extra. Jo Kleiman também tinha um amigo que trabalhava numa padaria e entregava uma grande quantidade de pão toda semana — muito mais que o necessário para os quatro funcionários do escritório — sem fazer perguntas.

Se você não encontrasse o que precisava numa loja normal, sempre havia a opção de procurar o mercado negro. "Todo mundo está negociando no mercado negro; qualquer garoto de recados tem algo a oferecer", escreveu Anne em seu diário. "O leiteiro pode arranjar cadernetas de racionamento, um agente funerário entrega queijo." O mais importante eram os contatos. *Quem você conhece? Eles são confiáveis?*

"Vivíamos com o medo constante de estar sendo vigiados", disse minha mãe certa vez sobre suas andanças diárias para abastecer o Anexo Secreto. "Mas o fato de estarmos fazendo a coisa certa nos fazia nos sentir protegidos."

Conseguir comida em tempos de guerra envolvia tanto charme e astúcia quanto coragem. Bep sempre fazia charme para um leiteiro que morava em Halfweg, uma cidade nos arredores de Amsterdã. E nunca se esquecia de mencionar que tinha sete irmãos mais novos famintos esperando em casa.

"Pode ficar com mais esse", cochichava o leiteiro. "Um pouco de leite a mais para todas aquelas bocas que você precisa alimentar."

Esse leiteiro não era exatamente atraente — tinha cerca de cinquenta anos —, mas minha mãe flertava com ele descaradamente. Anos depois, se lembrava dessas interações com um sorriso maroto. "Meu filho, nós fazíamos *muita coisa* para conseguir comida naquela época."

À medida que a guerra prosseguia, minha mãe se afeiçoou tanto ao leiteiro que ele até aparece como um personagem no diário de Anne. Certa ocasião, confidenciou a Bep que três dos seus filhos estavam escondidos no interior, para não terem de fazer trabalhos forçados para os alemães. Em outra, disse ter acabado de acender o cigarro de um aviador canadense que tinha caído de paraquedas do avião em chamas em um combate aéreo. Mesmo se estivesse apressada ou sem vontade de ouvir a tagarelice do leiteiro, Bep tentava sorrir e parecer interessada, para manter sua fonte. Anos depois da guerra, Miep explicou certa vez que fazer compras para o Anexo

Secreto exigia "certo talento teatral". Não se podia pedir diretamente a um lojista mais do que sua ração. Não se podia ousar tentar comprar algo "por baixo do pano" se não soubesse que a pessoa do outro lado do balcão era confiável. Compaixão, logro, humor, sinceridade — tudo isso eram táticas justas.

Quando não conseguia encontrar comida suficiente para abastecer o Anexo nas lojas de Amsterdã, minha mãe ia de bicicleta até fazendas na periferia da cidade, no bairro de Watergraafsmeer. Ela conhecia bem o local; não ficava longe da rua arborizada onde a família Voskuijl morara até 1933. Ia de fazenda em fazenda, batia à porta e perguntava em voz baixa e educadamente se havia alguma coisa à venda. *Um pouco de leite extra? Um pedaço de carne? Algumas batatas passadas?*

Embora os nazistas proibissem os agricultores de vender diretamente aos consumidores, muitas famílias rurais tinham pena daqueles que apareciam em suas fazendas em desespero. Ou queriam ganhar algum dinheiro, sabendo que poderiam cobrar mais por seus produtos do que as processadoras de alimentos pagavam. Alguns fazendeiros também esconderam judeus e outros foragidos dos alemães. Minha mãe deve ter ido à Fazenda da Anna em Watergraafsmeer, administrada pela família Oostenrijk, para pedir comida durante a guerra. Não sabia que, em um porão, escondido embaixo do feno, havia outro Anexo Secreto abrigando duas pessoas.

Certo dia, em 1944, minha mãe teve uma maré de sorte em Watergraafsmeer: todas as fazendas que visitou tinham algo a oferecer. Guardou as batatas, os alhos-porós e os repolhos na cesta de vime pendurada na bicicleta até não caber mais nada, e depois teve de usar sacos de juta. Era muito mais comida do que seria seguro transportar para não chamar a atenção, mas uma oportunidade boa demais para deixar passar.

A distância entre Watergraafsmeer e Prinsengracht era de cerca de cinco quilômetros. Com a respiração ofegante pelo esforço de carregar tantas provisões, minha mãe já tinha chegado ao Westermarkt, a poucos passos do Anexo, quando ouviu algo que fez seu coração parar. *"Wo gehen Sie hin?"* A pergunta foi feita em alemão. "Aonde você está indo?"

Minha mãe pode ter desejado que a pergunta fosse dirigida a outra pessoa, a qualquer outra, mas, quando levantou a cabeça, viu os olhos azuis de um jovem soldado de bicicleta, com o uniforme preto da Waffen-SS, o grupo paramilitar internacional composto por antissemitas particularmente fanáticos, chefiado por ninguém menos que Heinrich Himmler. Contava com cerca de 25 mil membros na Holanda.

A maioria dos holandeses entendia alemão — muitas palavras dos dois idiomas têm origens em comum, e o alemão básico era uma disciplina obrigatória nas escolas holandesas. Minha mãe também obteve um diploma em alemão na escola noturna. Seu domínio do idioma pode ter sido uma das razões pelas quais Otto a contratou, e agora seria útil mais uma vez. Tentando parecer inocente, explicou minuciosamente que aquela comida era para sua família, que a razão pela qual parecia tanto era por ter sete irmãos — *todas aquelas bocas para alimentar.*

O jovem nazista sorriu, parecendo acreditar na história — ou querer que ela assim pensasse. Minha mãe notou que outro soldado, muito mais velho, acompanhava a cena a certa distância. Quando o mais novo começou a revistar suas sacolas, ela tentou esconder a expressão horrorizada de seu rosto. *Será que vou ser presa? Será que vão saber sobre o Anexo?* Porém, para sua grande surpresa, depois de confiscar cerca de metade dos legumes para si próprio, ele disse que Bep podia seguir seu caminho.

Quando montou de novo na bicicleta, minha mãe não pôde deixar de sentir que tinha escapado com muita facilidade. Diminuiu a velocidade quando chegou à Prinsengracht, mas algo em seu íntimo disse para continuar. Em uma fração de segundo, decidiu passar pela Opekta e voltar para casa na Lumeijstraat. Alguns quarteirões adiante, desceu da bicicleta e fingiu reorganizar as mercadorias. E, com o canto dos olhos, viu o jovem nazista passar com seu camarada. Constatou que a estavam seguindo e agradeceu a Deus por não ter levado o lobo até a porta do Anexo.

Companheira de casa e mesa

Nos primeiros meses, durante o verão e o outono de 1942, Otto tentou estabelecer uma rotina no Anexo Secreto para combater o isolamento e minimizar o risco de o esconderijo ser descoberto. Os dias começavam pontualmente às 6 horas e 45 minutos. Os Frank usavam e lavavam o banheiro numa sequência meticulosamente prescrita por Otto, que às vezes era chamado por Anne de "o oficial prussiano", por conta do seu talento como capataz. Em seguida tomavam o café da manhã, preparando-se para as horas em silêncio: sem falar, sem abrir as janelas (nem mesmo no verão) e rigorosamente sem dar descarga na privada.

Bep chegava no trabalho por volta das oito e meia, e os funcionários do depósito, por volta das nove. O escritório tinha de parecer normal; Bep datilografava os pedidos, Miep atendia ao telefone e Jo fazia registros no livro-caixa. Mas o temor subjacente dificultava a concentração. Havia certo alívio na hora do almoço. Os funcionários do depósito iam para casa, e Bep acessava o Anexo pela *helpers-trap* para comer alguma coisa com os residentes.

Em geral, Anne era quem minha mãe via primeiro — radiante, curiosa, impaciente. "O que está acontecendo lá fora?", costumava perguntar.

Às vezes Anne se referia à minha mãe no seu diário como a nona moradora, ou a "Número nove", pela frequência com que vinha no Anexo. "Número nove não faz parte da nossa família no Anexo, apesar de compartilhar da nossa casa e da nossa mesa. Bep tem muito apetite. Limpa o prato e não é exigente. Bep é fácil de agradar, e isso nos agrada. Ela pode ser caracterizada da seguinte forma: alegre, bem-humorada, generosa e prestativa."

Enquanto comia, Bep calculava os alimentos e itens essenciais necessários para os residentes do Anexo. E passava o resto do tempo dando notícias do mundo externo: sobre a guerra, política, fofocas. Bep se alternava entre ouvir os adultos e ouvir Anne, que sempre exigia que Bep sentasse ao seu lado para cochicharem uma no ouvido da outra. Era como Otto se lembraria da minha mãe e da filha anos mais tarde — sempre juntas, cochichando.

Acho que não demorou muito para Bep começar a se sentir parte da família Frank. Era o mesmo tipo de conexão que sentia pelos pais e irmãos — em que amor e afeição se misturavam com lealdade e obrigação.

Depois do almoço, se houvesse tempo, Bep ia com Anne ao quartinho que ela dividia com um dentista judeu alemão chamado Fritz Pfeffer, que roncava alto. Fritz chegou ao Anexo no outono de 1942; depois Anne o apelidaria de "Dussel" (*idiota* em alemão). Um homem de meia-idade não era o companheiro de quarto ideal para uma adolescente, mas Anne tentou criar seu próprio espaço no aposento, por menor que fosse. Acima do pequeno divã onde dormia, decorou as paredes com fotos de estrelas de Hollywood recortadas de revistas: Greta Garbo, Ginger Rogers, Rudy Vallée.

Minha mãe sabia que, além das estrelas de cinema, Anne idolatrava a família real holandesa, que agora vivia exilada no Canadá. Por isso, comprou para Anne um cartão-postal especial com um retrato da rainha Guilhermina; da princesa Juliana e seu príncipe consorte, Bernardo; e dos seus três filhos, Beatriz, Irene e Margarida. Era um cartão clandestino, impresso pelo jornal *Trouw*, da Resistência, para angariar fundos para suas atividades. Anne achou "incrivelmente gentil da parte de Bep" se arriscar a comprar o cartão para ela. Colou o cartão-postal na parede do quarto, onde pode ser visto até hoje.

Minha mãe sabia que o isolamento do Anexo era particularmente difícil para Anne. Mas também sabia não ser fácil para a irmã de Anne, Margot, nem para Peter van Pels — ambos poucos anos mais velhos. Por isso, minha mãe levou para o Anexo um folheto com uma relação de cursos por correspondência de uma escola popular, a Leidsche Onderwijsinstellingen, e encorajou os jovens a escolherem um deles. Depois os inscreveu usando o próprio nome. Foi assim que Anne, Margot e Peter aprenderam estenografia nesse período na clandestinidade. Margot também começou um curso de latim básico. Os cursos não custavam barato, mas Otto provavelmente considerava a educação das filhas uma despesa que valia a pena. Anne notou que só o curso de latim custava noventa florins (cerca de 650 dólares em valores atuais). Eram enviadas duas lições a cada quatorze dias. Os instrutores atribuíam uma nota ao dever de casa e o mandavam de volta com comentários. Em outubro de 1942, Anne já dominava o básico da taquigrafia.

Embora o trabalho escolar e o senso de rotina ajudassem a passar o tempo, também era importante que os residentes do Anexo pudessem se divertir um pouco. Em dezembro de 1942, Bep e Miep prepararam uma surpresa para marcar o feriado holandês de Sinterklaas, uma celebração de São Nicolau (de quem derivou o *Santa Claus* americano, ou Papai Noel).

Quando os funcionários voltaram para suas casas e tudo ficou tranquilo no número 263 da Prinsengracht, Anne, Margot, Peter e os outros moradores do Anexo foram levados pela escada de madeira até um quarto sem janelas e escuro como breu. Quando acenderam as luzes, Otto — que já sabia dos planos — abriu um grande armário e tirou uma grande cesta embrulhada em papel festivo, cheia de presentes e poemas escritos à mão para cada morador. Os foragidos judeus alemães sabiam pouco sobre o Sinterklaas, por isso o gesto foi uma grande e deliciosa surpresa. Anne ganhou uma boneca bebê. Muitos dos outros presentes

— um cinzeiro para Hermann van Pels, fumante inveterado; um porta-retratos para Fritz Pfeffer e suportes de livros para Otto — tinham sido feitos à mão pelo meu avô Johan. "Como alguém pode ser tão habilidoso com as mãos é um mistério para mim!", escreveu Anne.

Meu avô foi informado sobre a existência do Anexo Secreto mais ou menos uma semana depois de ter sido ocupado. Não está claro quem contou, se Bep, Otto ou Victor. De qualquer forma, todos reconheceram de imediato o valor de ter alguém de confiança no andar térreo observando os funcionários do armazém e a rua. Todos pareceram respirar melhor com Johan ao seu lado, principalmente minha mãe. "Ele tem sido muito útil", escreveu Anne.

Sussurros na toca

Fora do escritório, Bep e Johan faziam o possível para não serem ouvidos falando sobre o Anexo Secreto. Minha mãe tinha muito medo de escorregar, de "deixar escapar alguma coisa", como sempre dizia. Anne se preocupava com a mesma coisa — uma discussão sendo ouvida, uma panela caindo no chão no momento errado. Escreveu em seu diário que era tentador racionalizar essas coisas e dizer a si mesma que ninguém tinha ouvido nada, que ninguém estava prestando atenção. "Fácil dizer, mas será verdade?"

Apesar da proximidade com algumas das irmãs, Bep obedeceu à ordem do chefe e não disse uma palavra sobre o Anexo Secreto, tanto para a segurança da sua família quanto para a da que estava escondida. Mas às vezes fazia com que as irmãs a ajudassem sem saber. Costumava pedir a Willy, que trabalhava como balconista na empresa farmacêutica Brocades & Stheeman de Amsterdã, remédios e tabletes de cálcio "para uma amiga e a mãe". Acabou fazendo tantos pedidos em nome da irmã que o gerente do depósito da empresa perguntou, brincando, se Willy estava abrindo uma farmácia.

Só depois da guerra Willy ficou sabendo que a "amiga e a mãe" eram Anne e Edith Frank.

Minhas tias Corrie e Annie também acabaram sendo ajudantes involuntárias. As duas costumavam fazer roupas simples, usando sobras de tecido do trabalho de Corrie como costureira. Bep pediu que elas fizessem algumas roupas práticas para trocar por comida para a família. Mas na verdade eram para Anne Frank, cujas roupas velhas rapidamente deixavam de servir, com o ritmo em que crescia. E minha mãe pegava as roupas usadas de Anne para dar às irmãs mais novas. Foi assim que minha tia Diny ganhou um vestido de verão de veludo de Anne Frank durante a guerra. Bep disse à irmã que o vestido azul-cobalto bordado com rosas — um resquício de dias mais felizes — tinha sido da filha mais nova de Otto, que "conseguiu fugir para o exterior" com a família. Bep chegou a embrulhar o vestido com um papel amassado e etiquetas, para dar credibilidade à sua história de que os Frank tinham mandado o vestido de presente do exterior. Diny ficou radiante, pois quase todos andavam esfarrapados naqueles tempos de guerra: "Eu me sentia uma princesa com aquele vestido, e usava até no inverno".

Embora tomassem todos os cuidados para não serem ouvidos falando sobre o Anexo Secreto, Bep e Johan costumavam se reunir na sala de estar depois do jantar para conversas em particular. Enquanto as meninas lavavam a louça, Johan lançava um olhar significativo para Bep e se levantava da mesa. Ia para uma saleta adjacente à sala de jantar, onde às vezes ficava lendo numa velha poltrona ou esculpindo alguma coisa na pesada mesa de madeira. Bep esperava alguns minutos, pedia licença, entrava na saleta e fechava a porta de correr. Havia duas cadeirinhas perto do aquecedor a carvão, onde pai e filha conversavam em voz baixa, geralmente por mais ou menos uma hora.

Esse comportamento misterioso não passou despercebido pelo resto da família, que presumiu que Bep e Johan estivessem falando sobre trabalho, mas não entendia a razão de tanto sigilo.

"Ah, lá vão eles de novo", dizia Nelly sempre que Bep saía da sala para ficar com o pai. O comentário era feito para irritar Christina, que também detestava ser deixada de fora.

"Por que o papai sempre cochicha desse jeito?", perguntou Diny à mãe.

"Sei lá."

Diny me contou que a irritação de Christina em relação aos segredos ia aumentando cada vez mais, até ela explodir num rompante feroz. Bep era poupada dos piores sermões de Christina, que tinham Johan como alvo. Às vezes ela chegava a atacá-lo fisicamente. Johan nunca encostou um dedo na esposa, e só erguia o braço para proteger o rosto. Diny não lembra como Bep reagia ante aquelas discussões violentas, mas nunca vai se esquecer de como chorava com Gerda, sua irmã gêmea, implorando para os pais se acalmarem.

5
ENCOBRIMENTO

Victor Kugler era o chefe interino da Opekta, o homem que ocupou o lugar de Otto. Talvez mais do que qualquer um, era responsável por manter o Anexo Secreto em segredo. Todas as manhãs, quando descia do bonde no Westermarkt e andava até o escritório, ele se fazia a mesma pergunta: "Será que eles ainda estão lá?".

Victor morava em Hilversum, uma cidade numa área pantanosa trinta minutos a leste de Amsterdã. Lá, podia se dedicar ao seu maior prazer: observar pássaros. Nos fins de semana, gostava de caminhar pela grama alta para localizar patos que migravam da Sibéria para o oeste. Nesses momentos, conseguia fazer de conta que estava vivendo uma vida normal. Mas depois recomeçava a semana de trabalho, assim como sua ansiedade.

Quase posso imaginá-lo com seu terno de lã sob medida, as veias pulsando no pescoço cuidadosamente barbeado enquanto andava pelas ruas de paralelepípedos, atento aos uniformes verdes, tentando ao máximo parecer comum e profissional — como se sua única preocupação no mundo fosse engrossar geleia. Durante a caminhada de três minutos, do ponto do bonde ao escritório, Victor via a torre da Westerkerk, conferia o horário no famoso relógio preto e dourado lá em cima, cruzava com vendedores ambulantes oferecendo picles ou sorvetes italianos, passava rapidamente pelo mictório de aço na esquina da Prinsengracht e recuperava o fôlego em frente à pesada porta de madeira do número 263.

Será que eles ainda estão lá?

Anne sabia que era Victor pela "batida curta, mas forte, na porta" do Anexo. Conseguia até discernir seu estado de espírito observando suas mãos ao entrar. Se esfregasse uma na outra, estaria feliz e falante. Se tivesse os punhos fechados, estaria taciturno e preocupado.

Victor cuidava de todos os que lá se escondiam, mas tinha uma queda pela residente mais jovem. Adorava ver os olhos grandes de Anne brilharem uma vez por semana, quando trazia a revista *Cinema & Theater* para ela. Anne lia a publicação de ponta a ponta e recortava fotos de estrelas para acrescentar ao mural em constante expansão na sua parede. Era tão versada em notícias de cinema que, quando minha mãe dizia que iria assistir a um filme no fim de semana, Anne listava os atores do elenco e fazia um resumo das críticas. *Cinema & Theater* representava o mundo que ela mais amava, e Kugler tinha prazer em lhe propiciar um vislumbre desse mundo todas as semanas. Em uma entrevista, anos depois da guerra, ele se lembrou da expectativa de Anne quando ele trazia a edição mais recente. Às vezes, disse, "eu escondia no bolso, para ver a expectativa naqueles olhos por mais tempo".

O novo chefe

Victor nasceu em 1900 em Hohenelbe, uma cidade na foz do rio Elba, na Boêmia, hoje localizada na República Tcheca e conhecida como Vrchlabí, que, no entanto, quando Victor era jovem, era parte do Império Austro-Húngaro — uma encruzilhada turbulenta de diversos grupos étnicos. Victor cresceu em um enclave muito tribal de língua alemã conhecido como Sudetos. Apesar de a família ser relativamente abastada, Victor era filho ilegítimo e nunca conheceu o pai, fato que lhe causava um sentimento de vergonha por sua origem que, segundo seus biógrafos Eda Shapiro e Rick Kardonne, em parte explicava sua simpatia pelos forasteiros.

Assim que pôde, Victor saiu dos Sudetos, enojado com o incipiente nacionalismo de "sangue e solo" que em uma geração se transformaria em fascismo, tornando os alemães daquela região os mais fanáticos seguidores de Hitler. Victor se estabeleceu na Holanda em 1920. Antes de ingressar na Opekta, trabalhou no ramo de alimentação em uma grande panificadora e numa fornecedora de restaurantes. Em uma viagem de negócios a Berlim, em 1933, viu pessoalmente a ascensão do nazismo: suásticas flanando em cada quarteirão, camisas-marrons "levando embora pequenos grupos de homens", chutando as costas dos que não andavam depressa o suficiente. Quando voltou para seus pássaros na pacífica Holanda, Victor falou: "Fiquei feliz em voltar para casa".

Pouco se sabe sobre a esposa de Victor, Laura Buntenbach, uma presença adoentada e obscura durante o período do Anexo Secreto. Filha de imigrantes alemães na Holanda, nasceu em 1895, na pequena aldeia holandesa de Neer. Casou-se com Kugler em 1928. Embora "segredo absoluto" significasse que ninguém fora do Círculo poderia saber sobre o Anexo, foi aberta uma exceção no caso da dedicada esposa de Jo Kleiman, Johanna, que todos na Prinsengracht acreditavam ser confiável — e que às vezes até visitava o Anexo Secreto nos fins de semana. No entanto, Victor preferiu não deixar transparecer o menor indício da pressão que estava sofrendo para a mulher. Mais tarde, diria que manteve Laura no escuro para seu próprio bem. "Minha mulher não estava bem de saúde e, para ela não ficar preocupada, não falei sobre os planos do Anexo Secreto", relatou.

Fossem quais fossem as razões, penso que deve ter sido muito difícil guardar esse segredo sozinho. Miep podia falar sobre o Anexo com o marido, Jan, envolvido na trama desde o início. E minha mãe podia conversar sobre os acontecimentos do dia com meu avô. Mas Victor parecia não ter nenhum confidente, e em alguns aspectos sua responsabilidade era a maior de todas.

Victor ia ao Anexo Secreto quase diariamente, levando não apenas revistas para Anne, mas também jornais e outras necessidades, e tentando manter o moral do grupo com seu otimismo, o que às vezes significava omitir más notícias. Para o público externo, ele precisava ser convincente como a nova figura de proa da empresa.

"Tive que fazer uma boa 'interpretação' para os ex-sócios, clientes e vizinhos do sr. Frank", explicou. Com alguns, ele fez amizade; com outros, subornou ou evitou totalmente. "Era preciso sempre ser capaz de reagir instantaneamente. Compreender os assuntos de imediato, como um jogador de xadrez que precisava sempre estar dois lances à frente."

Anne escreveu que o trabalho de cuidar dos oito às vezes o deixava sem fala "devido ao estresse e à tensão reprimidos". Por conta da tremenda pressão, às vezes Victor ficava irritadiço e descontava a frustração nos residentes do Anexo pelos descuidos. Achava que se arriscavam demais: fazendo barulho durante o dia, saindo do Anexo para andar pelo escritório à noite, quando imaginavam não haver ninguém por perto para identificá-los.

Além de administrar a Opekta na ausência de Otto e se manter atento a quaisquer problemas, Victor conseguia obter cupons de racionamento falsificados, com os quais minha mãe comprava comida. Mas seu papel mais importante, segundo Otto, era vender grandes encomendas de especiarias por baixo dos panos, para depois repassar o dinheiro aos residentes do Anexo, que estavam indo à bancarrota comprando mantimentos aos preços exorbitantes exigidos pelos comerciantes no mercado negro. "Kugler nunca disse uma palavra para a esposa durante aqueles dois anos", disse Otto. "Ele guardou o segredo e aguentou tudo sozinho; era uma pessoa nervosa por natureza, e sofria com isso."

No entanto, o que Otto e todos os outros na Prinsengracht, número 263, não sabiam era que Victor tinha alguém a quem recorrer em busca de apoio, compreensão e até amor: minha mãe. O romance entre esses dois guardiões do Anexo Secreto nunca foi mencionado antes de eu e Jeroen começarmos a pesquisa que resultou neste livro.

A primeira vez que minha mãe me falou sobre seu relacionamento com Victor foi quando eu tinha dezoito anos, embora o tenha feito parecer pouco mais que um pequeno flerte entre colegas. Era mais sincera com minha tia Diny — comentando como Victor era bonito, como se vestia bem, como era gentil e agradável, como eles conseguiam se entender "sem usar palavras". Foi a pressão terrível que sofriam que jogou Victor e Bep nos braços um do outro. Às vezes os dois se beijavam rapidamente, ou se permitiam um abraço silencioso no escritório escuro e apertado dos fundos, onde Kugler trabalhava.

Minha mãe contou à irmã Diny que, apesar de ter uma queda por Victor, o romance entre os dois estava condenado desde o início. Mesmo sem conhecer Laura, a esposa de Victor, ela não queria de jeito nenhum acabar com o casamento dos dois. Mais importante ainda: não queria causar conflitos nem intrigas entre os membros do Círculo. Victor e minha mãe sabiam que quaisquer sentimentos existentes entre eles teriam de esperar — até o fim da guerra, até a morte de Laura, ou talvez indefinidamente. Havia muito em jogo para se arriscar por amor.

Vulnerabilidades

Desde o momento em que o Anexo foi ocupado, os ajudantes se preocuparam com sua segurança. Os sons reverberavam pelas paredes e pelos canos do antigo prédio ao lado do canal. A regra dentro do Anexo era que, durante o expediente, os moradores só poderiam sussurrar e usar pantufas em vez de sapatos para abafar seus passos. No entanto, apesar dessas medidas, às vezes discussões e até gritos mais altos irrompiam, ecoando. A tensão entre os residentes era natural, com oito personalidades fortes isoladas num espaço tão pequeno. Sempre que ouvia um conflito em andamento, minha mãe subia correndo pela *helperstrap* para pedir calma a todos.

Nós estamos ouvindo vocês!

Apesar de seus esforços para manter a paz, às vezes as vozes chegavam até o armazém no andar térreo, onde meu avô trabalhava. Quando ouvia Anne gritando ou alguma discussão entre van Pels e a esposa, Johan tentava criar uma distração. Ia até o funcionário do armazém mais próximo e começava a gritar com o pobre homem por alguma infração imaginária, tentando desesperadamente abafar o barulho.

Uma vulnerabilidade ainda mais grave que o barulho era a porta cinzenta e visível que levava ao Anexo. Qualquer um que entrasse no escritório naturalmente se perguntaria o que havia atrás daquela porta. E, com dois anos de ocupação, as incursões em casas de Amsterdã estavam se tornando cada vez mais comuns. Os alemães invadiam prédios em busca não só de judeus, mas também de um tipo específico de contrabando holandês: bicicletas.

No verão de 1942, os nazistas ordenaram que um grande número de holandeses entregasse suas bicicletas.* Era uma exigência impensável para a maioria dos moradores de Amsterdã, que tinha na bicicleta não apenas seu principal meio de transporte, como também uma fonte de identidade. Mas os alemães alegaram que seu exército precisava urgentemente de 100 mil bicicletas para o esforço de guerra. Um grande confisco de bicicletas em galpões

---

* Os chamados roubos de bicicletas não foram esquecidos tão cedo. Nos anos do pós-guerra, a frase "Primeiro eu quero a minha bicicleta de volta" tornou-se lendária e costumava ser cantada nos jogos de futebol contra a Alemanha.

de armazenamento público foi agendado para 20 de julho, mas a maioria dos proprietários foi avisada com antecedência e conseguiu esconder suas bicicletas na noite anterior.

Os moradores judeus de Amsterdã já tinham sido obrigados a entregar suas bicicletas logo no início da ocupação, mas muitos desrespeitaram a ordem, entre eles Peter van Pels, que mantinha sua bicicleta embrulhada, apoiada na parede do quartinho onde dormia no Anexo.

Quando começaram as batidas em busca de bicicletas por toda Amsterdã, os ajudantes se reuniram para encontrar formas de resguardar melhor o Anexo. Segundo Anne, foi Victor quem considerou ser uma boa ideia construir uma estante em frente à entrada do esconderijo.

A questão então passou a ser: quem poderia construir a estante? Todos sabiam que Johan tinha talento para a carpintaria. Jo Kleiman perguntou se ele poderia improvisar alguma coisa, e meu avô disse que iria tentar. Em agosto de 1942 ele começou a trabalhar em casa, fervendo cola num fogão a gás, construindo a estante em segredo no sótão da Lumeijstraat.

Em uma casa normal, o espaço entre o teto e o telhado seria usado para guardar móveis antigos, roupas e outras bugigangas, mas não havia espaço de sobra na casa dos Voskuijl. Quatro das filhas de Johan — Willy, Nelly e as gêmeas Diny e Gerda — dormiam no sótão. Ao lado do quarto delas havia um pequeno closet que Johan mantinha trancado durante o dia. Era onde ele criava seus pombos, algo proibido pelos alemães, mas, como minha tia Diny me disse: "Meu pai não ligou pra isso". O espaço também era a oficina de Johan, o local onde confeccionava brinquedos para as crianças e presentes de Sinterklaas para os moradores do Anexo.

Johan não podia contar a ninguém a não ser à minha mãe o que andava fazendo naquelas semanas quentes de agosto. Depois do jantar, dizia à mulher: "Stien, vou dar de comer aos pombos", e desaparecia por algumas horas sem qualquer explicação.

As meninas sentiam o cheiro da cola fervendo e ouviam o som do serrote e das marteladas. Encontrar madeira para construir uma grande estante de livros em tempos de guerra não era tarefa fácil, mas de alguma forma meu avô conseguiu. O móvel de aparência simples escondia o engenhoso mecanismo que o fazia funcionar: uma dobradiça com um trinco oculto que podia ser acionado pelos dois lados da porta. Para não levantar suspeitas transportando um grande móvel pelas ruas, Johan desmontou a estante e a levou para a Prinsengracht peça por peça, instalando-a quando ninguém estava olhando. Um mapa da Bélgica — nominalmente parte do território da Opekta — foi pendurado acima do móvel, com fichários preenchendo as prateleiras para parecer um arquivo comum. Como resultado, a entrada do Anexo ficou totalmente camuflada.

"As coisas estão ficando muito misteriosas por aqui", anotou Anne com ironia em seu diário. "Agora o nosso Anexo Secreto ficou realmente secreto."

Minha mãe nunca falou publicamente sobre a estante, mas, anos depois da guerra, confessou à minha tia Diny que nunca se sentiu mais orgulhosa do pai do que no momento em que ele aceitou o desafio, apesar dos riscos envolvidos. A estante fez sua mágica. Nos meses seguintes, um carpinteiro esbarrarou nela enquanto fazia um conserto, e a polícia a examinou ao revistar o escritório depois de um assalto. Mas, nos dois casos, ninguém suspeitou do que havia atrás daquelas três prateleiras de madeira.

6
A FESTA DO PIJAMA

Apesar de não haver nenhuma intenção desrespeitosa, os adultos do Anexo Secreto às vezes tratavam minha mãe meio como criança: davam sermões, tinham pena dela e sempre faziam recomendações desnecessárias quando entregavam suas listas de compras. À medida que os residentes do Anexo começaram a ver Bep como um prolongamento da família, Anne em particular assumiu uma atitude protetora e quase fraternal com ela, um sentimento de solidariedade que vinha de lidar com adultos autoritários que, como registrou Anne certa vez, "não entendem nada sobre nós!".

Muitas das recomendações desnecessárias à minha mãe vinham da boca de Auguste van Pels, a matriarca briguenta, nervosa e compassiva da outra família que vivia no Anexo. A sra. van Pels tinha fugido da Alemanha em 1937. Apesar da nacionalidade holandesa adquirida por meio da família do marido, vinda de Gröningen, nunca teve mais que um domínio vacilante da língua holandesa. Mas isso não a impedia de falar abertamente sobre a vida amorosa de Bep.

Costumava dizer, por exemplo, que Bep não deveria ficar parada até outra mulher pegar o solteiro disponível que, até o início da guerra, trabalhava no armazém da Opekta, um jovem bonito chamado Henk van Beusekom. Ignorava o fato de Bep não estar interessada nele; de Henk nunca a ter notado; ou de que ela pudesse sonhar com alguém que tivesse mais a oferecer que um operário de fábrica; alguém que a tirasse do atoleiro da Lumeijstraat.

Quando a notícia do noivado de Henk com uma mulher chamada Aagje Pronk chegou ao Anexo, em março de 1944, a sra. van Pels tentou usá-la como um momento didático, fazendo um sermão para minha mãe sobre como ela deveria ter agido enquanto podia. Enquanto a sra. van Pels falava à mesa do almoço, Anne via Bep se encolher cada vez mais. Quando a refeição acabou e minha mãe finalmente desceu para o escritório, Anne resolveu dizer à sra. van Pels o que pensava. "Eu não entendo, sra. v. P., por que a senhora fica falando essas coisas sobre Henk para Bep o tempo todo. Acho incompreensível a senhora não perceber o quanto isso é incômodo para Bep."

Era típico de Anne ser direta, dizer o que pensava, mesmo que isso pudesse irritar as pessoas. Minha mãe me disse que Anne "sempre tinha uma opinião; uma opinião inflexível. Era isso ou aquilo." Usou a palavra "explosiva" para definir a personalidade de Anne. Essa estimulante franqueza era uma característica que faltava à minha mãe, mas que ela parecia admirar.

A sra. van Pels corou, tomada de surpresa por tamanha impertinência de uma adolescente. "Eu sei muito bem o que dizer a Bep; se ela se sente incomodada, não deveria falar tanto sobre Henk!"

Mas Anne não recuou. Relembrando o evento em seu diário mais tarde, disse que sua réplica à sra. van Pels foi calculada para ser "bem fria e desdenhosa": "Só sei que Bep acha esse tipo de conversa muito desagradável!". E se afastou, indignada.

O diário é repleto de momentos em que Anne corre em defesa de "Elli", como Bep foi chamada na primeira versão publicada do livro. É compreensível que esses momentos tenham transmitido aos leitores a impressão de que minha mãe era tímida demais para se defender. A verdade, porém, é que Anne, uma adolescente com grande poder de observação, mas também com uma imaginação fértil, às vezes exagerava esses momentos, interpretando o silêncio de Bep como sinal de um coração ferido, quando na verdade ela estava apenas sendo respeitosa e prestativa.

Embora a descrição de Anne no diário muitas vezes pinte a sra. van Pels como uma personagem irritante, minha mãe se lembrava de uma mulher diferente: delicada, gentil e digna. Também considerava Edith Frank uma mãe atenciosa e acolhedora, e me disse que ficou "surpresa" ao ler como Anne às vezes a tratava com dureza no diário. Um exemplo notável é a reação de Anne a uma conversa entre Edith Frank e Bep ocorrida na primavera de 1944.

Minha mãe estava lavando louça no Anexo. Sentia-se exausta e deprimida, desgastada por todo o trabalho que tinha de fazer — no escritório, no Anexo e em casa, cuidando das irmãs. Junto com ela, na cozinha, estavam a sra. Frank e a sra. van Pels, a quem ela confessou que se sentia desanimada. Será que a guerra nunca iria acabar? Haveria alguma esperança para o futuro? Ao contrário de muitas garotas da sua idade, minha mãe ainda estava solteira.

Anne ouviu a conversa e ficou esperando ansiosamente para ver como as duas mulheres mais velhas, e supostamente mais sábias, responderiam.

> Que ajuda aquelas duas ofereceram? Nossa mãe insensível, principalmente, só fez as coisas irem de mal a pior. Sabe qual foi seu conselho? Que Bep deveria pensar em todas as outras pessoas do mundo que estão sofrendo! Como pensar na infelicidade dos outros pode ajudar se você também está infeliz? Eu disse isso. A resposta delas, é claro, foi que eu devia ficar fora de conversas desse tipo [...] Ah, eu gostaria de ter dito alguma coisa para a pobre Bep, algo que sei por experiência própria que teria ajudado. Mas meu pai se interpôs entre nós, me empurrando rudemente para o lado.

Anne era, claro, muito mais nova que minha mãe, mas parecia mais confortável fazendo o papel de irmã mais velha. Com o passar dos meses de reclusão, minha mãe ficou surpresa ao perceber que confiava cada vez mais na tagarela de quatorze anos e no seu coração aberto. Um dia, no Anexo, quando minha mãe quase desmaiou de exaustão, Anne veio correndo para reanimá-la com água de colônia.

"Ela se sentou ao meu lado como uma verdadeira mãezinha", relembrou Bep numa carta a Otto anos depois da guerra. Sempre que se sentia deprimida, Anne estava lá para animá-la. "Não é algo notável para uma garota tão jovem?" Mas assim como Anne protegia Bep, minha mãe mais do que retribuía seus gestos. Seu talento especial era conseguir acalmar Anne quando ninguém mais conseguia. Lembro-me de uma história que minha mãe contou, que não foi registrada no diário de Anne. Os Frank começaram a discutir sobre algum assunto agora esquecido, quando Anne se intrometeu para dar sua opinião, sem rodeios — "ela realmente tinha uma língua afiada", comentou minha mãe —, mas Otto a interrompeu rispidamente antes de ela concluir sua fala.

Mais do que qualquer coisa, Anne detestava ser calada. Começou a chorar e correu para o quarto. Quando nem Edith, nem Margot a seguiram, Bep entendeu a deixa para intervir. Ao ver Anne sentada na cama, com lágrimas escorrendo pelo rosto, minha mãe se aproximou e — por conta do estresse reprimido a que estavam submetidas ou por causa de alguma profunda conexão empática entre as duas — começou também a chorar. Em seguida, minha mãe envolveu a menina nos braços e, para surpresa de ambas, começou a dançar, rodopiando e saltitando pelo quartinho. Em poucos segundos, as lágrimas foram substituídas por um riso alegre.

Quando Bep saiu do quarto de Anne, Otto fez sinal para que se aproximasse. "O que diabos você fez com Anne?", perguntou. "Ela entra no quarto chorando e sai toda sorridente!"

Bep sabia como lidar com as acessos de raiva de Anne; lembravam os das suas irmãs mais novas. Mas também havia algo na natureza de Anne que a fazia parecer muito madura para sua idade. Depois da guerra, minha mãe escreveu a Otto que sempre admirou Anne "porque era a mais nova, e aquelas circunstâncias difíceis devem ter sido terrivelmente extenuantes para ela. Mas Anne nunca deixou isso transparecer: não reclamava, estava sempre alegre, brincava, sentia-se satisfeita e aceitou seu destino com a sensibilidade de uma menina crescida".

O que minha mãe mais admirava era a maneira como Anne usava seu irreprimível gosto pela vida e sua curiosidade como contadora de histórias para vivenciar o período de cativeiro não como uma sentença de prisão a ser suportada, mas como "uma grande aventura". Minha mãe disse uma vez que Anne tinha uma "confiança inabalável no futuro", e que nunca duvidou que ela e os outros foragidos passariam ilesos pela ocupação. Não era uma questão de *se*, mas de *quando*. Nas conversas em particular, Anne falava sem inibições sobre a vida "depois da guerra": os filhos que teria, a carreira de escritora que seguiria. Em seu diário, chegou a elaborar uma lista de coisas que faria logo depois de ser libertada.

"Ah, os planos que fizemos naqueles dias!", refletiu minha mãe melancolicamente anos depois.

Retrato da autora

Em 30 de outubro de 1942, houve uma reviravolta no relacionamento da minha mãe com Anne Frank. Naquela noite, Bep jantou com a família e, depois da sobremesa, Anne se recusou a deixá-la sair. Insistiu para ela passar a noite lá, *só desta vez*. Para surpresa de ambas, Bep concordou com uma festa do pijama improvisada no Anexo Secreto.

Antes de dormir, minha mãe ficou conversando em voz baixa com Anne e Margot, e a certa altura a conversa chegou ao assunto dos textos escritos por Anne. Margot pediu licença para ler em voz alta um trecho escrito pela irmã — não o diário, mas um conto de fadas narrado com tanta vivacidade e imaginação que Bep ficou surpresa que tivesse saído da cabeça de Anne.

Apesar de ter começado a escrever seu diário havia pouco tempo, Anne também já começava a fazer experiências com contos de ficção. A maioria dos primeiros esboços de suas histórias foi escrita em folhas soltas de papel, que desde então se perderam, embora algumas tenham sido registradas nas páginas do diário. Nos meses seguintes, ela revisou as histórias e, em algum momento de 1943, copiou as versões mais ou menos concluídas num caderno. Os 34 contos foram depois publicados em português no volume *Contos do esconderijo*.*

As primeiras histórias de Anne eram românticas e um pouco infantis, escritas no estilo dos romances para jovens adultos dos anos 1920 e 1930 que ela adorava ler. No entanto, para uma garota da idade dela, mostravam muito talento. Algumas eram claramente autobiográficas, como "Kaatje", um conto sobre uma jovem que tinha um gato preto (como a gata de Anne, Moortje) e era repreendida na escola por ser uma tagarela incurável (assim como Anne). Outras eram fantasias, como "A fada", sobre uma jovem com poderes mágicos chamada Ellen, que herdava uma fortuna após a morte dos pais e dedicava o resto da vida a dividir sua riqueza com outras pessoas.

Minha mãe ficou surpresa quando Anne perguntou se ela poderia encontrar uma forma de imprimir alguns dos contos. Mesmo sem ter qualquer ideia de como publicar contos de fadas de uma garota de treze anos em tempos de guerra, a pergunta ficou na sua cabeça. Era um indício de que, mesmo nos primeiros tempos da vida de Anne como escritora, muito antes de ter concebido o projeto que se tornaria o *Het Achterhuis*, ela já escrevia com um público

---

* Os contos foram publicadas pela primeira vez na Holanda em 1949, dois anos depois da descoberta do diário.

em mente. Contudo, em 1942, o compromisso de Anne com a escrita ainda estava em desenvolvimento. Apesar de gostar de escrever seu diário — e de ter começado a endereçar suas anotações a diversos correspondentes imaginários, inclusive a agora famosa "Kitty"* —, às vezes ficava semanas sem escrever. E suas anotações eram muito mais curtas do que seriam nos anos seguintes.

Minha mãe desempenhou um papel importante na produção literária de Anne, nos tempos da guerra, fornecendo cadernos, papel, lápis e canetas — e, quando não conseguia encontrar essas coisas nas lojas, dava à jovem suprimentos extras do escritório, inclusive o papel carbono que Anne usaria mais tarde para repassar o diário. Bep nunca chegou a ver Anne escrevendo, pois ela fazia questão de proteger suas anotações de olhos alheios. Também gostava de avisar no Anexo que iria escrever, uma insinuação para que os companheiros do esconderijo não entrassem no seu quarto inesperadamente.

"O diário era o seu maior segredo", disse minha mãe.

Mas Anne se orgulhava do seu trabalho, e às vezes mostrava um trecho do diário que achava que minha mãe tinha de ler. Isso se intensificou no fim da guerra, quando Anne estava revisando o diário com o objetivo de publicá-lo depois da libertação. Minha mãe me disse que se lembrava vividamente de ter lido a descrição de Anne do dia 5 de julho de 1942, a data em que Margot recebeu a intimação para ir a um "campo de trabalho" na Alemanha, um dia antes de a família se refugiar.

Minha mãe não era uma intelectual — mas gostava de ler. Lembro que ela devorava volumosos romances em questão de dias. E adorava seu exemplar da famosa enciclopédia holandesa *Winkler Prins*, que às vezes passava horas folheando. Interessava-se particularmente por artigos sobre geografia. Acho que gostava de ler sobre

---

* Nome dado por Anne Frank ao seu diário, como se fosse uma amiga com quem podia compartilhar seus pensamentos mais íntimos. [N.T.]

lugares que não poderia visitar. Também tinha um fichário para anotar citações de livros e poemas que apreciava. Anne fez algo semelhante no seu *Mooie-zinnenboek* (Livro das Belas Frases), um livro-caixa em branco provavelmente fornecido pela minha mãe.

Fossem quais fossem suas preferências literárias, Bep teve a sensibilidade para reconhecer algo de excepcional nas palavras de Anne. Em uma carta para Otto, depois da guerra, ela relembrou a primeira vez que ouviu a prosa de Anne, naquela festa do pijama no Anexo: "Eu não conseguia acreditar no que estava ouvindo. Não conseguia acreditar que Anne tinha escrito aquelas palavras. Ainda posso ver a expressão de Margot: *Sim, Anne escreveu tudo sozinha*".

Por mais que encorajasse as ambições literárias de Anne, minha mãe sabia que a garota muitas vezes registrava detalhes de suas conversas íntimas — coisas que minha mãe contava em segredo sobre sua vida amorosa, sobre a família, até mesmo sobre seus esforços para comprar comida no mercado negro. Caso o Anexo fosse invadido e o diário caísse em mãos erradas, essas passagens poderiam ser extremamente perigosas.

Minha mãe tentou convencer Anne a ser mais discreta sobre tais assuntos no diário, mas acabou percebendo que seus pedidos eram em vão. Tudo o que pôde fazer foi alertar os outros do Anexo Secreto para tomarem cuidado: "Vocês não deveriam falar sobre tantas coisas com Anne. Ela anota tudo no diário!".

Uma menina muito calada

A festa do pijama aconteceu algumas semanas antes de o colega de quarto de Anne, Fritz Pfeffer, se mudar para o Anexo Secreto. Até então, Anne dividia o quarto com Margot. Bep dormiu num colchão inflável entre as duas camas estreitas das meninas. A cama de Anne era na verdade uma espreguiçadeira, com menos de um metro e meio de comprimento, com duas cadeiras na extremidade para apoiar os pés da menina em crescimento. Havia tão pouco espaço entre as camas que minha mãe mal conseguia se virar durante o sono.

Ela deve ter tentado parecer corajosa. Afinal, era mais velha que Margot e Anne, mais madura e, portanto, deveria ser mais durona. Porém, quando as luzes se apagaram, foi preciso muita força para não entrar em pânico. Não aguentava os barulhos lá fora, as vigas rangendo e os canos ecoando pelo piso de madeira, as rajadas de vento soprando pelo canal, o som de um carro ao longe que parecia se aproximar cada vez mais. A cada quinze minutos se assustava com o toque do relógio da torre da Westerkerk. Anos depois, ela se lembraria daquela noite no Anexo como "horripilante".

Mas não foram só os quartos apertados e os ruídos assustadores que mantiveram minha mãe acordada naquela noite, foi também a ideia de homens com botas de cano alto vindo em seu encalço. Poucas semanas antes, minha mãe tinha contado a Anne, talvez sem pensar, que uma colega dela de escola, Bertha "Betty" Bloemendal, fora presa recentemente numa batida policial e deportada para a Polônia. Não sabemos como Anne reagiu à notícia, nem qual foi a expressão em seu rosto ao ouvir o relato da minha mãe, mas sabemos que Betty foi a primeira pessoa que Anne conhecia pessoalmente a ser mandada para um campo de concentração, e que essa "horrível" notícia pesou muito sobre a jovem. Anne escreveu que se sentia culpada por estar comparativamente "tão bem de vida" no Anexo Secreto.

Betty foi uma das colegas de classe de Anne no ano letivo de 1941-1942 no Joods Lyceum, o colégio judaico em que Anne foi obrigada a estudar depois de expulsa da escola Montessori. Poucos meses antes, em junho de 1942, Betty estivera comendo bolo e dando risada com outras amigas de Anne na sua festa de aniversário de treze anos, o mesmo aniversário em que ganhou seu diário vermelho xadrez.

Anne descreveu todas as suas colegas de classe no diário e pintou um triste retrato de Betty como uma garota esforçada, de família pobre, que lutava para se enturmar: "Betty Bloemendaal [*sic*] parece meio pobre, e acho que provavelmente é [...] Ela vai muito bem na escola, mas é porque se esforça muito, não por ser tão inteligente. Ela é muito calada". E foi isso. Uma fotografia do começo dos anos 1940 mostra Betty, de cabelos escuros, olhos semicerrados, sentada na grama com um suéter floral, o irmão mais velho ajoelhado ao seu lado.

Betty morava em um apartamento no segundo andar, na zona oeste de Amsterdã, com os pais e o irmão. Nascida na Polônia, a mãe era dona de casa; o pai era funcionário de uma seguradora. Sua família era mais religiosa do que os Frank, apesar de morarem num bairro de maioria gentia, com uma pequena sinagoga e alguns vizinhos judeus dispersos. A casa dos Bloemendal ficava a apenas um quarteirão da Lumeijstraat, e todos os dias minha mãe passava de bicicleta pela rua de Betty a caminho do trabalho.

Se minha mãe não viu com seus próprios olhos a operação em que Betty e sua família foram presas, ela deve ter sido informada pela mãe, Christina, que tinha amigas no quarteirão de Betty que acompanhavam de perto tudo o que acontecia na rua.

Os nazistas começaram a prender mais judeus em Amsterdã no verão de 1942, depois da ordem geral para que todos os residentes judeus na Holanda se apresentassem. Muitos judeus ignoraram a ordem ou se esconderam. Às vezes, maridos eram presos separados das mulheres e filhos, mas em geral a família toda era reunida em Westerbork, o notório campo de trânsito no nordeste da Holanda que servia como ponto de baldeação para os campos de concentração e extermínio no leste.

Segundo os relatos, a operação de setembro em que Betty foi presa foi típica. De repente, os furgões da polícia freavam bruscamente em frente a um endereço escolhido e desembarcavam hordas de homens de túnicas azul-marinho (os policiais holandeses) e de uniformes verdes (os alemães). Às vezes, as pessoas gritavam e entravam em pânico; outras vezes, se mostravam surpreendentemente calmas. Essas operações podiam acontecer de manhã, à tarde, à noite ou de madrugada. Às vezes os judeus eram literalmente tirados da cama.

Anne não poderia ter visto essas operações da janela da Prinsengracht, mas colheu informações suficientes a respeito — algumas baseadas em fatos, outras em boatos — para descrever todo o seu terror: "Ninguém é poupado. Os doentes, os idosos, crianças, bebês e mulheres grávidas — todos marchando para a morte".

Quando Anne e Bep se deitaram nas suas caminhas no Anexo Secreto, a marcha de Betty já havia chegado ao fim. Em 1º de outubro de 1942, logo depois de chegar a Auschwitz, ela foi morta na câmara de gás junto com a mãe e o irmão de quatorze anos. A essa altura, Anne já sabia o que significava ser "despachada para a Polônia", como ela dizia, e quantas de suas ex-colegas estavam prestes a ter o mesmo destino de Betty. "Eu me sinto péssima dormindo em uma cama quente, enquanto em algum lugar lá fora meus amigos mais queridos estão caindo de exaustão ou sendo jogados no chão", escreveu.

Por mais deprimentes que fossem as notícias, Anne e os demais no esconderijo sempre tentavam se manter positivos. Contudo, à medida que mais notícias de deportações chegaram ao Anexo, no outono de 1942, o estado de espírito dos residentes se tornou inevitavelmente mais sombrio.

"De vez em quando Miep contava o que tinha acontecido a um amigo, e minha mãe ou [a sra. van Pels] começavam a chorar", escreveu Anne, "por isso [Miep] achou melhor não dizer mais nada".

Minha mãe deve ter tomado decisão semelhante. Depois das notícias sobre Betty, Anne nunca mais relatou nenhum comentário de Bep sobre ações contra judeus, nem mesmo quando as deportações passaram a aumentar cada vez mais. Em vez disso, as histórias que Anne ouviu de Bep e que acabaram registradas no diário versavam quase exclusivamente sobre assuntos mais felizes, ou pelo menos mais leves: os dramas da família Voskuijl, fofocas do leiteiro, um novo penteado da minha mãe, espetáculos, casamentos ou filmes a que havia assistido e, claro, sua vida amorosa.

Mas Anne e os outros residentes do Anexo não precisavam de ajudantes para saber o que estava acontecendo com os judeus. Eles tinham um rádio sintonizado na BBC, que, em 9 de julho de 1942, reportou que os judeus em territórios ocupados pelos nazistas "são regularmente mortos a tiros de metralhadora, granadas de mão e até envenenados por gás". Em entrevista concedida por Bep no fim dos anos 1970, ela também disse que os jornalistas holandeses conseguiam driblar os censores nazistas e transmitir informações sobre os campos de extermínio, que as pessoas podiam entender lendo "nas entrelinhas".

Em outras palavras, não havia como minha mãe ou os outros ajudantes impedirem os residentes do Anexo de saber o que os esperaria se os nazistas descobrissem o esconderijo.

"Eles sabiam de tudo", disse minha mãe. "Pelo menos suspeitavam de tudo."

7
UM PEQUENO ATO DE DESCUIDO

Anne chamou de "desastre". Em maio de 1943, meu avô Johan foi internado para fazer uma cirurgia de úlcera. Ele sofria de problemas estomacais havia anos. Normalmente, cerrava os dentes e "seguia em frente", como era seu lema diante de qualquer dificuldade. Mas, em algum momento, a dor piorou. Começou a desmaiar no armazém ou ter acessos de tosse depois de moer um lote de noz-moscada ou pimenta.

Quando os médicos abriram seu estômago, encontraram um grande tumor maligno — "um carcinoma do tamanho da palma da mão" — que estava "claramente supurando" e foi considerado "inoperável". Então, suturaram o corte e, depois de explicar que aquele homem de 51 anos provavelmente só tinha alguns meses de vida, o mandaram para casa. Anne considerou "um erro imperdoável" ele ter sido informado de que sua situação não tinha solução; agora só o que poderia fazer era meditar sobre a própria morte iminente. No entanto, por mais autocomiseração que meu avô tenha sentido com a situação, acho que realmente o que o corroeu por dentro foi perceber que, como não poderia mais continuar trabalhando como gerente de depósito, também não poderia mais proteger o Anexo Secreto.

No fim das contas, Johan Voskuijl viveria um pouco mais do que seus médicos esperavam. Sobreviveu até a libertação e morreu em novembro de 1945, quatro anos antes de eu nascer. Apesar de nunca termos nos conhecido, sempre senti uma ligação especial com ele. Lembro-me de ficar sabendo sobre seu papel como vigilante autodesignado do Anexo quando eu tinha quinze anos. Éramos vizinhos de um homem mais ou menos da idade do meu pai, um amigo da família que chamávamos de *ome* (tio) Piet. Ele me ensinou a jogar xadrez. Eu adorava ver as peças dançando no tabuleiro preto e branco e, quando aprendi como cada uma se movia, conseguia de alguma forma pensar vários passos à frente.

Ome Piet tinha jogado xadrez a vida inteira, mas só precisei de dez partidas para ganhar dele.

"Você é igual ao seu avô", minha mãe me disse.

Johan também era um jogador de xadrez habilidoso e alguém que sempre pensava vários passos à frente. Não só construiu e reforçou a estante que camuflava a entrada do Anexo. Não só vigiava o andar de baixo e descartava disfarçadamente o lixo do Anexo. Também cultivou uma rede de fofoqueiros com ideias semelhantes na Prinsengracht, que visitava no horário do almoço. Aquela "pequena equipe de informantes leais", como dizia minha mãe, acompanhava os movimentos das pessoas na rua, contava a Johan o que os vizinhos estavam fazendo, quem sorria para os alemães, quem poderia passar informações à polícia. Os espiões de Johan o mantinham a par dos postos de controle móveis dos nazistas, informações que ele usava para orientar Bep e Miep para fazer suas compras com mais segurança.

Anne chamava meu avô de "nossa maior fonte de ajuda e apoio quando se tratava de medidas de segurança", e agora ele não estava mais no escritório. Otto pareceu profundamente afetado pela notícia da doença de Johan. Consolar os doentes era algo natural para Otto. Naquele domingo terrível em que os Frank receberam a ordem de deportação de Margot — a carta que levou a família a se esconder —, Otto estava fazendo uma visita como voluntário ao De Joodsche Invalide, uma casa de repouso judaica.

Em julho de 1943, poucos meses depois do diagnóstico de Johan, os foragidos bolaram um jogo no qual discutiam a primeira coisa que cada um faria se conseguissem recuperar a liberdade. A maioria dos residentes do Anexo, compreensivelmente, optou por desfrutar de algum prazer pessoal havia muito negado: Margot e Hermann van Pels queriam tomar um banho quente; a sra. van Pels queria saborear um bolo cremoso saído do forno; o dentista Fritz Pfeffer queria se reunir com sua amada esposa, Charlotte (que, cristã, não precisou se esconder dos nazistas); Edith Frank queria tomar uma xícara de café de verdade; Peter queria passar uma noite na cidade e assistir a um filme no cinema; Anne queria fazer tantas coisas ao mesmo tempo que escreveu em seu diário que "não saberia por onde começar". Mas Otto Frank disse que a primeira coisa que faria ao sair à luz azulada de Amsterdã seria visitar meu avô doente em casa.

Afastado por razões de saúde

Minha tia Willy disse que para ela e os sete irmãos a notícia da doença do pai foi "quase impossível de digerir". A irmã de Willy, Diny, com onze anos em 1943, lembrou que Johan voltou do hospital "pálido como um lençol". Estava compreensivelmente deprimido, mas havia um agravante na sua depressão, como se sentisse indignação por ter sido afastado do jogo tão cedo. Diny nunca se esqueceu da expressão desgostosa do pai numa noite em um jantar preparado pela esposa. Deu três garfadas e empurrou o prato para longe. "Não quero mais, Stien."

As lembranças de Diny desse período são muito específicas, mas também traumáticas. Lembra-se vividamente de sentir o sangue se esvaindo do rosto na primeira vez que viu o pai depois da cirurgia no hospital Binnengasthuis, no centro de Amsterdã. Vê-lo sofrer tanto a fez vomitar e perder a consciência. Nas semanas seguintes, fez o possível para entender o que estava acontecendo, para consolar não só o pai moribundo, mas também sua mãe, cada vez mais desesperada.

"Os dois não se falavam mais", disse Diny sobre os pais. "Eu me lembro de subir no colo da minha mãe e ela me deixar escorregar, por falta de ânimo. Então eu pensei, *Vou me sentar no colo do meu pai*. Ele estava do outro lado da mesa. Senti muita pena dele... Parecia terrivelmente pálido. Pensei, *Meu Deus, como você está doente!* Subi no colo dele e disse: 'Pai, eu te amo muito. Você sempre vai ser o meu pai!'."

Quando relembrou essa parte da história comigo, cerca de setenta anos depois, Diny começou a chorar. Acho que foi a lembrança da reação de Johan que a deixou tão emocionada. Quando ela disse ao pai quanto o amava, ele mal conseguiu dizer uma palavra. O conceito de paternidade de Johan era incorporar tudo de sólido, de forte e correto; se não sabia o que dizer, era melhor não dizer nada. Essa reticência autodestrutiva é um característica da família e, infelizmente, foi algo que Johan passou adiante.

A doença do meu avô teve pelo menos uma consequência positiva: deixar minha avó menos agressiva com o marido. Estabeleceu-se certa paz entre os parceiros em guerra. Minha avó deve ter percebido, por maiores que fossem suas preocupações com o futuro da família, que não havia mais nada que o marido pudesse fazer para ajudar.

A filha Bep, por sua vez, ficou inconsolável. Era a filha mais velha de Johan e a que melhor o entendia. A relação entre os dois só se aprofundou quando se tornaram colegas de trabalho e de conspiração. No entanto, naquela primavera, minha mãe não teve tempo para consolar Johan, nem para processar a própria dor. Os problemas se avolumavam ao seu redor. O mercado negro começou a secar, tornando-se quase impossível conseguir alimento suficiente para o Anexo. Muitos dos seus colegas estavam doentes: Miep abatida por um forte resfriado e Jo Kleiman com problemas estomacais, provavelmente resultado do estresse da situação em que se encontrava. Sobrou para Bep manter o escritório funcionando e ao mesmo tempo garantir o necessário para a sobrevivência dos foragidos que dependiam dela. Era comum eles pedirem para ela sair várias vezes ao dia, explorando sua natureza bondosa e arriscando sua segurança.

Em setembro de 1943, Bep cedeu ao estresse. "Um ataque de nervos", escreveu Anne, que imediatamente tentou consolar e aconselhar minha mãe. Disse que ela devia "bater o pé" e dizer "não" de vez em quando, que dessa forma "as listas de compras diminuiriam por conta própria". Mas minha mãe era como o pai dela: não reclamava. Só teria um alívio mais tarde naquele outono, quando teve difteria. O médico ordenou seis semanas de repouso absoluto. Deve ter sido para ela como tirar férias. Durante esse tempo, Miep e os outros cobriram minha mãe. Anne escreveu que sentia falta da companhia dela.

O homem do andar térreo

O homem que substituiu meu avô como gerente do depósito chamava-se Willem van Maaren. As únicas fotos dele de que se tem notícia, publicadas por um tabloide holandês no início dos anos 1960, mostram um velho carrancudo de óculos, mastigando um charuto.* Van Maaren começou a trabalhar na Opekta com 47 anos. Já havia administrado uma tabacaria. Victor e Jo sabiam da

---

* As fotos, que parecem ter sido tiradas secretamente, foram publicadas em 1964 no tabloide holandês *Revue*, ilustrando um artigo sobre a reabertura, pelo Departamento de Investigação Criminal de Amsterdã, do caso da traição do Anexo Secreto. Na época, Willem van Maaren foi considerado um dos principais suspeitos.

sua experiência em gerência de depósito, mas não sabiam que fora demitido do emprego anterior por furto. Pouco depois de chegar à Prinsengracht, van Maaren começou a bisbilhotar o escritório. Notou algumas coisas: o som de passos, a tigela do gato vazia sendo milagrosamente enchida durante a noite. Começou a bolar pequenas armadilhas, deixando lápis nos batentes das portas para ver se alguém entrava no armazém depois do anoitecer. Segundo uma história contada por minha mãe ao meu irmão Cok, certa vez chegou a deixar um lápis em cima da estante, indicando certa suspeita de que fosse uma porta camuflada.

Pouco depois, começaram a sumir coisas do estoque: bicarbonato de sódio, geleia, farinha de batata. Fosse quem fosse o ladrão, devia ter uma chave ou alguma forma de ter acesso ao prédio, já que não havia sinais de arrombamento. Quando Kugler pediu a van Maaren uma explicação para os furtos, ele tentou incriminar minha mãe.

"Ele espalha as mentiras mais descaradas sobre Bep", escreveu Anne.

Minha mãe ficou indignada e disse a Jo Kleiman que gostaria de que eles pudessem envenenar o café de van Maaren por ele representar um grande perigo, contudo ela sabia que precisava agir com muita cautela ao lidar com ele. Os dois tinham contato frequente, pois Bep era a responsável pelo pagamento do salário dele e por redigir os pedidos que ele e os trabalhadores do depósito tinham de preencher. Considerava o comportamento dele ao mesmo tempo distante e ameaçador, e sua atitude em relação aos colegas de trabalho, "antipática".

Van Maaren sempre se declarou uma vítima, um colega inocente ressentido por ter sido deixado de fora do círculo de confiança sem motivo aparente. Minha mãe disse que ele intuía que ela e os outros escondiam algum segredo. Por pura curiosidade, ou talvez algo mais sinistro, acabou descobrindo o que era.

Anne logo observou que ninguém precisava ser um Hercule Poirot para notar que algo suspeito estava acontecendo. "Qualquer um que tivesse cérebro" perceberia que os funcionários da Opekta estavam sempre dando desculpas esfarrapadas para explicar por que precisavam desaparecer nas entranhas do prédio várias vezes ao dia. Miep alegava ter algum misterioso "trabalho" a fazer no laboratório, Bep estava sempre procurando "arquivos" que nunca eram encontrados e assim por diante. Era natural que ele tivesse suspeitas.

Certa manhã, van Maaren entrou no escritório de Kugler com uma carteira de homem na mão. "Esta carteira é sua, sr. Kugler?"

Van Maaren tinha encontrado a carteira perto da balança do depósito. Na noite anterior, Hermann van Pels estivera perambulando pelo andar térreo depois de todos os funcionários terem ido embora. Corpulento e preocupado com seu peso, van Pels deve ter tirado a carteira do bolso antes de subir na balança para se pesar e a esquecido lá. Não ficou claro se a carteira continha seus documentos de identidade — com o revelador *J* identificando-o como judeu —, porém, segundo Anne, tinha uns cem florins em dinheiro.

Kugler olhou para a carteira e empalideceu, ao perceber que era de van Pels. "Ah, sim, claro!", respondeu, pegando a carteira. "Devo ter deixado lá embaixo ontem à noite." Quando Kugler devolveu a carteira a van Pels, eles perceberam que os cem florins tinham sumido — um golpe devastador para uma família tão desprovida. Deduziram que van Maaren tinha embolsado o dinheiro.

À medida que van Maaren se mostrava mais intrometido, seus colegas de trabalho ficavam mais cuidadosos. Kugler começou a tentar esconder suas idas e vindas. Certa vez chegou a fingir que ia sair para fazer alguma coisa no horário do almoço, para em vez disso voltar furtivamente ao número 263 da Prinsengracht, esgueirar-se pela porta do andar térreo (evitando van Maaren, que estava no escritório) e subir a longa escada que levava diretamente ao Anexo. Uma hora depois, desceu a *helperstrap* na ponta dos pés para voltar ao escritório. Mas minha mãe, ao ouvir os seus passos, foi encontrá-lo no corredor. "Agora não", sussurrou. "Van Maaren ainda está aqui."

Victor voltou e ficou esperando por mais uns trinta minutos com os Frank antes de finalmente voltar correndo. Não querendo se arriscar a tentar o mesmo caminho, tirou os sapatos e desceu a longa escada de meias até chegar à porta da rua, onde, supõe-se, voltou a se calçar.

"O que os transeuntes devem ter pensado ao ver o gerente calçando os sapatos na rua?", escreveu Anne. "Ei, você aí só de meias!"

Na primavera de 1944, tanto os foragidos no Anexo quanto seus ajudantes perceberam que algo precisava ser feito em relação a van Maaren. Ele representava um grande risco à segurança; tinham trocado um protetor por um predador. Poderiam demiti-lo? Era o que queriam, mas essa atitude foi considerada "muito arriscada". Isso confirmaria suas suspeitas e daria motivos para divulgar seus ressentimentos. Anne compreendia os riscos de afastar van Maaren, mas se perguntava: "Não será ainda mais arriscado deixar as coisas como estão?". Afinal, só o que puderam fazer foi redobrar os esforços para se manter escondidos. Não poderia haver mais erros. "Basta um pequeno ato de descuido e estamos perdidos!", escreveu Anne.

A tensão no Anexo se tornou quase insuportável naquele período. Quando minha mãe se recuperou da difteria e voltou ao trabalho, foi jantar com os Frank uma noite. Ouviram um barulho alto na porta. Não era nada, talvez um cano velho, mas Anne ficou pálida, sentindo um nó no estômago e o coração bater descompassado. Não faço ideia do que minha mãe poderia ter dito para tranquilizá-la naquele momento, mas tenho certeza de que ela tentou.

Quanto ao meu avô, acamado na Lumeijstraat, sua saúde se deteriorava rapidamente. Em abril de 1944, Anne registrou que ele passara mais de dez dias com uma febre de quarenta graus. "Eles acham que o câncer se alastrou para os pulmões. Pobre homem, gostaríamos muito de ajudá-lo, mas só Deus pode ajudá-lo agora!"

Fábrica de boatos

Van Maaren não era a única fonte de perigo à espreita no prédio. Havia também uma faxineira suspeita, chamada Lena van Bladeren. Era casada com Lammert Hartog, que trabalhava com van Maaren moendo e embalando especiarias no armazém. (Como tinha ignorado uma convocação para fazer trabalhos forçados na Alemanha, tecnicamente ele trabalhava ilegalmente na Opekta, o que tornava sua posição vulnerável.) Minha mãe uma vez definiu Lena para mim como uma "mulher simples e impositiva", sedenta por fofocas, que passava muito tempo conversando com o marido e van Maaren no armazém.

Lena tinha contato com minha mãe a cada duas semanas para receber seu salário pela limpeza dos escritórios da Opekta. A certa altura, em julho de 1944, Lena perguntou diretamente se havia gente escondida no número 263 da Prinsengracht. Naquele mesmo período, Lena fez a mesma pergunta a Anna Genot, uma conhecida de Jo Kleiman, para quem também trabalhava como faxineira. Lena disse que só estava perguntando por medo. Acreditava que, se descobrissem que havia foragidos escondidos no prédio, todos os que trabalhavam ali, inclusive ela e o marido, poderiam estar em perigo.

Minha mãe disse a Lena que ela estava imaginando coisas, que não havia ninguém escondido no prédio. Mas os comentários de Lena significavam uma de duas coisas muito desagradáveis: ou van Maaren estava tornando públicas suas suspeitas sobre o depósito, ou havia mais de uma fonte de boatos sobre o Anexo. De uma forma ou de outra, foi uma notícia devastadora.

Minha mãe e os outros ajudantes se juntaram para pensar. Será que tinham se tornado alvos fáceis? Será que a existência do Anexo não era mais segredo no bairro? Ou será que estavam exagerando nos riscos, levando as fofocas muito a sério? Discutiram sobre mudar o esconderijo do prédio na Prinsengracht, mas isso parecia praticamente impossível e muito perigoso. O sol só se punha às dez horas da noite no verão, e havia muitos informantes nazistas à espreita que ganhavam a vida denunciando vizinhos. Como eles conseguiriam retirar oito pessoas do prédio sem serem vistos?

Os ajudantes decidiram, mais uma vez, que não havia nada que pudessem fazer. Já tinham chegado tão longe — talvez conseguissem aguentar um pouco mais. Mas também decidiram não comentar nada com Otto e os demais foragidos sobre as perguntas sinistras de Lena. Como Victor Kugler escreveu numa carta de 1964 a Otto Frank, eles sabiam que, "se o segredo já fosse conhecido na nossa vizinhança, logo estaria circulando por toda a cidade". Porém, consideraram que contar isso aos foragidos antes de encontrarem uma solução só causaria mais estresse desnecessário.

Como Kugler explicou na carta a Otto, "o sr. Kleiman achou melhor não falar nada a respeito naquele momento, para não deixá-lo mais preocupado. Mas, então, tudo acabou de repente".

Alguns anos depois da guerra, minha mãe falou com o escritor alemão Ernst Schnabel, autor de um dos primeiros relatos históricos sobre o Anexo Secreto. Há pontos fortes e fracos em seu livro de 1998, *No rasto de Anne Frank*, mas um dos grandes pontos fortes é o fato de ter falado com muita gente antes de o diário se tornar um documento mundialmente famoso, quando os detalhes ainda estavam frescos na memória de todos. Uma das pessoas com quem ele falou foi minha mãe, que, apesar de sua proximidade com a história, deu pouquíssimas entrevistas ao longo da vida, por motivos que logo ficarão evidentes.

Minha mãe disse a Schnabel que, por mais que os ajudantes e os foragidos tentassem impedir que o segredo fosse descoberto, a matemática nunca esteve a seu favor. "Vinte e cinco meses [é] muito tempo, e oito pessoas são oito indivíduos", explicou. "Se cada um deles cometesse um único deslize por ano, seriam dezesseis indícios. De quantos van Maaren teria precisado?"

Van Maaren, Lena van Bladeren, ou qualquer outra pessoa.

8
À ESPERA DA INVASÃO

O clima estava ameno no dia 15 de abril de 1944, na primavera em Amsterdã. A temperatura chegou a pouco mais de dezoito graus Celsius, e a leve brisa do sul trazia o perfume de flores de cerejeira. Era sábado, dia de meio expediente de trabalho na Opekta. A caminho do escritório, minha mãe deve ter desejado compartilhar aquele lindo dia com as pessoas trancadas lá dentro, e por isso parou numa floricultura e comprou um buquê de narcisos para o Anexo, e um ramo de jacinto-uva especialmente para Anne.

Era a segunda primavera de Anne na clandestinidade. Pela janela, a menina de quatorze anos (que faria quinze em dois meses) viu a castanheira em flor, achando-a ainda mais bonita que no ano anterior. Ainda havia muito com que se preocupar: o ardiloso van Maaren no armazém, a dificuldade de encontrar comida decente, o inimigo sempre ao redor, as privações diárias. No entanto, a primavera de 1944 também pareceu um tempo de esperança, de possibilidades.

"Todos os dias eu me sinto amadurecendo, sinto a libertação se aproximando", escreveu Anne. Ficou impressionada com a beleza simples da natureza, naquele período, com a bondade das pessoas à sua volta, até mesmo com a emoção do drama que estava vivendo. Sentiu que o desfecho tão esperado, o final feliz, chegaria em breve.

Na emissora de rádio inglesa, ouviu sua amada rainha Guilhermina dizer que o retorno da realeza era iminente. A guerra estava virando a favor dos Aliados. Depois da vitória soviética em Stalingrado, os russos vinham abrindo caminho pela Europa Oriental, e parecia só uma questão de tempo até a tão esperada invasão dos Aliados se tornar realidade. Quando ela finalmente aconteceu, nas praias da Normandia em 6 de junho de 1944, todos no Anexo se abraçaram.

"Ah, Kitty, a melhor parte da invasão é a sensação de que há amigos a caminho", escreveu Anne.

Conjecturava se a guerra poderia acabar antes do fim do ano, até se já voltaria à escola no outono. Sua empolgação naquele período não era apenas com o futuro, que parecia luminoso, mas também com o presente, pois estava encantada com uma nova sensação: a de estar apaixonada. Anne já tinha descartado o "garoto tímido e desajeitado" do andar de cima, Peter van Pels, dizendo que sua companhia "não era grande coisa". Peter lia pouco, passava a maior parte do tempo deitado na cama ou fazendo tarefas no sótão, e de vez em quando tinha aulas de inglês com Otto.

Apesar de ter seu diário e minha mãe como confidentes, Anne se sentia carente de relações humanas. Sempre ansiosa por um ouvido amigo, por compreensão e consolo. Na primavera de 1944, começou a fazer visitas noturnas ao quarto de Peter. Durante as conversas dos adolescentes, Anne notou uma nova característica em seus "olhos azuis escuros", uma força estranha que a atraía. Os dois ficavam horas discutindo sobre religião, família, o que fariam quando a guerra acabasse. Peter sonhava em fugir para longe, viver numa plantação nas Índias Orientais Holandesas, onde "ninguém jamais saberia que ele era judeu"; Anne queria estudar em Paris, talvez em Londres, e trabalhar duro como jornalista antes de se tornar "uma escritora famosa".

Foi Anne quem deu o primeiro passo. Ela nunca havia sido beijada. Sentiu que a experiência a amadureceu de forma profunda, que a garotinha tola "superconfiante [e] divertida" começava a abrir espaço para uma "segunda Anne" — mais meiga, mais afetuosa, uma garota que "só quer amar". Sabia que Peter, aquele garoto frágil, tímido e inseguro, precisava de ternura na sua vida, talvez até mais do que ela. Contudo, conforme se aproximava mais dele, sondando sua alma na esperança de encontrar algumas profundezas recônditas, via apenas águas rasas. Começou a pensar no seu marido ideal e no quanto Peter estava aquém desse ideal.

"Anne, seja honesta! Você não pode se casar com ele."

Minha mãe me disse que Anne nunca teria se apaixonado por Peter van Pels "se houvesse um leque maior de opções". Peter era "um menino meigo", explicou, mas os dois foram levados aos braços um do outro "pelas circunstâncias". E, apesar de Peter ser três anos mais velho que Anne, minha mãe me explicou que na verdade Anne era "muito mais madura que ele". Definiu o relacionamento entre os dois como pouco mais que uma paixonite, o tipo de educação sentimental formativa na vida de um adolescente, que na vida da maioria das pessoas é inserida em relações mais sérias e significativas.

Porém, curiosamente, Anne acreditou ver alguma coisa na mistura de atração e rejeição que sentia por Peter, algo que a fez entender a história de amor da minha mãe, que recentemente tinha passado por uma reviravolta dramática. "Ah, agora eu entendo a Bep", escreveu em 28 de abril de 1944. "Agora, agora que estou passando por isso, eu entendo as dúvidas dela."

"Um verdadeiro cavalheiro"

Durante todo o período do Anexo, minha mãe esteve apaixonada por seu colega muito mais velho, Victor, mas havia outro homem em sua vida. Seu nome era Bertus Hulsman, e era ele a fonte das grandes "dúvidas" mencionadas no diário de Anne. Um "jovem simpático, estável e atlético" — foi assim que Anne o descreveu.

Nascido em Amsterdã em 1918, um ano antes da minha mãe, vinha também de uma família pobre e tinha pouca escolaridade. Antes da guerra, serviu no exército holandês, trabalhou como tipógrafo num jornal e, depois da guerra, como porteiro em uma cervejaria da Heineken.

Bertus gostava de música e de garotas, o que explicava seu entusiasmo pela dança. Minha mãe o conheceu em 1939, no Instituut H. Eyckholt, uma conhecida escola de dança no centro de Amsterdã. Bertus andava despreocupado naqueles dias, livre e em busca de um namoro. Certa noite, ele e minha mãe formaram um par durante a aula, e Bertus ficou impressionado com a simpatia e em especial com a alegria de Bep. Quase não reconheci a mulher efervescente que ele descreveu; era minha mãe antes da guerra, antes de as perdas do Anexo drenarem seu espírito.

"Quando eu dizia alguma coisa com duplo sentido, ela ria efusivamente", me contou Bertus. "Ainda consigo imaginar os detalhes do rosto dela. Beppie usava óculos e, quando os tirava, eu dizia: 'Amor, você tem olhos lindos!'." Depois da aula, Bertus acompanhava minha mãe até a Lumeijstraat e a deixava na porta, "como um verdadeiro cavalheiro".

Nunca ouvi falar muito sobre Bertus quando era criança. Quando perguntava à minha mãe sobre sua vida amorosa antes de conhecer meu pai, ela sempre ficava vermelha e se fechava. Certa vez, quando a pressionei, ela me disse que houve alguém, "um rapaz forte, bonito e com um ótimo senso de humor... mas que não deu certo". Mas só quando me encontrei pessoalmente com Bertus, 75 anos depois do seu namoro com minha mãe, entendi quão perto eles estiveram de ficar juntos e como o Anexo Secreto, sob muitos aspectos, se interpôs entre os dois.

"Joop", ele me disse na primeira vez que nos encontramos, "você poderia ter sido meu filho."

Em 2014, quando pesquisávamos para este livro, eu e Jeroen localizamos Bertus Hulsman por um golpe de sorte. Por acaso, ele deu uma entrevista ao jornal interno da casa de repouso em que morava em Amsterdã, que encontramos via Google. O artigo mencionava que, durante a guerra, Bertus tinha quase se casado com Bep Voskuijl, uma das guardiãs do Anexo Secreto.

Bertus tinha acabado de se mudar para a casa de repouso e ficou muito feliz por receber nossa visita e pela oportunidade de contar sua história. Quando eu e minha esposa, Ingrid, saímos do elevador, esse senhor imponente, de camisa imaculadamente branca e calça jeans bem passada, abriu os braços e nos abraçou como se fôssemos seus filhos perdidos. Aos 95 anos, ele ainda parecia cheio de vida — e foi fácil imaginar aquele personagem, no começo da vida, meigo e brincalhão contando piadas numa pista de dança.

Diferentemente do atleta bobão que Anne descreveu no seu diário, Bertus me pareceu muito inteligente, com um jeito direto e bem articulado de se expressar que fazia dele um talentoso contador de histórias. Bertus perdeu contato com minha mãe depois da guerra, mas o Anexo Secreto continuou perto do seu coração. Andava com uma foto de Anne Frank na carteira e uma vez por ano levava os três filhos para visitar a Casa de Anne Frank. "E todas as vezes tinha a mesma estranha sensação quando comprava os ingressos. Eu pensava: *E ainda preciso pagar por isso, como todo mundo?*. Afinal, eu já tinha estado lá antes de todos aqueles milhões."

Não consegui entender de imediato o que Bertus quis dizer com isso. E naquele primeiro encontro não fazia ideia de que ele me ajudaria a desvendar alguns dos segredos da minha família há muito ocultos. Na ocasião, eu estava mais interessado na sua perspectiva da vida amorosa da minha mãe nos tempos da guerra. Milhões de leitores souberam dos altos e baixos do relacionamento entre os dois pela edição publicada do diário de Anne (em que ele foi chamado de Dirk), e eu estava diante de uma testemunha viva cujo relato pessoal não se expressava havia gerações.

Bertus explicou que ele e minha mãe saíram da escola de dança em 1942, o ano em que os Frank se refugiaram. Minha mãe não tinha tempo nem dinheiro para ter aulas de dança, e Bertus recebeu ordens de se apresentar para os *Arbeitseinsatz* (trabalhos forçados). Ele seria um dos meio milhão de holandeses pressionados a executar extenuantes trabalhos braçais na Alemanha.

Bertus não ousou ignorar a ordem de se apresentar para os *Arbeitseinsatz*. Sabia que os nazistas muitas vezes puniam as famílias dos que se escondiam. Assim, concordou em ser mandado para Berlim, onde trabalhou por cerca de um ano numa fábrica de componentes elétricos. Minha mãe temia que algo terrível pudesse acontecer com ele no caso de um ataque aéreo, mas, quando falou sobre suas preocupações com as pessoas do Anexo, cuja segurança era muito mais precária, foi ironizada por estar sendo excessivamente dramática. Mas as fábricas de munições, onde muitos holandeses trabalhavam praticamente como escravos, eram alvo de repetidos ataques de bombardeiros, e Anne escreveu que as piadas feitas às custas da minha mãe eram "pouco apropriadas nessa situação".

Enquanto permaneceu na Alemanha, Bertus dormiu num alojamento superlotado e mal aquecido, com outros 75 homens. A experiência o deixou "desesperançado", e, quando foi autorizado a voltar à Holanda numa curta licença, em algum momento de 1943, Bertus foi para a clandestinidade, abrigando-se em uma fazenda no vilarejo de Heino, a cerca de 120 quilômetros de Amsterdã. Ele me disse que o fazendeiro que o acolheu "ganhou um lugar de ouro no céu, pois me dava uma tigela de mingau aguado todos os dias. E todos esperavam ansiosos por ela — de tão famintos que estavam".

Enquanto Bertus esteve escondido, sua família continuou recebendo cartas convocando-o para retornar a Berlim. Mas de repente as cartas pararam de chegar. Bertus nunca soube ao certo o porquê, mas creditou isso à intervenção de um funcionário público anônimo consciencioso "que aleatoriamente sumiu com alguns registros de holandeses dos arquivos, inclusive o meu".

No período em se escondeu em Heino, Bertus costumava vir clandestinamente a Amsterdã para ficar com os pais na Hoofdweg, uma das principais avenidas na zona oeste de Amsterdã.

Quando voltou à sua cidade natal, Bertus percebeu que muitos de seus amigos judeus haviam desaparecido, inclusive um dos seus companheiros de exército mais próximos, Henri Elias. Muitos anos depois, Bertus descobriria o que tinha acontecido com ele numa visita ao Hollandsche Schouwburg (Teatro Holandês), que servia como principal ponto de baldeação para judeus deportados de Amsterdã, depois enviados para Westerbork e em seguida aos campos de concentração. "Quando li a lista de nomes dos judeus deportados, de repente vi o do Henri. 'Morto em Auschwitz em 19 de agosto de 1942.' Chorei como um bebê."

Antes disso, contudo, Bertus não fazia ideia do que tinha acontecido com Henri e os outros judeus que conhecia. Mas ficou aliviado ao saber por Bep que seu bondoso chefe judeu, Otto Frank, tinha conseguido escapar com a família, primeiro para a Bélgica e depois para um país neutro como a Suíça ou a Espanha.

Por mais próxima que tenha sido de Bertus nos 25 meses em que zelou pelo Anexo Secreto, minha mãe nunca disse nada sobre a existência do esconderijo. Mas Bertus disse que podia detectar uma "aura de imensa tensão" em torno dela, que atribuiu a outras dificuldades muito concretas na sua vida: o pai doente, os irmãos passando fome, as privações da ocupação e coisas do gênero.

Bertus se viu no papel de distrair minha mãe desses problemas. Os dois tentavam se divertir juntos. Iam nadar. Iam ao cinema. Andavam pela cidade. Mas às vezes, num domingo, seu único dia de folga, Bep dizia que precisava passar pelo número 263 da Prinsengracht "para cuidar do gato".

"Espere aqui para não assustar o gato", dizia Bep ao namorado, deixando-o na recepção enquanto ia até o Anexo.

Um longo noivado

Quando seu relacionamento com a minha mãe começou a ficar sério, Bertus foi convidado a ir a Lumeijstraat para conhecer a família Voskuijl. "Eles queriam saber com quem estavam lidando", explicou com um sorriso. "Mas gostaram de mim e me dei muito bem com o pai da Bep." Apesar de "tossir o tempo todo", nas palavras de Bertus, Johan nunca estava cansado demais para jogar uma partida de xadrez (em um tabuleiro feito por ele mesmo) ou falar de política.

Johan simpatizou logo com Bertus, e por razões nada complicadas. Gostou do humor perspicaz do rapaz, do fato de ser um bom adversário no xadrez. Também respeitava a família de Bertus, que tinha origens semelhantes às dele. Gostava de ver em Bertus um holandês patriota, que odiava os invasores tanto quanto ele. Quanto ao fato de estar apaixonado por Bep, Johan não ligava para essas coisas, mas sabia que Bertus seria uma fonte de estabilidade necessária na vida da filha. Minha avó ficou feliz com o simples fato de Bertus ser homem e ter braços e pernas. Apesar de minha mãe ter só 24 anos, escreveu Anne, Christina caçoava dela "por ser uma solteirona". Ela queria casar sua filha mais velha, quanto mais cedo melhor, e o irrepreensível Bertus parecia atender às expectativas.

Bertus e seus futuros sogros torciam pelo noivado, mas minha mãe não tinha tanta certeza. Aliás, ela tentou terminar com Bertus no início da primavera, mas se sentiu "pior ainda" quando anteviu seu futuro sozinha. Anne se perguntou "por quanto tempo ela será capaz de manter" o relacionamento. O problema era antiquíssimo: Bep gostava de Bertus, apreciava de verdade sua companhia, mas não o amava. A relação entre os dois não se comparava ao vínculo que tinha com Victor, que, como ela disse à minha tia Diny, era "o melhor par". Mas quem achava que estava enganando? Victor era casado. Era o seu chefe. Um cúmplice *conspirador*. Ela não podia se envolver, nem tinha tempo para esperar o mundo mudar. Como sua mãe e a sra. van Pels sempre a lembravam, o tempo estava passando.

Em 25 de maio, Anne anotou em seu diário que "Bep está noiva! A notícia não é uma grande surpresa, mas nenhum de nós está particularmente satisfeito", escreveu, acrescentando que minha mãe provavelmente só dissera sim a Bertus para "acabar com sua indecisão". Anne pensou que era um erro. "Bep não o ama", escreveu. Tudo que ela queria para Bep era um bom homem, "que saiba valorizá-la".

Minha mãe era mais pragmática que Anne quando se tratava de assuntos do coração. Ela sabia que as circunstâncias a impediam de ter um relacionamento sério com o homem que amava — Victor — e, como não tinha nenhuma outra perspectiva atraente na época, deve ter considerado ser melhor ficar com Bertus — que ao menos tinha um bom coração e era adorado pelo seu pai — do que ficar sozinha.

A festa de noivado foi na Lumeijstraat, com bebidas e música. Miep e Jan Gies estavam lá para brindar. Os pais de Bertus também. Porém, depois da festa, nada mudou, ao menos de imediato. Como Bertus estava escondido dos nazistas para não voltar a um campo de trabalhos forçados, o noivado teria de continuar em segredo até o fim da guerra. Só então poderiam se casar. Nesse ínterim, o plano era Bertus continuar escondido. Qualquer que fosse o futuro, teria de esperar até a libertação. Anne gostaria que a vida da minha mãe fosse diferente, que ela pudesse encontrar alguém para amar, alguém que a fizesse realmente feliz. "Que triste perspectiva para Bep, a quem todos nós desejamos o melhor."

Naquela época, Bertus levou Bep para passar as férias no pequeno vilarejo agrícola de Hierden, à beira-mar, cerca de 120 quilômetros a leste de Amsterdã. Apesar de estar escondido, desempregado e sofrendo as mesmas privações que a maioria dos holandeses durante a guerra, Bertus se sentia feliz: era um noivo feliz, feliz por natureza, esperançoso com o futuro. Minha mãe, porém, deve ter sentido o peso do mundo nos ombros. Sabia que o Anexo estava vulnerável e se sentia impotente para tapar todos os vazamentos daquele barco furado. O pai estava morrendo; o noivo gostaria de ajudar, mas precisava continuar escondido.

Deitada na grama com Bertus, longe dos colegas e dos refugiados do Anexo, de repente Bep se sentiu sozinha e temerosa. Disse a Bertus que precisava ir ao toalete, mas se ausentou por mais de meia hora. Quando Bertus finalmente a encontrou, ela estava chorando incontrolavelmente à beira de uma estrada rural. Perguntou qual era o problema, o que tanto a atormentava, mas ela não disse uma palavra a respeito.

9
TUDO ESTAVA PERDIDO

Claro que ela pensava no fim. Não conseguia deixar de pensar nisso — *se* aconteceria, *quando* aconteceria, *como* aconteceria. Mas toda a preparação mental, todos os pesadelos encenados em sua cabeça ao longo de dois anos e um mês nem de longe a prepararam para o momento em que finalmente aconteceu. Em 4 de agosto de 1944, naquela manhã abafada de uma sexta-feira, em que o hipotético se tornou real, quando ela se deparou com o fim, mal conseguiu reconhecê-lo. A única coisa que passou por sua cabeça foi uma pergunta: *É isso?* A resposta a dominou antes de chegar a ser formulada, e ela não conseguia falar, não conseguia se mover, só conseguiu ficar imóvel — observando.

Tinha ouvido o carro parar no canal havia poucos instantes. Nem ergueu os olhos do livro-caixa em que fazia anotações; os carros iam e vinham pela Prinsengracht o dia todo. Mas depois ouviu passos pesados no corredor — quatro, talvez cinco homens. O primeiro a entrar tinha o rosto amarelado e enrugado; vestido à paisana; a única coisa que minha mãe notou foi a arma na sua mão.

"Parados!", gritou em holandês. "Fiquem nos seus lugares."

Atordoada, minha mãe não conseguia processar o que estava vendo. Foi Miep, a durona e pragmática Miep, quem disse em voz baixa: "Bep, nós fomos pegos".

Um dos homens perguntou da porta do armazém quem estava no comando, e van Maaren apontou na direção do escritório, do Anexo. Eles queriam falar com "o chefe". A princípio, não estavam interessados nas duas secretárias na recepção. Agarraram Jo Kleiman e o empurraram pelo estreito corredor que levava ao escritório de Victor.

Minha mãe não conseguia ver o que estava acontecendo, mas ouviu os gritos, seguidos das respostas abafadas e trêmulas de Victor. Até alguém perder a paciência e começar a gritar, em alemão: "*Wo sind die Juden?*". Onde estão os judeus?

Então eles sabiam. Claro que aquela pergunta poderia ser um blefe, um procedimento operacional padrão da polícia secreta: fingir saber que um suspeito esconde algo ou alguém e ver se ele mordia a isca. Talvez tenha sido o que aconteceu. Ou talvez o nazista que falou aquelas palavras estivesse agindo com base em uma dica, uma informação dada por alguém que não deveria saber do segredo do Anexo.

Há alguma controvérsia sobre exatamente o que aconteceu a seguir — se Victor, presumindo que os nazistas já sabiam de tudo, os levou até a entrada do Anexo Secreto, ou se ele se fez de bobo, torcendo em vão para que revistassem o espaço e não descobrissem as pessoas escondidas atrás da estante do meu avô. Mas, na verdade, não faz diferença se Victor mostrou a porta ou se eles mesmos a encontraram, pois em questão de segundos já estavam todos lá dentro.

Kugler foi o primeiro a entrar, com uma arma apontada nas costas. Edith Frank veio até a porta, apavorada. Quando seus olhares se encontraram, Victor só conseguiu sussurrar a palavra "Gestapo".

Criminosos comuns

Não quero me alongar muito sobre os quatro homens que invadiram o Anexo Secreto. Mas uma coisa que você deve entender é que aqueles sujeitos não eram apenas soldados de infantaria de um exército genocida; eram também caçadores de recompensas operando por conta própria, que recebiam até quarenta florins (cerca de 285 dólares em valores de hoje) por judeu encontrado. Além disso, eram ladrões, que saqueavam as casas das pessoas de quem se aproveitavam.

Seu líder, o homem que falava alemão, o SS-Oberscharführer Karl Silberbauer, é alguém que teremos de discutir longamente mais adiante. Mas, antes, gostaria de dizer algumas palavras sobre seus três capangas holandeses. A identidade de dois deles, Gezinus Gringhuis e Willem Grootendorst, foi definitivamente estabelecida; o terceiro ainda é um mistério, mas os historiadores especulam que possa ter sido Maarten Kuiper, policial holandês e um vilão particularmente brutal no período da ocupação, que acabou sendo condenado à morte pelo assassinato de dezessete membros da Resistência holandesa e por prender *centenas* de judeus na clandestinidade. Com tantos cadáveres creditados a ele, Kuiper não precisava ter prendido Anne Frank para garantir um lugar especial no Inferno.

Embora não haja evidências concretas ligando Kuiper à batida no Anexo Secreto, os outros dois investigadores holandeses, Gringhuis e Grootendorst, foram conclusivamente identificados depois da guerra por Otto Frank (bem como por Victor Kugler e Jo Kleiman). Ambos eram membros do NSB, o Partido Nazista Holandês, veteranos de longa data da força policial de Amsterdã que se aliaram com entusiasmo à Sicherheitsdienst (SD), a unidade da polícia secreta alemã encarregada de rastrear judeus e outros "inimigos do Estado" durante a ocupação. Grootendorst e Silberbauer acabaram formando uma espécie de dupla no final da ocupação;

são conhecidos por terem aterrorizado muitos outros em Amsterdã em 1944.

Na verdade, dois meses antes da incursão no Anexo Secreto, os dois saquearam a casa de Wolf Tafelkruijer, um rico comerciante judeu. Não o encontrando em casa, Silberbauer e Grootendorst espancaram brutalmente a esposa não judia de Tafelkruijer, Erna Olofsson, nascida na Alemanha. Erna foi presa, junto com um sobrinho-neto de quinze meses do marido, José, e uma amiga judia da família, Cecilia Hüsfeldt, que morava com eles. Silberbauer deu ordens para que a "criança judia" fosse mandada para Westerbork e depois para um campo de extermínio na Polônia. Um dia antes da data da deportação, um advogado holandês conseguiu libertar José por razões humanitárias. Mas Cecilia não teve tanta sorte: morreu de tifo em Ravensbrück, em 31 de outubro de 1944.

Mesmo sob as regras nazistas, a decisão de Silberbauer de prender a sra. Tafelkruijer, uma gentia, pareceu legalmente duvidosa; provavelmente sua decisão foi motivada pela intenção de roubar a casa. Na busca efetuada na residência dos Tafelkruijer, Silberbauer e Grootendorst se apossaram de um relógio de pulso, dois alfinetes de diamante, um par de brincos de pérola, um pequeno cofre e até de alguns móveis. Silberbauer também passou a usar a casa para receber sua amante, Everdina Hartemink, uma jovem secretária holandesa que trabalhava com ele na SD. O comportamento criminoso de Silberbauer e de Grootendorst parece ter se tornado cada vez mais flagrante naquele período final da ocupação, talvez pela percepção de a guerra estar se voltando contra a Alemanha e de que os dias dos nazistas em Amsterdã estavam contados. Era o momento de agir enquanto a situação era favorável.

No Anexo, Silberbauer se recusou a acreditar que a família Frank pudesse estar escondida ali por tanto tempo — mais de dois anos. Para provar isso a ele, Otto mostrou as marcas na parede que indicavam o quanto Anne e Margot tinham crescido naquele período.

Enquanto os residentes do Anexo embalavam alguns itens essenciais, Silberbauer e seus homens vasculharam os quartos, em busca de objetos de valor para roubar. A certa altura, Silberbauer encontrou a velha maleta de Otto em que Anne guardava o diário, junto com os papéis em que revisava seus registros, editando-os na forma de um romance de guerra epistolar que ela chamou de *Het Achterhuis*.

A ideia tinha surgido naquela primavera, quando Anne ouviu pela rádio Oranje, a emissora oficial do governo holandês no exílio, um discurso do ministro da Educação, Artes e Ciências holandês, Gerrit Bolkestein:

> A história não pode ser escrita apenas com base em decisões e documentos oficiais. Se nossos descendentes quiserem entender melhor o que nós, como nação, tivemos de suportar e superar durante esses anos, o que realmente precisamos é de documentos comuns — um diário, cartas de um trabalhador na Alemanha, uma coleção de sermões proferidos por um pastor ou um padre. Só quando conseguirmos reunir grandes quantidades desse material simples e cotidiano é que o quadro da nossa luta pela liberdade será pintado em toda a sua profundidade e glória.

Em 20 de maio, Anne tinha começado a trabalhar furiosamente no seu romance (que seria conhecido pelos estudiosos de Anne como a versão B do diário, enquanto o texto original, muito menos maduro e escrito na mesma época dos eventos narrados, é conhecido como a versão A). Na sua cabeça, escreveu, o romance já estava concluído, mas na prática ainda era um trabalho em andamento quando Silberbauer pegou a maleta.

O Oberscharführer pensou que poderia haver dinheiro dentro da maleta, por isso a virou de cabeça para baixo e a sacudiu, espalhando o conteúdo. Os rascunhos cuidadosamente editados, nas folhas A4 e A5 multicoloridas que minha mãe dera a Anne, estavam preenchidos com uma elegante caligrafia cursiva de colegial. Algumas páginas mostravam manchas de tinta do vazamento de uma caneta, outras tinham meticulosos rabiscos marcando exclusões — todo aquele trabalho difícil agora se espalhava pelo chão. Anne mal se deu ao trabalho de olhar.

"Ela ficou muito quieta e composta, apenas tão desanimada quanto todos nós", disse Otto mais tarde. "Talvez já tivesse uma premonição de que tudo estava perdido."

Controle de danos

Nos primeiros minutos do ataque, minha mãe ficou imobilizada, em estado de choque. Mas quando percebeu que havia nazistas no Anexo Secreto, quando aceitou o fato de que Anne e os outros estavam prestes a ser empurrados para dentro de uma viatura da polícia e levados dali, alguma coisa rompeu dentro dela. "Não consigo, não consigo descrever para você — foi muito horrível", declarou ao escritor Ernst Schnabel nos anos 1950. "Eu rezei e rezei, chorei, caí de joelhos e só queria uma coisa: que aquilo acabasse logo."

No dia anterior, minha mãe esteve com Anne no Anexo. Tiveram uma conversinha no quarto dela, de garota para garota. Aquelas palavras de despedida não foram nada de especial, nada como a aflitiva última anotação do diário de Anne, na qual se definia como uma pessoa "dividida em duas". Anne costumava se apresentar como "uma palhaça engraçada", mas essa máscara infantil ocultava uma pessoa "mais pura, profunda e refinada", que ela ainda não tinha encontrado coragem para mostrar ao mundo.

Uma das últimas linhas do seu diário diz: "Antes de eu perceber, ela desapareceu".

Com minha mãe, no dia anterior à prisão, Anne não estava se abrindo, mas sim fazendo perguntas. Queria saber sobre os filhos dos Voskuijl, os vários esportes que meu tio Joop adorava praticar, as roupas novas que Diny e Gerda tinham ganhado recentemente: coisas insignificantes, mas minha mãe se lembraria de como Anne a ouvia atentamente, de uma forma quase investigativa, como que procurando novos dados, pequenos floreios para registrar em seu diário ou embelezá-lo. Durante a conversa, minha mãe notou que suas roupas já não lhe serviam, que seu rosto estava "terrivelmente pálido". Anne não via um raio de sol havia mais de dois anos.

Enquanto os nazistas estavam ocupados interrogando Victor, Jo Kleiman voltou ao escritório da frente. Disse à minha mãe e a Miep o que elas já sabiam: estava tudo acabado. Os Frank, os van Pels e Fritz Pfeffer foram presos e seriam mandados para Westerbork e depois… quem poderia saber?

Kleiman acabara de ser interrogado por Silberbauer, que parecia decidido a interrogar todos no escritório. Miep era a seguinte. "Continue negando", Kleiman a instruiu. O importante agora era limitar as consequências, esconder as evidências, garantir que os nazistas não prendessem todos os que trabalhavam na Opekta — e suas famílias.

Mais tarde, quando chegou a vez de Miep ser interrogada, ela percebeu que Silberbauer tinha um sotaque vienense e, por ter nascido em Viena, tentou usar a origem em comum como um apelo: os Frank não poderiam ser libertados? Ele aceitaria um suborno?

"Você não tem vergonha de si mesma, ajudando esse lixo judeu?", vociferou Silberbauer. "Você merece ter o pior castigo."

Antes de ser levado sob custódia por Silberbauer, Jo Kleiman conseguiu discretamente chamar minha mãe de lado e entregar sua carteira. Estava cheia de tíquetes de racionamento falsificados ou roubados, alguns provavelmente comprados no mercado negro, outros obtidos por Jan Gies de seus contatos da Resistência. Eram provas de que ele e os outros funcionários da Opekta estavam envolvidos na conspiração. Disse para Bep sair imediatamente e levar a carteira para ser guardada por um amigo que trabalhava numa farmácia ali perto.

Não ocorreu à minha mãe que ela poderia simplesmente sair do escritório. Ou fugir.

Mas, enquanto tropeçava escada abaixo, suas pernas se recusaram a apoiá-la. A rua estava vazia, mas ela imaginou alemães esperando na porta, que atirariam nela pelas costas enquanto fugia. Arrastou-se pelo quarteirão como se rastejasse em concreto pastoso, mas a meio-caminho seus músculos despertaram e seu ritmo acelerou.

Demorou poucos minutos para chegar à farmácia, no canal Leliegracht. Assim que viu a expressão da minha mãe, o amigo de Kleiman entendeu que ela estava com problemas. Levou Bep para a sala dos fundos, longe dos olhares curiosos dos clientes. Bep entregou a carteira, mas não sabia se o farmacêutico era totalmente confiável, por isso disse apenas que os alemães tinham encontrado um rádio ilegal na Opekta e agora estavam revistando o prédio. Com a voz trêmula e quase inaudível, ligou para o escritório para perguntar o que deveria fazer em seguida.

"Volte para cá", respondeu Kleiman. "Você não pode escapar do seu destino."

A despedida

Jo estava louco se pensava que ela iria voltar à Opekta, para "o olho do furacão", para ser intimidada por Silberbauer. Se os nazistas quisessem falar com ela, teriam de encontrá-la. Mas Bep não tinha ideia de para onde ir. Ficou chorando e rezando nos fundos da farmácia por cerca de uma hora e depois começou a vagar sem rumo pela cidade, com o rosto molhado de lágrimas. No fim da tarde, percebeu, ao menos, que precisava de um amigo.

Foi ver o namorado, Bertus, que naquele dia estava na casa dos pais na Hoofdweg, a cerca de três quilômetros da Opekta. Assim que ficaram a sós, a verdade por tanto tempo escondida veio à tona. Ela estivera mentindo — mentindo para ele, mentindo para todos. Seu chefe judeu não tinha fugido com a família para o exterior; todos estavam escondidos nos fundos do escritório havia mais de dois anos. Ela e os colegas de trabalho tentaram, dia após dia, mantê-los em segurança e agora, depois de 761 dias, estava tudo acabado. Bertus ficou perplexo, mas finalmente entendeu "a aura de imensa tensão", como ele me disse, que parecia envolver minha mãe. Ela tinha trabalhado tanto, sacrificado tanto para manter todas aquelas pessoas seguras. A guerra parecia estar no fim, a libertação estava à vista. Eles *quase* conseguiram.

Minha mãe e Bertus passaram algumas horas juntos naquela noite. Ele tentou tratá-la com cuidado e delicadeza; não sabia exatamente o que dizer. O que poderia ter dito? *Você fez tudo que pôde. Você deu tudo de si. Você não tinha como saber. Vocês vão se encontrar de novo, talvez...* A certa altura, ambos perceberam que não havia mais nada a dizer.

Eram mais ou menos nove e meia da noite quando Bertus deixou minha mãe em casa. O sol do fim do verão acabara de se pôr e a casa estava escura, mas abafada. Era quase hora de as gêmeas Diny e Gerda irem dormir. Diny brincava na sala de estar, e se lembra de ter visto a irmã Bep abrir a porta e entrar no quarto de Johan, deitado na cama, suando e gemendo de dor. Foi um verão extraordinariamente quente, e o clima na cidade era de alegria e esperança. As pessoas sentiam a possibilidade da libertação em toda parte, e as restrições da ocupação começavam a se afrouxar. Mas a atmosfera na casa da minha família era muito diferente: escura, fria, quase sem esperança. E agora mais isso.

Bep foi ao quarto do pai para dar a notícia. Seria o último tête-à--tête entre pai e filha como protetores do Anexo. Quando ela explicou o que tinha acontecido, Johan não disse nada. Mas de repente se levantou, apesar das dores que sentia, e pediu suas roupas. Vestiu-se, saiu pela porta e montou na bicicleta. Será que minha mãe tentou argumentar com ele? Será que minha avó gritou que ele estava louco? Ou conseguiram intuir que não havia como detê-lo, independentemente do que fosse fazer?

Passava do toque de recolher, ninguém podia ser visto na rua sem uma isenção oficial, mas Johan não se importou com isso. Era um fantasma, um homem morto pedalando pelas ruas de Amsterdã. Passou pelo canal Bilderdijk, pelo canal Singel e chegou a Jordaan, hoje o bairro mais nobre de Amsterdã, mas na época um bairro de classe operária, repleto de fábricas e armazéns. Usou a chave da empresa, que não tinha devolvido, para abrir a porta do número 263 da Prinsengracht. Mais tarde, diria à filha que o motivo de sua visita era se livrar de qualquer evidência que ligasse a filha e seus colegas ao esconderijo. Mas Bep achou que havia outra razão para o pai doente pedalar naquela noite até o Anexo Secreto: ele queria se despedir.

PARTE II
NELLY

Aqui eles têm certeza de que Nelly não é cem por cento certa da cabeça.
Anne Frank, 11 de maio de 1944

10
A VOZ DE UMA JOVEM

Em 1963, a temporada de caça aos nazistas estava em andamento. Adolf Eichmann, o arquiteto da Solução Final, o homem que declarou sua "alegria de ver" a eficiência dos holandeses no envio de judeus aos campos de extermínio, fora condenado à morte em Jerusalém. Agora frágeis e grisalhos, os exterminadores que comandaram Auschwitz, Belzec e Chelmno eram finalmente algemados e levados a julgamento em processos judiciais em altas cortes de toda a Alemanha. Mas o oficial da SS que prendeu Anne Frank, a vítima mais famosa do genocídio nazista, continuava foragido.

Havia cinco anos que o caçador de nazistas Simon Wiesenthal tentava rastreá-lo. Em comparação a muitos outros homens visados por Wiesenthal — tais quais como Eichmann, que tiveram papel importante na organização, supervisão e execução do assassinato em massa de 6 milhões de pessoas —, Karl Silberbauer era um peixe pequeno, "um ninguém, um zero", como definiu Wiesenthal em suas memórias, *Os assassinos entre nós*. Mas nada disso importava, escreveu, pois "o número antes do zero era Anne Frank".

O fato de Silberbauer ter prendido Anne, que nos anos seguintes se tornou a vítima mais identificável do Holocausto graças à fama do diário publicado, tornou-o importante, mesmo que somente por associação. Seis milhões eram apenas um número. Mas a história de Anne mostrou o Holocausto em miniatura, um crime que as pessoas conseguiam entender, uma vítima que podiam amar. E a maneira como aquela garotinha comoveu o coração de todos multiplicava exponencialmente a atrocidade até a escala da coisa tocar de uma maneira mais profunda e perceptível qualquer cultura, tornando o Holocausto importante até mesmo para gente que nunca soube a diferença entre um gentio e um judeu.

"O diário de Anne Frank teve um impacto muito maior do que todos os julgamentos de Nuremberg", disse Wiesenthal certa vez. "Pois ninguém é capaz de se identificar com pilhas de cadáveres. Mas aquela menina comum de quatorze anos [...] As pessoas que lerem o diário vão pensar: *Podia ter sido minha filha, minha neta ou minha irmã.*"

Em 1963, Anne já tinha se tornado um fenômeno cultural global. Nos onze anos desde a primeira publicação do diário em inglês, o livro se tornou um *best-seller* internacional, gerando uma peça teatral aclamada na Broadway e um filme de grande sucesso de 1959 dirigido por George Stevens. As pessoas se identificaram com Anne; ficaram conhecendo Anne e sua família, e agora exigiam justiça em seu nome; queriam que os envolvidos pagassem pelos seus crimes.

Wiesenthal era um sobrevivente sob mais de um aspecto, um homem que, como ele mesmo declarou, "resolveu viver pelos mortos". Já tinha entendido o que significava ser judeu no século XX quando, ainda menino na Galícia, foi ferido no rosto pelo sabre de um cossaco. Duas décadas depois, ele e toda sua família foram tragados pelos campos de concentração nazistas. A mãe foi assassinada em Belzec, um dos 89 membros da família que Wiesenthal e sua mulher, Cyla, perderiam no Holocausto.

Em 1943, Wiesenthal fugiu do campo de concentração de Janowska, na atual Ucrânia, mas acabou sendo recapturado e mandado de volta para trabalhar em condições execráveis. A certa altura, ficou tão desesperado que tentou cortar os pulsos com uma lâmina de barbear enferrujada. Em outra ocasião, tentou se enforcar, mas estava fraco demais para se pendurar numa corda improvisada. Sobreviveu a uma marcha da morte pela Polônia e terminou a guerra em Mauthausen, onde foi deixado para morrer em uma ala para os mortalmente feridos. Quando finalmente foi libertado pelos americanos, em 5 de maio de 1945, pesava pouco mais de quarenta quilos.

Até hoje o papel desempenhado por Wiesenthal no rastreamento de Eichmann na Argentina é contestado, mas indiscutivelmente ele foi bem-sucedido no desmascaramento de outros importantes nazistas na clandestinidade, do comandante de Treblinka à sádica guarda feminina do campo de extermínio de Majdanek, que conduzia os judeus à câmara de gás com um chicote na mão. Era um homem teimoso, inabalável, corajoso; não se mudou da casa onde morava em Viena, nem mesmo depois de ela ter sido atacada por neonazistas com bombas incendiárias.

Assim, quando uma aglomeração de adolescentes gritando epítetos antissemitas interrompeu a apresentação da peça *O diário de Anne Frank* na cidade austríaca de Linz, em outubro de 1958, e começou a distribuir panfletos dizendo "Anne Frank nunca existiu", Wiesenthal interpretou aquilo como um chamado à ação. Os adolescentes não estavam sozinhos. Algumas semanas antes, um professor da cidade alemã de Lübeck tinha declarado publicamente que o diário era uma falsificação. Quanto mais Wiesenthal atentava, mais percebia que toda uma geração de austríacos e alemães estava crescendo entre sementes de dúvida sobre se o Holocausto havia acontecido de fato.

Wiesenthal conheceu um dos meninos em um café e, depois de conversarem um pouco, o garoto afirmou que só acreditaria na existência real de Anne Frank como pessoa e na veracidade do diário se Wiesenthal apresentasse provas da existência do oficial da Gestapo que supostamente a prendera no lendário Anexo Secreto.

Foi então que ele se dispôs a encontrar o homem, apenas um entre dezenas de milhares de "capatazes da morte anônimos", como os definia.

Em 1958, não se sabia praticamente nada sobre Karl Silberbauer além do seu sobrenome. Miep notou seu sotaque vienense durante o interrogatório, mas nenhum dos ajudantes sabia se ele tinha sobrevivido à guerra e nem onde poderia ser encontrado na Áustria (ou em qualquer outro lugar).

Enquanto caçava nazistas ao redor do mundo, Wiesenthal sempre afirmou que estava atrás de "justiça, não de vingança". Para Otto, contudo, sua cruzada era como aplicar sal em velhas feridas. Ele não tinha estômago para punições; estava interessado em reconciliação para os vivos, paz para as filhas assassinadas. Queria perdoar, se não esquecer. Ao longo daqueles cinco anos em que Wiesenthal tentou rastrear Silberbauer, Otto torceu para ele não o encontrar. Chegou a pedir para Ernst Schnabel usar o nome "Silberthaler" em seu livro de 1958 sobre o Anexo Secreto, talvez para proteger o anonimato do nazista, já que as anotações pessoais de Schnabel mostram claramente que ele sabia o nome correto do oficial da SS.

Otto tinha suas razões para preferir que Silberbauer fosse deixado em paz. Era magnânimo e tolerante por natureza, e sabia que nenhuma investigação ou acerto de contas poderiam trazer suas meninas de volta. Mas acho que a maior razão pela qual não queria que Silberbauer fosse localizado era seu desejo de que a última palavra no caso do Anexo Secreto fosse de Anne — e só de Anne. Queria que o diário se sustentasse por si só, incontestado por outras vozes e testemunhas. Não estava errado ao pensar que, se encontrados, os criminosos só turvariam a história.

Ele estava apenas seguindo ordens

Por quase duas décadas, Silberbauer não teve de responder pelos crimes cometidos em solo holandês. Quando voltou à sua Viena natal, em abril de 1945, cumpriu uma sentença de quatorze meses de prisão, não pelo que fizera aos judeus holandeses e membros da Resistência, mas por seu tratamento brutal aos comunistas austríacos antes mesmo de ser transferido para a Holanda no decorrer da guerra. Assim que saiu da prisão, em 1946, foi recrutado pelo Serviço Federal de Inteligência da Alemanha Ocidental, passando quase uma década como agente infiltrado na Áustria e na Alemanha, espionando grupos neonazistas, a escória do sistema fascista, que o admitia em seus círculos íntimos por conta de suas credenciais como homem da SS.

Em 1954, foi recontratado pelo departamento de polícia de Viena, onde trabalhava antes da guerra, para o cargo de inspetor. A essa altura sua reabilitação parecia completa: Silberbauer vivia abertamente em Viena, sem medo de seu passado voltar para assombrá-lo. Mas Wiesenthal continuava em seu encalço. O caçador de nazistas vinha rondando o interior austríaco à sua procura desde 1958, mas foi enganado por Otto Frank e pensou estar procurando um homem chamado "Silberthaler", ou talvez "Silvernagl", uma grafia alternativa fornecida por Victor Kugler. Porém, no fim da primavera de 1963, Wiesenthal fez uma descoberta. Em uma viagem a Amsterdã, encontrou-se com um oficial do alto escalão da polícia holandesa chamado Ynze Taconis, que lhe deu uma fotocópia de uma lista de números telefônicos de 1943 do pessoal da Gestapo na Holanda ocupada. No voo de volta a Viena, Wiesenthal leu os nomes com atenção. Eram cerca de trezentos no total, divididos em diferentes seções. Seus olhos encontraram a Referat IV B4, a seção da Gestapo responsável pela deportação de judeus:

KEMPIN
BUSCHMANN
SCHERF
SILBERBAUER

Lá estava ele. Levaria mais alguns meses para localizar Silberbauer em Viena, confirmar ser ele o homem que comandou a incursão e revelar sua identidade ao mundo. Wiesenthal disse que, quando a notícia foi anunciada, ele recebeu "mais telegramas e cartas do que recebi depois da captura de Eichmann". Contudo, neste caso, não haveria um julgamento sensacional por crimes de guerra, tampouco uma execução ou sentença de prisão. Silberbauer recebeu licença temporária da polícia de Viena e foi aberto um inquérito, mas ele foi inocentado de qualquer irregularidade, pois estava apenas "seguindo ordens" e não tentou "esconder seu passado". Surpreendentemente, no decorrer do processo, Otto falou a favor de Silberbauer, dizendo às autoridades que ele "somente cumpriu seu dever e se comportou corretamente". Talvez estivesse lembrando que Silberbauer, ao saber que Otto havia sido oficial do exército alemão na Primeira Guerra, dera à família Frank mais tempo para fazer as malas e dissera aos seus homens para guardarem as armas — atitudes que, para minha mãe, revelaram "um resquício de humanidade".

"A única coisa que peço", acrescentou Otto em seu depoimento às autoridades austríacas, "é não ter que ver esse homem de novo".

"Se ele não tivesse telefonado, nós não teríamos ido"

"Homem da SD que prendeu família Frank é encontrado em Viena."

Em 20 de novembro de 1963, minha mãe leu essa manchete na primeira página do que era na época um dos mais importantes jornais holandeses, o *Het Vrije Volk*. Sei disso porque ela recortou o artigo e colou num álbum que mantinha documentado todos os aspectos do caso Anne Frank. O fato de Karl Silberbauer ter sido localizado ganhou manchetes no mundo todo, não só na Holanda. Victor Kugler, que se mudou para Toronto depois da guerra, escreveu à minha mãe dizendo que seu telefone não tinha parado de tocar desde que a história fora divulgada no Canadá. Depois de falar com repórteres durante todo o dia 21 de novembro, à meia-noite, Victor tirou o telefone da tomada para descansar um pouco.

"Na manhã seguinte, começou tudo de novo às sete", escreveu Kugler. "Eles não paravam de ligar para o escritório, e precisei pedir para a telefonista dizer que eu não estava. Mas daí o pessoal da TV quis vir com grandes refletores para me filmar [...] E foi por isso que apareci no noticiário de duas emissoras naquele dia [...] Os dois jornais de maior prestígio estamparam fotos minhas na primeira página, com grandes letras vermelhas."

Os austríacos preferiram preservar a privacidade de Silberbauer e não quiseram ver sua vida pessoal divulgada na imprensa. Mas Wiesenthal não via razão para ele ser protegido do escrutínio público; se não seria julgado por um tribunal de justiça, deveria ao menos ser julgado pelo tribunal da opinião pública. Informou o endereço de Silberbauer em Viena ao jornalista holandês Jules Huf, que, em 20 de novembro de 1963, apareceu na porta da casa de Silberbauer. Sua mulher atendeu. Disse que o marido não estava e que o que tinha feito na Holanda quase vinte anos antes não deveria interessar a ninguém. "Por favor, nos deixe em paz", pediu.

Mas, quando já ia fechando a porta, um homem magro e grisalho saiu da cozinha e falou: "Deixe o homem entrar".

Huf notou que, apesar de tentar parecer calmo e seguro de si, Silberbauer tremia e fumava um cigarro atrás do outro. Huf explicou a que viera, que gostaria de ouvir o lado de Silberbauer da história, sua versão da agora famosa batida no Anexo Secreto.

"Pelo amor de Deus", interrompeu a mulher de Silberbauer. "O que nós temos a ver com essa Anne Frank?"

Silberbauer acalmou a esposa nervosa e concordou em conceder uma longa entrevista, que logo se transformou em um retrato da banalidade do mal. O austríaco de 52 anos se achava vítima de interesses poderosos, que havia uma sofisticada conspiração que explicava por que aquele caso estava sendo desenterrado depois de tanto tempo. "Eu me pergunto quem está por trás de tudo isso. Provavelmente esse tal de Wiesenthal ou alguém no Ministério tentando ganhar prestígio com os judeus."

Não demonstrou o menor sinal de arrependimento. Disse que os Frank, bem como todos os outros que prendeu, "não me afetaram em nada". Uma das primeiras coisas de que se lembrou sobre a batida na Prinsengracht foi ela ter interrompido sua hora do almoço. Fez pouco caso do diário de Anne, dizendo, em tom de deboche que, se soubesse que se tornaria tão famoso, o teria "pegado do chão". Afirmou que sua suspensão da polícia foi injusta e que o escândalo o deixou mal com os vizinhos. "Sem distintivo, sem arma. De repente, fui obrigado a comprar a passagem do bonde. Você pode imaginar como o condutor olhava para mim."

Mas Silberbauer não só expressou suas queixas pessoais, como também deu a Huf um grande furo de reportagem ao apontar inequivocamente Willem van Maaren, o desconfiado gerente do depósito, como o traidor do Anexo, com um telefonema na manhã da prisão.

"Um dos meus homens falou com o funcionário do depósito em holandês", lembrou Silberbauer. "Fez um sinal com o polegar, como que dizendo: você precisa subir. Foi ele quem nos deu a informação por telefone, meia hora antes [...] Tenho certeza de que foi ele. Porque, quando chegamos, ele já estava esperando e apontou na direção certa, sem dizer uma palavra. Se ele não tivesse telefonado, nós não teríamos ido."

Ao longo de muitos anos, após a invasão, minha mãe achou que van Maaren fora o traidor do Anexo. Nunca esqueceu suas atitudes antipáticas, de quanto era exigente em suas perguntas, sempre invasivo e intrometido, sempre ameaçador. Lembro-me de ela me dizer que "apostava quase tudo" que ele *sabia* das pessoas escondidas no prédio. Chegou a dizer a Schnabel que acreditava ser ele o traidor mais provável, na entrevista de 1957.

Mas alguma coisa mudou quando Silberbauer foi encontrado em Viena. Enquanto uma notável testemunha ocular confirmava ao mundo que van Maaren tinha sido realmente o traidor, minha mãe pareceu incerta pela primeira vez na vida. Um mês depois, em dezembro de 1963, declarou à revista holandesa *Panorama* que "não tinha motivo para suspeitar" de van Maaren. Na mesma época, foi inquirida pela polícia de Amsterdã, que, depois das declarações de Silberbauer, abriu uma nova investigação sobre a traição do Anexo. Eles perguntaram diretamente se ela poderia dizer quem era o traidor.

"Infelizmente, não", ela respondeu.

A polícia de Amsterdã também interrogou Silberbauer e van Maaren. No entanto, cinco dias depois de ter declarado aos jornais que van Maaren era o traidor, Silberbauer voltou atrás e mudou sua história. "Quero deixar claro que nunca tomei conhecimento de quem delatou a família Frank", afirmou.

Van Maaren, porém, confessou aos investigadores seus furtos na Opekta durante a guerra e disse ter ouvido boatos na vizinhança sobre a possibilidade de haver gente escondida no Anexo. Mas refutou ferrenhamente a acusação de traição. E me parece que poderia estar dizendo a verdade. Se o suposto telefonema foi recebido trinta minutos antes da batida, como afirmou Silberbauer, seria praticamente impossível van Maaren ter feito a ligação. Segundo seus colegas, ele passou a manhã toda do dia 4 de agosto no depósito, e o único aparelho telefônico da Opekta ficava no escritório do andar de cima, perto da mesa de Miep.

Então, foi van Maaren ou não? No fim de 1963, por alguma razão, Silberbauer disse uma coisa a um jornalista (que tinha sido van Maaren) e outra à polícia (que ele não sabia quem tinha sido). Qual história era verdadeira e qual era falsa? Ou será que as *duas* foram inventadas? Pouco depois de ter sua identidade revelada, Silberbauer recebeu a visita de alguém próximo a Otto Frank, a quem contou uma terceira história, bem diferente, sobre quem teria traído o Anexo Secreto.

O confidente

Cornelius "Cor" Suijk nasceu em 1924, num vilarejo perto de Amsterdã. Entrou para a Resistência ainda adolescente e ajudou judeus holandeses a se esconder durante a guerra, até ser capturado pelos nazistas e mandado para o campo de concentração de Vught, perto de Den Bosch. Parecia um esqueleto quando foi libertado e se tornou uma daquelas pessoas, como a minha mãe, para quem a guerra nunca realmente acabou, que continuaram assombradas por fantasmas do passado.

Alguns anos antes de morrer, em 2014, Suijk disse a um jornalista que não se orgulhava em nada da sua conduta durante a guerra, que se sentia envergonhado por ele e outros como ele não terem se oposto em maior número, nem assumido mais riscos para salvar vidas inocentes quando tiveram oportunidade.

"Nosso pequeno grupo salvou treze judeus na guerra", declarou. "Mas quantos mais poderíamos ter salvado! Quantos mais os cristãos holandeses poderiam ter salvado! [...] Eu não fiz o suficiente. E vou viver com isso pelo resto da vida."

No começo dos anos 1960, um dos amigos de Suijk da Resistência o apresentou a Otto Frank. Os dois ficaram mais próximos e, em 1965, Suijk foi convidado a fazer parte do conselho da Casa de Anne Frank, onde depois se tornou diretor e chefe de programas internacionais, trabalhando em estreita colaboração com o Anne Frank Center, na cidade de Nova York.

Otto confiava em Cor completamente; a evidência mais impressionante é ele ter dado a Suijk cinco páginas não publicadas, e até então desconhecidas, do diário de Anne — que incluíam anotações sobre assuntos sensíveis (como problemas do relacionamento entre os pais), que Otto preferiu manter em sigilo —, junto com instruções para não as tornar públicas até a morte de Otto e da sua segunda esposa, Elfriede, apelidada de Fritzi. Quando foram afinal divulgadas, em 1998, após a morte de Fritzi, essas páginas causaram sensação e foram manchete no mundo todo. Apesar de o papel de Suijk naquele incidente ser bem conhecido, durante décadas sua interação com Karl Silberbauer foi um segredo só conhecido por seus colegas da Casa de Anne Frank.

Algum tempo depois de Silberbauer ter sido localizado, em 1963, Otto pediu para Suijk ir a Viena solicitar pessoalmente mais informações relativas à traição. Suijk tinha razões pessoais para querer saber sobre o traidor. Depois de uma entrevista com minha tia Willy para a Casa de Anne Frank, nos anos 1980, ele afirmou que não iria deixar "deixar pedra sobre pedra" na investigação do caso.

Segundo um dos colegas de Suijk na Casa de Anne Frank, quando se encontrou com Suijk em Viena, Silberbauer contou uma terceira versão do que aconteceu em 4 de agosto de 1944. Agora, admitiu Silberbauer, o telefonema informando os nazistas naquela manhã não poderia ter vindo de van Maaren, pois na época ele soube que o delator tinha a "voz de uma jovem mulher". Sobre quem poderia ser essa jovem, Silberbauer disse a Suijk que não sabia, ou pelo menos que não revelaria.

Suijk nunca divulgou essa informação sobre "uma mulher jovem" e Silberbauer, que morreu em 1972, nunca a repetiu. Mas Suijk deve ter compartilhado essa informação com Otto e os outros membros do Círculo da Opekta, porque Otto, Kugler e minha mãe logo se convenceram de que van Maaren não deveria mais ser considerado um real suspeito. Até o dia da sua morte, Otto parecia acreditar nas informações recebidas de Suijk. Em entrevista à revista *Life* em 1979, um ano antes de morrer, ele declarou: "Ainda tenho minha própria teoria sobre como aconteceu a nossa prisão. Disseram que uma voz de mulher nos traiu ao telefone".

Em entrevista à Casa de Anne Frank no início dos anos 1990, Fritzi Frank confirmou que, apesar de parecer não saber (ou não querer revelar) sua fonte da informação, "[Otto] dizia o tempo todo que a voz no telefonema à Gestapo era de uma mulher. Então isso ia contra a ideia de ter sido van Maaren. A Gestapo disse que era uma voz de mulher, alguém que sabia sobre aquilo. 'Sim, foi uma voz feminina que ligou e disse: "Eles estão escondidos lá, naquela casa".'"

Perguntas sem respostas

Por que Silberbauer mentiria para a imprensa e a polícia e diria a verdade a Cor Suijk? Por que Otto, Fritzi e minha mãe acreditariam na terceira versão de Silberbauer e descartariam as duas primeiras? Se realmente foi uma jovem que telefonou, quem era ela? E como alguém poderia discernir com tanta precisão a idade de uma mulher pelo som da voz? A voz de uma mulher de 24 anos é tão diferente da voz de uma mulher de 44?

Perguntas desse tipo têm perturbado historiadores e jornalistas que investigam o caso e alimentado muitas especulações diletantes. Em última análise, todas as evidências que apontam um ou outro suspeito parecem, após uma inspeção mais aprofundada, frágeis ou circunstanciais, quando não meros palpites. Muitas teorias brotaram e murcharam com os anos; suspeitos surgiram e desapareceram. Para seguir uma linha de investigação, deve-se partir de alguma suposição vinda de algum lugar. As suposições são baseadas em uma série de *senões* e *poréns*, em boatos, em conversas mal lembradas, em relatos de segundos e terceiros. Muito disso é indicativo, mas nada é conclusivo.

Posso usar as várias informações fornecidas por Silberbauer em suas entrevistas ou os rumores que circulavam pelo Anexo no período que antecedeu a invasão para traçar um esboço do retrato do possível traidor, ou da possível traidora. Porém, em última análise, atribuir o crime a alguém requer um ato de fé, um pensamento mágico, o que seria uma leviandade para os que afirmam estar registrando a história. Espero ter deixado claro até agora que a utilização de *qualquer* informação proveniente de Silberbauer nos coloca imediatamente num terreno movediço.

Vamos considerar, por exemplo, sua afirmação básica de que a SD recebeu uma informação pelo telefone trinta minutos antes da batida no número 263 da Prinsengracht. Silberbauer disse que quem recebeu aquele telefonema notório foi ninguém menos que o SS-Obersturmführer Julius Dettmann, chefe da unidade da SD em Amsterdã. É plausível que tal personagem tenha se interessado pessoalmente por um punhado de pessoas escondidas numa casa à beira de um canal de Amsterdã? Que tenha sido ele, e não um de seus muitos subordinados, o único a anotar a informação de um delator? Talvez sim, talvez não. Mas, ao dizer que foi Dettmann quem atendeu à ligação, Silberbauer escolheu alguém que não poderia contradizer sua história: Dettmann se suicidou em 1945, numa prisão em Amsterdã.

O outro superior de Silberbauer era Willy Lages, chefe da SD. Segundo todos os relatos, era um monstro, que mandava torturar prisioneiros com barras de ferro quente, chicotes, agulhas e cassetetes. Até o próprio Silberbauer o definiu como "um verdadeiro cão". Gostava de assinar as sentenças de morte de suas vítimas com um grande L, uma espécie de marca registrada. Por mais sádico que fosse, Lages não teve nada a ver com o caso de Anne Frank. Quando interrogado sobre a invasão do Anexo depois da guerra, respondeu que a possibilidade de um esquadrão da SD se mobilizar tão prontamente por conta de uma informação sobre judeus escondidos era "altamente ilógica". Seu escritório recebia centenas de delações semelhantes por semana, de uma grande rede de espiões, e raramente respondia tão prontamente. "A menos que a denúncia viesse de um informante bem conhecido do nosso serviço", acrescentou.

Com certeza havia muitos desses informantes em Amsterdã, pessoas que se dispuseram a ajudar os invasores. Alguns fizeram isso por dinheiro; outros, para salvar a própria pele. Quando um judeu escondido era encontrado, os nazistas costumavam oferecer uma chance de não ser deportado, tornando-se um "homem de V" ou uma "mulher de V" (*V* de *Vertrauen*, confiança em alemão), que se mantinham vivos mandando outras pessoas para a morte. Uma delas foi Ans van Dijk, uma modista judia que se infiltrou na Resistência para obter informações sobre o paradeiro de judeus na clandestinidade — e traiu 150 deles, inclusive o próprio irmão. Van Dijk. Foi a única mulher holandesa executada por suas atividades durante a guerra, e também uma das muitas pessoas acusadas ao longo dos anos, sem provas, de ter traído o Anexo.

Acredito que nunca saberemos com certeza quem traiu o Anexo Secreto. É difícil imaginar como alguém poderia provar definitivamente quem traiu o Anexo — a não ser que, depois de oitenta anos, apareça um documento da SD com o nome de um informante ao lado do endereço da Prinsengracht, número 263. Eu e Jeroen não filtramos os relatos contraditórios sobre a traição para "desvendar" esse "caso arquivado", e acreditamos ser eticamente discutível apelar a clichês de romances policiais para discutir o que aconteceu com Anne Frank e sua família. Mas o que precisamos enfatizar quando nossa história começa a mudar é que o fato de a resposta ser impossível não torna a pergunta irrelevante. Ao contrário: a pergunta continua importante, até mesmo crucial, pois torturou minha mãe por toda a sua vida e deu origem a uma nuvem de desconfiança e incerteza; uma nuvem que causou a tempestade em que fui criado; uma tempestade que acabou envolvendo toda a minha família.

11
RATAZANA CINZENTA

Agora devo dizer algo que, mesmo depois de todos esses anos, ainda parece uma confissão: minha mãe, Bep, e meu avô Johan, que arriscaram a vida para proteger o Anexo Secreto, não foram os únicos Voskuijl sobre os quais Anne Frank escreveu no seu diário. Havia também minha tia Nelly, com 21 anos na época da batida, que aparece sob uma perspectiva muito menos heroica.

Eu sempre soube que Nelly, como muitos outros holandeses, simpatizava com os invasores. Contudo, comparada aos delitos da média dos colaboradores, sua história — repetida por vários membros da minha família ao longo dos anos — sempre pareceu compreensível. Seu erro poderia ter sido cometido por qualquer jovem durante a guerra, pelo qual ela pagou um preço bem alto.

No início da ocupação, quando tinha apenas dezessete anos, Nelly trabalhava como empregada doméstica para uma rica família de Amsterdã. A dona da casa era membro do NSB e costumava receber visitas de oficiais alemães. Foi lá que Nelly conheceu um suboficial austríaco chamado Siegfried, por quem se apaixonou, causando consternação na Lumeijstraat. Johan se opôs veementemente ao namoro da filha com um nazista. Mas não conseguiu dissuadir Nelly.

Em 1942, Nelly foi morar com Siegfried em sua casa na Áustria. Pouco tempo depois, Siegfried foi mandado para a frente oriental, para lutar contra os soviéticos. Nelly disse que esperaria por ele. Ficou morando com a irmã de Siegfried, fazendo o papel de uma dedicada *Hausfrau:* passando lençóis, fazendo *knödel* e aprendendo alemão. Tudo parecia bem até Nelly descobrir que havia outra mulher na vida de Siegfried. Com o coração partido, deixou a Áustria e voltou para a Holanda, após uma angustiante jornada pela França ocupada. Só chegou a Amsterdã vários meses *depois* — este último ponto sempre foi enfatizado — da batida no Anexo Secreto.

Essa era a nossa versão da "história da família", e durante a maior parte da minha vida não tive motivos para duvidar dela. Nem sabia que Nelly fora mencionada no diário de Anne. As anotações sobre ela foram retiradas de todas as edições publicadas do diário em holandês e em inglês. Foi por isso que, em agosto de 2009, quando pesquisadores do Departamento do Acervo da Casa de Anne Frank vieram me entrevistar (como fazem rotineiramente com os familiares das testemunhas), eu contei a eles a tradicional história de Nelly, sem ter a menor ideia de que estava errada.

Agora não só sei que estava errada, mas que também era uma invenção, destinada a blindar tanto Nelly quanto a nós da verdade.

Um grande intervalo

Em 2010, um ano depois da minha entrevista para a Casa de Anne Frank, eu e Jeroen estávamos nos estágios iniciais da pesquisa para o nosso livro sobre a vida da minha mãe. Nós costumávamos nos encontrar num café em Den Bosch, uma cidade a meio-caminho entre Antuérpia, onde Jeroen morava, e minha casa, no leste da Holanda. A cafeteria chamava-se 't Gerucht, que, em holandês, significa O Rumor — um nome que se tornou mais irônico conforme nos aprofundamos na história. Tínhamos uma mesa habitual perto da janela. Eu pedia uma água tônica e ovos fritos com bacon; Jeroen, uma Coca-Cola e uma salada Caesar. Depois da refeição, pegávamos nossos laptops e trabalhávamos o dia inteiro. No início, boa parte do trabalho consistia em conversar, relembrar, esclarecer. Cada detalhe que eu lembrava sobre o Anexo Secreto vinha carregado com alguma história familiar dolorosa, geralmente terminando com minha mãe aos prantos ou com meu pai furioso e embriagado, e, quanto mais eu as contava a Jeroen, mais percebia que o próprio assunto do Anexo era um campo minado de conflitos familiares. Por mais que falássemos sobre o motivo disso, nenhum de nós conseguia apresentar uma explicação satisfatória.

Em geral, eu parava de falar por volta das cinco da tarde. Lembro-me da sensação de pura exaustão quando Jeroen juntava suas anotações e saía para pegar um trem de volta para Antuérpia. Eu ficava no café por mais uma hora, tomando cerveja e conversando com os simpáticos proprietários, tentando relaxar e adiando a longa e solitária volta para casa. A viagem durava duas horas, durante as quais eu vagava por recônditos mentais havia muito trancados e esquecidos, os quais Jeroen me pedia para invadir com seu jeito delicado. Sempre dizia a mim mesmo que não ficaria emocionado, mas sempre ficava; era uma estranha mistura de sentimentos: havia dor, mas também alívio, o tipo de alívio que a gente sente quando se livra de um grande fardo.

Depois de falarmos sobre tudo o que a minha mãe tinha me contado sobre o Anexo Secreto, sobre Anne, Otto e Johan, começamos a falar sobre os sete irmãos da minha mãe, sobre o que cada um deles havia feito durante a guerra. Jeroen ficou cismado com Nelly, com suas brigas com Johan, fazendo perguntas sobre o paradeiro dela durante a guerra e o caso de amor com Siegfried. Achava estranho que se soubesse tão pouco sobre ela além do fato de "ela transar com os chucrutes", como meu pai disse uma vez cruamente. (Minha mãe era mais decorosa: "Nelly beijava alemães".)

A ideia de dois protetores do Anexo Secreto morarem sob o mesmo teto com alguém que literalmente dormia com o inimigo deixou Jeroen intrigado. Notou que Nelly tinha sido mencionada — de relance, mas de uma forma sinistra — nos primeiros livros sobre o Anexo Secreto, inclusive na biografia de Anne Frank escrita em 1992 pela autora alemã Mirjam Pressler.

Devo admitir que a princípio não gostei do rumo que suas perguntas tomavam. "Esta é a história da minha mãe, Jeroen", falei. "O que minha tia fez na guerra não deveria ter nada a ver com isso."

Na época eu acreditava nisso, mas agora percebo que também estava *blindando* Nelly. Uma vozinha no fundo da minha cabeça dizia que eu precisava ser leal a ela, pois, afinal, era uma de nós. Minha tia nunca foi a favorita da família, e continuou sendo uma figura problemática e polêmica até o dia em que morreu, em 2001, mas minha mãe sempre a apoiou e tentou minimizar seus conflitos com os outros membros da família. Por que eu não deveria seguir seu exemplo?

Então, em um dia de março de 2010, chegou o momento em que tudo mudou; o momento em que a venda caiu dos meus olhos. Jeroen estava pesquisando o site do Instituto NIOD de Estudos sobre a Guerra, o Holocausto e o Genocídio, uma organização com sede em Amsterdã e um grande acervo de arquivos sobre a Segunda Guerra e o Holocausto. Lá é possível acessar todas as páginas reminiscentes de todas as versões conhecidas do diário de Anne, inclusive páginas marcadas como "confidenciais", geralmente por razões de privacidade.

Por engano, alguém do NIOD inseriu no servidor público um documento confidencial intitulado "Declarações de (e correspondências com) pessoas mencionadas nos diários de Anne Frank". O conteúdo era basicamente composto de cartas entre arquivistas do NIOD e ex-colegas de classe de Anne Frank, muitas delas descritas sem rodeios por Anne no diário — e que, por isso, preferiram que suas identidades fossem ocultadas com pseudônimos, geralmente com abreviações inventadas. Não havia correspondências com Nelly, mas minha tia era mencionada em um texto datilografado, com longos trechos do diário nunca antes publicados.

Senti algo estranho na boca do estômago quando Jeroen me deu as passagens para ler. O que Anne Frank escrevera no seu famoso diário provava que a história da família que me foi contada era uma fraude. Nelly não era uma garota inocente que se apaixonou por um soldado austríaco e depois se desiludiu. Minha tia manteve muitos outros contatos com os nazistas, primeiro em Amsterdã e depois em um aeródromo da Luftwaffe perto de Laon, no norte da França, onde trabalhou quase até o Dia D. Mas o mais chocante é que o diário de Anne mostrava que, em maio de 1944, ao saber da doença do pai, Nelly voltou para casa em Amsterdã, o que significava que, no momento da traição, ela morava na Lumeijstraat com Bep e Johan.

Não consigo expressar o choque que senti enquanto lia aquele retrato sinistro de Nelly descrito pelas palavras de Anne, um retrato que foi escondido de mim e do resto do mundo por cerca de sessenta anos. Fiquei temeroso e incerto sobre o que fazer, sobre o significado daquilo para o livro em que estávamos trabalhando. Por um tempo considerei abandonar totalmente o projeto. Eu e Jeroen queríamos contar a história da minha família, explicar o que os Voskuijl tinham feito de bom, mas agora me via diante de informações que complicavam as coisas, para dizer o mínimo.

Por volta desse período, eu tive um sonho terrível. Vi minha mãe sentada com a família à mesa de jantar nos tempos da guerra. Nelly estava junto, em clima de rebeldia, gabando-se dos namorados alemães e do que comia com eles. Minha mãe parecia constrangida, enrubescida, envergonhada. Então notei que seus olhos *giravam*, giravam em todas as direções. O sonho ecoou algo que minha mãe me disse uma vez. Em dado momento da guerra, ela foi parada na rua por um soldado alemão e obrigada, junto com outros transeuntes, a assistir à execução de um grupo de cinco ou seis holandeses feitos reféns pelos nazistas. Infelizmente, isso não era uma ocorrência incomum. Depois de qualquer tentativa de assassinato ou de um ato de sabotagem da Resistência, os nazistas prendiam cidadãos ao acaso e obrigavam seus vizinhos a assistir às execuções para dissuadi-los de ingressar na Resistência.

Minha mãe nunca tinha visto tamanha violência na vida. Os alemães literalmente a impediram de virar a cabeça ou desviar os olhos enquanto os tiros eram disparados. Ela me poupou de mais detalhes, mas disse que depois sentiu os olhos revirando, que teve vontade de "arrancar as retinas" para apagar da memória o que acabara de ver.

Acordei cheio de antigos remorsos e novas perguntas.

Escondendo-se em plena vista

Depois de tantos anos e tantos suspeitos, por que Nelly Voskuijl nunca foi investigada? A resposta era complicada, mas não foi por falta de provas. Bastou ir um pouco mais a fundo para descobrirmos uma infinidade de conexões entre Nelly e os nazistas: um relatório de 1941 informava que ela foi presa e levada tarde da noite a uma delegacia de polícia de Amsterdã por desobedecer ao toque de recolher na companhia de um suboficial alemão. Localizamos inúmeras testemunhas vivas que confirmaram o que Anne havia escrito no seu diário — que Nelly não teve só um, mas vários envolvimentos românticos com oficiais nazistas durante a guerra. Também constatamos que seus contatos com o inimigo não eram apenas sociais. Antes de conseguir seu emprego com a Luftwaffe na França, já tinha trabalhado em Amsterdã para a Wehrmacht como uma das mulheres militarizadas — apelidadas de "ratazanas cinzentas", por causa da cor dos uniformes — que prestavam serviços como telefonistas, datilógrafas e contadoras.

À medida que íamos descobrindo mais sobre Nelly, não conseguíamos deixar de cogitar se não teria sido ela a informante da SD, se a "voz de uma jovem" não poderia ter sido a dela. Teria passado a informação com a condição de a irmã Bep não ser punida após a prisão? Teria sido essa a razão de Silberbauer deixar minha mãe em paz depois da invasão, enquanto Miep foi duramente interrogada e Kugler e Jo Kleiman mandados para a prisão?

Repassei mentalmente os fatos, as declarações de Silberbauer e de Willy Lages, tudo o que se sabia ou se presumia sobre quem teria traído o Anexo: o traidor era jovem e mulher; tinha boas relações com a SD, ou pelo menos era alguém "bem conhecido do nosso serviço", como disse Lages, caso contrário a denúncia não teria sido respondida tão prontamente; sabia que havia judeus escondidos na Prinsengracht, mas não quantos. Na verdade, segundo Miep Gies, um dos homens de Silberbauer teve de pedir um veículo maior para acomodar os oito detidos.

Eu sabia que seria impossível ter certeza de que Nelly era a traidora; as provas que vínhamos reunindo, ao menos até então, eram todas circunstanciais e pouco conclusivas. Mas a questão que me atormentava naquela época, e que me atormenta até hoje, era *o que a minha mãe sabia*, o quanto ela suspeitava. Será que pensou ter sido traída por alguém do próprio sangue? Seria essa a suspeita que a torturou por todos aqueles anos, que explicava por que sempre preferiu ficar longe das câmeras, por que pedia a Otto e aos outros que falassem por ela?

Essa suspeita não só explicaria sua reticência, mas também a razão de Nelly sempre ter sido tratada como a ovelha negra da família — por que minha avó Christina nunca ficava ao lado de Nelly em eventos familiares, por que minha mãe de repente ficava corada na sua presença, por que meu pai amaldiçoou a cunhada até o dia da sua morte. Sempre achei essa atitude ridícula, estranha, até mesmo cruel. Sim, às vezes Nelly podia ser grosseira e sarcástica. Mas merecia ser chamada de "puta nojenta", como meu pai às vezes a chamava em voz baixa?

"Cor, não fale assim", retrucava minha mãe. "Ela continua sendo minha irmã."

No dia seguinte a uma das bebedeiras particularmente explosivas e vulgares do meu pai, perguntei a minha mãe o que havia por trás daquela animosidade.

"Eu não posso dizer", ela respondeu. "Por favor, não me pergunte mais isso."

Quando perguntei ao meu pai se era realmente tão ruim o fato de Nelly ter tido um caso com um soldado alemão, ele me lançou um olhar sugestivo, indicativo de haver mais do que isso, mas não disse mais nada. "Você ouviu sua mãe... Assunto encerrado."

Depois de tantos anos, eu começava a entender o porquê. Depois de semanas de indecisão, concluí que as perguntas em torno de Nelly eram inúmeras e problemáticas demais para ficar sem respostas. Então, eu e Jeroen partimos para entrevistar seus parentes ainda vivos, pessoas que a conheceram, em busca de cartas antigas e documentos perdidos, qualquer coisa que conseguíssemos encontrar. Também fiz uma pesquisa íntima, fazendo caminhadas pela Galileïplantsoen, a rua onde cresci, passando pela plataforma do trem de onde às vezes via minha mãe pendurando roupas no quintal. Comecei a revirar minhas lembranças, conversas que tinha ouvido entre ela e Otto Frank quando menino, coisas que na época eu não conseguia entender e que agora iam se encaixando. Ainda não sabia ao certo aonde tudo isso me levaria, não conhecia o caminho que estávamos seguindo, mas decidi que deveríamos continuar, que só tomaria uma decisão sobre publicar nossas descobertas quando soubesse de toda a história. Tirei da cabeça a questão da lealdade familiar, ao menos momentaneamente.

12
EXÍLIO E RETORNO

Nelly era o tipo de pessoa que você notaria instantaneamente numa festa. Era muito alta e voluptuosa, com ombros largos e batom nos lábios grandes recurvados num sorriso maroto. Tinha uma natureza rebelde, que parecia intensificada pelas privações — e tentações — da ocupação. Diny se lembra da irritação de Nelly no início da guerra — com os pais, com a escassez de alimentos, com a vida sufocante e miserável da família no apartamento de quatro quartos na Lumeijstraat. Ela queria *mais*.

Segundo "a história da família" que cresci ouvindo, o primeiro contato de Nelly com soldados alemães em Amsterdã se deu quando ela trabalhava como empregada doméstica na casa de uma rica família de Amsterdã que apoiava o Partido Nazista Holandês. Contudo, apesar de uma busca exaustiva, nem eu nem Jeroen, pesquisando de forma independente, conseguimos comprovar essa história nem encontrar qualquer registro desse emprego de Nelly durante a guerra. Mas descobrimos que a irmã mais velha de Nelly, Annie, trabalhou como empregada doméstica residente para uma família rica entre 1939 e 1941, segundo um registro nos arquivos da cidade. As patroas de Annie, as irmãs Jacot, eram um trio de ex-estilistas que já tinha vestido a rainha da Holanda. Na época, na casa dos setenta anos, as três moravam juntas numa grande vila do fim do século na Roemer Visscherstraat, número 50, com vista para o Vondelpark, por acaso no bairro preferido dos oficiais nazistas em Amsterdã.

Diny disse que Nelly costumava visitar Annie no emprego e que se relacionava com os soldados aquartelados nos apartamentos vizinhos. Uma vez, Diny, que devia ter nove ou dez anos, foi junto com ela. Diny se lembra vividamente de uma "bela casa com muitos andares", uma cozinha "enorme" no subsolo, onde conheceu o mordomo, e um lindo jardim transformado numa espécie de salão ao ar livre, onde soldados alemães eram recebidos pelas "damas da casa".

"Aqueles soldados alemães estavam bem confortáveis, com os pés em mesinhas", disse Diny. "Não entendia uma palavra do que eles diziam — eu não falava alemão quando criança."

Essa vila poderia ter proporcionado a Nelly sua entrada no mundo da Amsterdã nazista, e talvez tenha sido o lugar onde conheceu Siegfried. Mas é impossível saber ao certo. De qualquer forma, não demorou muito para que o círculo de contatos de Nelly entre os invasores se ampliasse. Diny se lembra de ter acompanhado a irmã numa longa caminhada por Amsterdã em 1940. Ela contou essa história pela primeira vez em uma entrevista para a Casa de Anne Frank, em 2011, antes de falarmos com ela para este livro.

Nelly não falou nada sobre o destino da caminhada com antecedência; então, quando chegaram a uma garagem cheia de carros militares alemães perto da Frederiksplein, uma praça no centro da cidade, Diny não conseguiu esconder seu espanto.

"Não fique tão surpresa", disse Nelly.

Alguns soldados relaxavam em cadeiras do lado de fora da garagem. Quando Nelly começou a andar na direção deles, a irmã a deteve, preocupada com sua segurança. Diny ainda era menina, mas sabia que os soldados alemães eram o inimigo a ser evitado a todo custo, e que os holandeses que faziam amizade com eles eram chamados de traidores.

"O que você vai fazer?", perguntou Diny.

"Fique tranquila. Eu vou subir, você me espera aqui", respondeu Nelly. "Vou pegar um pouco de comida pra nossa mãe." Mais ou menos meia hora depois, ela apareceu com dois pães pretos. A irmã ficou sem palavras. "Eu conheço alguns soldados alemães", disse Nelly com um sorriso.

Vinho, mulheres e música

Nelly queria mais do que apenas pão dos alemães. Segundo o ex-noivo da minha mãe, Bertus Hulsman, ela começou a passar a maior parte do seu tempo livre em clubes sociais frequentados por soldados da ocupação. Um deles era um antigo clube de patinação no gelo reformado pelos alemães, o Kameradschaftshaus Erika, uma espécie de centro recreativo conhecido como *Wein, Weib und Gesang* (vinho, mulheres e música), onde os oficiais da Wehrmacht iam para relaxar e conhecer alguma garota holandesa simpatizante.

Alguns dos estabelecimentos funcionavam mais ou menos como bordéis. Imagine uma sala escura, uma série de mesas, pequenas luminárias cor-de-rosa, homens de uniforme com a cruz de ferro no peito. Os garçons não só ofereciam aos soldados genebra, conhaque e pratos de carne bovina e suína, mas também — segundo um artigo da época no jornal clandestino *Het Parool* — jovens holandesas. Consta que jovens de dezesseis e dezessete anos eram as favoritas. A delegacia de costumes da polícia sabia desses estabelecimentos, mas fazia vista grossa.

Algumas mulheres que frequentavam esses lugares podem ter sido prostitutas, mas muitas eram garotas comuns, que corriam sérios riscos ao namorar o inimigo. Os holandeses as chamavam ironicamente de *moffenmeiden* (vadia de chucrute). Segundo a historiadora Monika Diederichs, cerca de 145 mil mulheres holandesas tiveram relações com soldados alemães durante a guerra; algumas por estarem apaixonadas, outras por afinidade ideológica com o nazismo, ou por se sentirem atraídas pelo glamour e pelo poder dos "heróis conquistadores". Mas muitas *moffenmeiden* procuravam amantes alemães por causa dos benefícios materiais decorrentes desses relacionamentos para elas e suas famílias: comida, proteção e uma melhor qualidade de vida, coisas escassas em Amsterdã durante a guerra. Qualidade de vida era algo ostentado num lugar como o Erika, que, segundo todos os relatos, era um estabelecimento mais salutar e familiar que os típicos *Wein, Weib und Gesang*.

O salão de baile foi decorado em estilo popular alemão, com vigas de madeira no teto; janelas altas enchiam o espaço de luz, e um mural gigantesco mostrava triunfantes soldados alemães marchando sob uma grande bandeira com a suástica. O local era frequentado não só por soldados alemães, mas também por membros do NSB, cidadãos alemães e seus "amigos" holandeses. O *Deutsche Zeitung in den Niederlanden* (o jornal alemão na Holanda) definiu o clube como um "lar longe do lar", com uma "comida excelente", exibições de filmes alemães, concertos e, todas as noites, das oito à meia-noite, dança.

O clube social ficava a poucos passos do Rijksmuseum, próximo a uma série de edifícios que simbolizava a liderança nazista na Holanda. Ali ficavam o Ortskommandantur, quartel-general do exército alemão, além do quartel-general da polícia de Amsterdã e do escritório do austríaco Arthur Seyss-Inquart, o Reichskommissar da Holanda ocupada (que mais tarde seria condenado à morte em Nuremberg por crimes contra a humanidade). Às vezes eram realizados eventos especiais na Museumplein. Um desses eventos ocorreu em 27 de junho de 1941, para comemorar a invasão nazista da União Soviética, iniciada cinco dias antes. Cinquenta mil pessoas compareceram à manifestação. Embaixo de uma faixa que dizia UMA NOVA EUROPA COM ADOLF HITLER, todos ouviram Seyss-Inquart discursar sobre a importância da batalha contra os soviéticos "para o Estado holandês e para cada cidadão holandês em particular".

É fácil imaginar uma garota como Nelly — jovem, impressionável, atrevida — se deixando seduzir pelo poder em exibição. Porém, por mais invencível que pudesse se sentir na companhia dos nazistas, ela continuava sendo uma holandesa menor de idade, morando na casa dos pais e sujeita às mesmas regras que todos os demais durante a ocupação. Isso ficou muito claro para ela depois da meia-noite de 1º de novembro de 1941, quando foi presa pela polícia de Amsterdã por não respeitar o toque de recolher. O relatório da polícia informou que, naquela noite, ela estava na companhia de um sargento alemão na Nieuwendijk, uma zona comercial perto da estação central, conhecida por seus cinemas e pelo mercado negro.

Meu avô teve de ir buscar Nelly na delegacia: segundo a lei holandesa, com dezoito anos ela ainda era menor de idade. Depois dessa detenção, Johan proibiu Nelly de ter contato com os alemães. "Mas mesmo assim ela continuou", explicou Diny. "Ela não tinha papas na língua. 'Eu vou fazer o que quiser!', disse ao nosso pai. Ela era assim."

"Heil Hitler!"

Diny não lembra se minha mãe estava em casa naquele dia do inverno de 1941-1942, quando Siegfried, o namorado austríaco de Nelly, foi à casa da Lumeijstraat pedir permissão a Johan para namorar sua filha. Mas ela se lembra da reação do pai. As gêmeas Diny e Gerda estavam escondidas no quarto, atrás das portas de correr.

"Havia uma brecha grande por onde conseguíamos espiar", lembrou Diny. "Eu via a mesa, com minha mãe de um lado e o meu pai do outro. Nós duas demos risadinhas, sabe como é… era um soldado alemão! E de repente ele entrou."

"Herr Voskuijl", falou, batendo os calcanhares. "Heil Hitler!"

Diny lembra como foi "horrível", mesmo quando criança, ouvir aquelas palavras dentro da casa dela. Johan não gritou, não foi grosseiro, mas afirmou categoricamente que nunca daria permissão para o alemão namorar sua filha. O soldado não ficou mais de cinco minutos, mas, quando saiu, Nelly foi junto com ele. Provavelmente ela gostaria de ter a aprovação do pai, mas não iria deixar sua oposição atrapalhar seus planos.

Em dezembro de 1942, quando Siegfried partiu de Amsterdã para voltar à sua terra natal, a Áustria, Nelly solicitou um visto para a "Grande Alemanha" para ir junto com ele. Pouco se sabe sobre sua estadia na Áustria. Anne anotou no seu diário que Nelly costumava escrever cartas para casa, mas nenhuma delas foi guardada pela minha família. Imagino que podem ter sido destruídas pela própria Nelly ou por parentes meus empenhados em proteger a imagem dela e preservar a "história da família".

"Nelly quase não falava sobre o passado", disse Diny, mas uma vez contou para a irmã mais nova a triste história de como terminou sua estada na Áustria. Quando Siegfried foi mandado para a frente oriental, Nelly presumiu que os dois teriam um futuro brilhante se ele sobrevivesse à guerra. Acreditava que iriam se casar. Mas a irmã de Siegfried acabou com essa fantasia ao deixar uma carta no armário para que Nelly a encontrasse, revelando que Siegfried estava noivo de outra.

"Isso a fez voltar para casa com o coração partido", lembrou Diny.

O episódio de Siegfried não azedou a relação de Nelly com os alemães. Segundo Bertus Hulsman, Nelly voltou a Amsterdã e morou, ou passou, um bom tempo em Huize Lydia, uma antiga pensão católica perto da Museumplein transformada em dormitório para *Funkmädel* ("garotas do rádio", em alemão),* as holandesas que serviam como telefonistas, datilógrafas ou operadoras de alertas para

---

* As mulheres também eram chamadas de *Blitzmädel*. *Blitz* (relâmpago) era uma referência ao símbolo do raio nos uniformes cinzentos.

baterias antiaéreas. Muitas dessas mulheres namoravam soldados alemães. E, em comparação à média dos holandeses, elas eram bem providas. Recebiam uma remessa de alimentos frescos por semana, para grande inveja dos vizinhos.

Primeira-assistente

Em algum momento em 1944, Nelly saiu de Amsterdã e conseguiu um emprego em um aeródromo alemão perto da cidade de Laon, na França ocupada, onde trabalhou como secretária e primeira-assistente do comandante da força aérea, segundo Diny. Foi nesse período que Nelly apareceu pela primeira vez no diário de Anne. Curiosamente, Anne não identificou Nelly como "irmã de Bep", o que é estranho, pois ela sempre fazia questão de contextualizar as pessoas e assuntos introduzidos — mais uma indicação de que o diário foi escrito tendo em mente algum futuro leitor. Só escreveu que "Nelly Voskuijl está em L'aône [sic] na França. Houve um bombardeio terrível e ela quer voltar para casa a qualquer preço".

A falta de contexto pode ter sido somente um descuido, mas o mais provável é que Anne tenha escrito sobre Nelly na versão A, de 1943 (o primeiro rascunho) do seu diário, que foi perdido depois da batida e nunca mais recuperado. A julgar pelos trechos de 1944, fica claro que minha mãe falava abertamente sobre sua irmã rebelde no Anexo, por isso é possível que Anne tenha mencionado as escapadas de Nelly na Áustria ou seu trabalho como *Funkmädel* em um dos registros perdidos do diário.

Nelly deve ter trabalhado em Laon-Athies ou em Laon-Couvron, dois aeródromos ao norte da cidade, de onde os bombardeiros Junkers Ju 88A alemães lançavam ataques à costa do canal da Mancha. Na primavera de 1944, essas bases aéreas foram atacadas repetidamente por aeronaves dos Aliados, inclusive em 5 de maio, quando foram bombardeadas pelas Fortalezas Voadoras B-17 da

Oitava Força Aérea dos Estados Unidos. Anne escreveu que durante esse período Nelly "não fez nada além de ficar em um abrigo antiaéreo" e que estava "terrivelmente temerosa".

> Ela ligou para um dos seus muitos amigos, um aviador de Eindhoven, no meio da noite e implorou por sua ajuda. A doença do pai teria sido um bom motivo para conseguir licença, mas só quando o pobre homem morrer deixarão ela vir. Nelly está tremendamente preocupada com seu comportamento pregresso e pediu perdão em suas cartas.

Anne escreveu que Nelly e pessoas como ela, que trabalharam para os nazistas, "serão punidas depois da guerra por traição", algo que ouviu em relatos de emissoras de rádio clandestinas. Pensou que o melhor curso de ação para Nelly evitar represálias seria se casar com um cidadão alemão, tornando-se essencialmente alemã. No entanto, na primavera de 1944, Nelly parecia muito preocupada em voltar para o pai doente em Amsterdã. Disse a seus superiores nazistas que nunca os perdoaria se o pai morresse enquanto ela estivesse na França. É impossível saber se estava genuinamente "com saudades de casa e do pai", como disse Anne, ou se estava apenas usando a morte iminente do pai como pretexto para escapar das bombas dos Aliados.

Mas a vontade de fugir de Nelly não significava que tivesse mudado de lado. Anne disse brincando que Nelly era tão enamorada dos nazistas que provavelmente guardava "uma fotografia do Führer" na carteira. Também escreveu que o pessoal no Anexo acreditava que Nelly era mentalmente instável: "Aqui eles têm certeza de que Nelly não é cem por cento certa da cabeça".

Em 11 de maio de 1944, Anne relatou as "últimas novidades": que Nelly tinha voltado a Amsterdã com seu "chapéu de lata e a máscara de gás". Ela pode ter tentado acertar as coisas com Johan, mas bastaram algumas semanas morando sob o mesmo teto para

Anne notar que os Voskuijl estavam tendo "os velhos problemas de novo. Nelly nunca está em casa".

Nelly ficava fora de casa por vários dias, aparecia sem avisar e esperava ser acolhida de volta. Isso deixava Johan, que estava doente e deprimido, furioso. Havia brigas ressentidas, depois das quais, informou Anne, Johan "fica na cama e chora muito". Meu avô sabia que minha mãe se encontrava sob forte pressão vigiando o Anexo, e imagino que não aguentava ver uma filha protegendo inocentes dos nazistas e outra trabalhando para o inimigo.

À parte seu relato de detalhes a Anne, que os registrou no diário, não está claro que papel minha mãe desempenhou no drama de Nelly. Será que ela tentou fazer uma mediação? Afastou-se da irmã problemática? Confrontou-a?

Além de Diny, a única outra testemunha que encontramos que passou algum tempo na Lumeijstraat na primavera de 1944 foi Bertus Hulsman. Depois de Jeroen e eu entrevistarmos Bertus, conseguimos uma gravação em vídeo de outra entrevista que ele concedeu a Dineke Stam, ex-funcionária da Casa de Anne Frank, em 2007, sete anos antes do encontro comigo e com Jeroen. Essa entrevista confirmou muitos dos detalhes que Bertus nos revelou depois.

Durante a entrevista, Dineke mostrou a Bertus uma fotografia de 1946 da família Voskuijl. Ele reconheceu a maioria das pessoas, mas começou a examinar a imagem mais de perto, procurando alguém em particular.

"Aquela que teve um caso com um alemão não está aqui", observou.

Na verdade, Nelly estava na foto, mas usando um chapéu grande que cobria seu rosto. Em seguida, Dineke mostrou uma foto da família dos anos 1930, e Bertus imediatamente apontou para Nelly. "É essa mesma. Ela teve relacionamentos com alemães. Você sabe disso, não é?"

Bertus continuou contando a Dineke uma história perturbadora, que mais tarde repetiu para mim e Jeroen. A certa altura da guerra, minha mãe e Bertus estavam à mesa quando começou uma briga com Nelly. Ele não se lembrava de quando a briga havia acontecido, do que se tratava ou de como minha mãe reagiu, mas disse que nunca esqueceria o que Nelly gritou para ela antes de sair de casa: "Por que você não volta para os seus judeus?!".

"Nelly *sabia* que Bep e o pai estavam ajudando judeus", explicou Bertus a Dineke. "Isso é óbvio." E foi ainda mais longe: disse não ter certeza, mas achava que Nelly poderia ter sido a responsável pela traição.

Dineke ficou pasma com a acusação. "Por que ela os trairia?", perguntou. "O que teria a ganhar com isso?"

"Talvez tivesse algo a ver com as inter-relações na família", respondeu Bertus. "Ou talvez ela quisesse marcar pontos, pois era assim que as coisas funcionavam naquela época. E havia prêmios para quem conseguisse desentocar um judeu. Tinha gente que fazia isso na época."

"Mas... por que ela entregaria as pessoas que a irmã estava protegendo?", perguntou Dineke. "Se foi o caso, ela devia odiar a Bep!"

"Porque sempre houve esse impressionante campo de tensão na casa", explicou Bertus. "Eles estavam sempre brigando... não passavam um dia sem ter uma discussão. E aí dá para conjecturar [...] Pode ter sido uma espécie de vingança. Para mim está claro que ela traiu o Anexo. Você deve achar que não há provas suficientes. Mas por que eu tenho esses pensamentos até hoje? Já estou com 89 anos e continuo falando sobre isso. Nunca deixei de dizer: 'Antes de fechar os olhos, eu vou revelar a identidade do traidor'."

Acontece que Bertus, que morreu em 2016, aos 98 anos, não foi o único a se lembrar de Nelly gritando "Por que você não volta para os seus judeus?!". Em uma carta enviada anos antes da minha conversa com Bertus, minha tia Diny lembrou-se da irmã proferindo quase exatamente as mesmas palavras. "No fundo, Nelly estava muito brava com meu pai e Bep. Eles sempre tinham muito a dizer um ao outro. Faziam isso com muita suavidade, junto com gestos. Nelly não tolerava ver isso. A certa altura, quando Nel precisou sair, ela disse: 'Por que você não volta para os seus judeus?!'. Nelly se mordia de ciúmes da relação especial que o pai tinha com a filha mais velha."

O castigo

Nem Bertus, nem Diny se lembravam de onde Nelly estava no dia da traição. Mas, segundo Diny, no dia seguinte, 5 de agosto de 1944, ela apareceu na Lumeijstraat logo depois do jantar.

Johan era um educador antiquado, um defensor das regras e, antes da guerra, às vezes batia nos filhos mais novos quando eles se comportavam mal. Mas o que aconteceu naquele dia foi algo totalmente diferente. Johan começou a bater em Nelly e não parava mais. Ela caiu no chão num canto do corredor, no mesmo lugar em que minha mãe costumava dar aulas de holandês para Diny à luz de velas. Nelly cobriu o rosto com as mãos. Johan começou a chutá-la; primeiro nas pernas, depois na cabeça, muitas e muitas vezes.

Diny lembra que a mãe, Christina, ficou parada vendo Nelly gritar: "Por favor, pai, na cabeça, não! Pode me castigar... mas não na cabeça".

Durante toda a sua vida, Nelly nunca escondeu o fato de o pai a ter espancado violentamente, mas nunca disse a ninguém por quê. Acho que falava sobre esse dia querendo a solidariedade de alguém da família. E *eu* me solidarizei. Fiquei triste por isso ter acontecido com ela, triste por Johan, cujo espírito de sacrifício e postura moral eu tanto respeitava, ter se rebaixado a tal nível, fossem quais fossem seus motivos.

No fim dos anos 1990, tentei conversar algumas vezes com tia Nelly sobre seu passado, particularmente sobre os anos da guerra. Na época, eu não tinha razões para suspeitar que ela estivesse de alguma forma envolvida na traição a Anne Frank, mas deu para sentir — tanto pelo seu silêncio quanto pelas insinuações de membros da família — que a ocupação foi um capítulo especialmente sombrio na vida dela.

Imaginei que a verdade, uma vez revelada, não seria tão ruim; que o silêncio dela fosse injustificado e pouco saudável. Achei que ela ficaria melhor se simplesmente se abrisse. Contudo, nas três vezes em que reuni coragem para perguntar o que, exatamente, tinha acontecido com ela durante a guerra, tia Nelly disse que estava se sentindo tonta. Seus olhos tremularam e ela quase desmaiou.

Lembro-me de uma vez em particular, quando eu e Ingrid a visitamos em sua casa em 1997. Nelly devia ter uns 74 anos na época. Estávamos tomando café e de repente eu falei alguma coisa sobre a guerra. Minha tia começou a tontear e se apoiou na mesa para não cair.

Fiz menção de chamar uma ambulância, mas ela não deixou. "Nada de médicos", ressaltou.

Segurei-a pelos braços enquanto ela tentava recuperar o controle do corpo. Foi muito inquietante, mas ela disse para não me preocupar, como se fosse um tipo de convulsão ou acesso com que já estava acostumada. "Vai passar logo."

Quando finalmente se recuperou, ela explicou que "isso acontece comigo às vezes. Nunca mais fui a mesma depois que o meu pai me chutou a cabeça".

Não me atrevi a voltar a falar sobre a guerra naquela noite. Senti muito por ela. Ficamos em silêncio até Nelly perceber que o nosso café tinha esfriado, então ela se levantou e insistiu em preparar outro para nós.

PARTE III
BEP

Por favor, saiba que farei tudo para preservar o símbolo da Anne idealizada, que, para mim, representa pensar sempre sobre o que aconteceu, o que presenciei. Esta grande dor nunca sai do meu coração.
Bep Voskuijl para Otto Frank, 1958

13
RESQUÍCIOS

Em 5 de agosto de 1944, um dia depois da batida na Prinsengracht, minha mãe resolveu ir ao Anexo Secreto uma última vez. Pediu que o namorado, Bertus, a acompanhasse, pois não aguentaria entrar sozinha. Apesar de Johan, que tinha ido pessoalmente ao Anexo na noite anterior, ter dito à filha que o lugar estava deserto, ela sabia estar se arriscando ao voltar ao local do crime. Supunha que todos os seus colegas tivessem sido presos e que a Opekta tivesse sido fechada pelos nazistas. Na verdade, Bep e Johan estavam tão preocupados com a possibilidade de Silberbauer vir procurá-la que ela saiu da Lumeijstraat logo após a invasão e foi se esconder no apartamento de uma amiga.

Mas, apesar dos riscos, disse mais tarde à minha tia Diny, precisava ver o Anexo mais uma vez com os próprios olhos, para acreditar que as pessoas que amava e de quem cuidara realmente não estavam mais lá. Bertus foi junto para apoiá-la, mas também por se sentir curioso quanto ao esconderijo e ainda surpreso por minha mãe ter escondido o segredo dele pelos últimos 25 meses.

Os dois esperaram até bem tarde da noite, quando tudo estava quieto na Prinsengracht. Minha mãe usou a chave da empresa para entrar no prédio. Levou Bertus pelo primeiro lance de escadas até o escritório da frente. Subiram pela *helperstrap* até o segundo andar, onde minha mãe mostrou a Bertus como a estante podia ser destravada para abrir a porta. E eles entraram.

O lugar tinha sido saqueado, todos os móveis tombados e o conteúdo dos armários e gavetas espalhado pelo chão. O cheiro de comida da última refeição preparada pelos moradores ainda pairava no ar. Anne escreveu que geralmente eles faziam o desjejum das nove às nove e meia. A escassez de alimentos tornou difícil encontrar pão no verão de 1944, por isso o desjejum era composto basicamente por batatas fritas ou sobras de sopa de feijão, que deixavam um aroma pungente nos cômodos sem ventilação — onde sempre era proibido abrir qualquer janela, mesmo num dia quente de agosto. Dado o horário da invasão, os foragidos já teriam terminado o desjejum e estariam prestes a tomar um chá ou café — o que, como Anne observou, eles costumavam fazer por volta das dez e quarenta e cinco —, quando Silberbauer e seus capangas entraram.

Minha mãe percebeu que a mesa tinha sido posta — com xícaras, colheres e uma saladeira de porcelana branca com geleia de limão —, mas toda a louça estava limpa, sem uso. Bertus tinha 95 anos quando eu e Jeroen o entrevistamos, mas se lembrava daquele momento como se tivesse acontecido ontem. Recordava-se até da expressão no rosto da minha mãe enquanto examinava os destroços do Anexo.

"Nós dois ficamos chocados, sabe. Estava uma grande bagunça lá em cima. Dava para perceber que as pessoas tinham saído com pressa. Ainda tinha panelas e frigideiras no fogão", contou.

Bertus viu que minha mãe ficou parada perto da mesa, incapaz de se mover. Estava começando a entender a enormidade da perda. Mais tarde, diria ao escritor Ernst Schnabel que, apesar de o Anexo ter se tornado um segundo lar para ela, ao entrar lá se sentiu tão paralisada pelo medo e pela tristeza que "mal se atrevia a dar um passo".

Bertus disse que minha mãe não falou uma palavra até os dois saírem de lá. "O que resta a dizer quando, depois de anos cuidando daquelas pessoas, elas de repente são arrancadas de nós?"

Encontrando os diários

A história do Anexo Secreto costuma ser contada como uma fábula, com as lacunas sendo preenchidas e as pontas soltas, amarradas. Nessa versão editada dos eventos, o diário completo de Anne, com a capa de tecido xadrez infantil, ficou caído no chão entre os destroços do ataque até a heroica ajudante Miep Gies o resgatar do esquecimento. É a versão dos eventos implícita na adaptação original de Hollywood da peça da Broadway *O diário de Anne Frank*, e explicitamente retratada em diversas dramatizações mais recentes da história na TV. Mas não é a verdadeira. O que realmente aconteceu, segundo o que eu e Jeroen conseguimos deduzir com base em documentos históricos, é tão mais complicado quanto revelador.

Em 4 de agosto de 1944, enquanto procurava objetos de valor no Anexo, Karl Silberbauer emborcou a pasta de couro em que Anne guardava seus escritos, despejando o conteúdo no chão do Anexo. No dia seguinte, Miep Gies, provavelmente ainda em estado de choque, encontrou o diário vermelho xadrez no chão junto com alguns cadernos. Por alguma razão, Miep não notou um maço de folhas de papel cheias de anotações jogado ali perto.

Talvez ela não tenha percebido que aqueles papéis também faziam parte do diário. Ou talvez simplesmente não os tenha visto. Sabemos que ela queria sair logo do Anexo, pois Silberbauer a ameaçara no dia anterior, dizendo estar bem ciente de que ela tinha participado do segredo e que voltaria à Opekta para "investigá-la". Miep desceu as escadas correndo e escondeu o diário na gaveta da sua mesa de trabalho.

O que Miep encontrou em 5 de agosto foi o diário original de Anne, a "versão A", que incluía o caderno xadrez vermelho que se tornou o emblema icônico do diário, embora com apenas uma pequena parte do texto escrito por Anne. A versão A era o rascunho, mais espontâneo e menos maduro, do diário de Anne, escrito à medida que se davam os eventos descritos. Ingênuo, cheio de vida e encantador, porém carente do poder literário da versão B, a edição revisada do diário original, concebida por Anne como um "romance de guerra" epistolar chamado *Het Achterhuis*.

Em uma grande explosão de criatividade que perdurou de 20 de maio de 1944 até pouco antes da sua prisão, em 4 de agosto, Anne escreveu mais de trezentas páginas de texto revisado em folhas soltas de papel carbono fornecidas por minha mãe. Era essa versão do diário que ela pretendia divulgar para o mundo, e foi a base do manuscrito que Otto mais tarde editou para publicação, chamada pelos estudiosos de versão C.

"É difícil não se sentir impressionada", escreveu a acadêmica literária germano-americana Laureen Nussbaum sobre a versão B dos diários de Anne. "Dotada de autocrítica e visão literária, com apenas quinze anos, Anne revisou e complementou seus textos originais e os transformou em um todo fascinante e de fácil leitura."

Às vezes eu me pergunto se conheceríamos o nome Anne Frank hoje se somente a versão A do seu diário tivesse sobrevivido.

Quando foi ao Anexo com Bertus no dia 5 de agosto, muitas horas depois de Miep ter saído, minha mãe também não viu a versão B do diário caída no chão. Provavelmente estava triste demais para vasculhar o espaço em busca de itens de valor sentimental. Isso poderia ter sido um erro trágico, já que, em questão de dias, os nazistas mandaram um caminhão de mudança ao Anexo para levar tudo que tivesse valor. Essa era a prática padrão. Os nazistas tinham até uma empresa de mudanças holandesa preferida, dirigida por Abraham Puls, um membro do NSB, que fazia o trabalho sujo, saqueando sistematicamente esconderijos de judeus depois de invadidos. Quando isso acontecia, o povo de Amsterdã dizia que uma casa estava sendo "pulsada".

Demorou quase uma semana para minha mãe reunir coragem para voltar ao trabalho. Ela falou com Miep ao telefone e ficou

1937 • Minha mãe aos 18 anos de idade, logo depois de ser contratada por Otto Frank para a Opekta. *Família van Wijk-Voskuijl*

1938 • Bertus Hulsman, noivo da minha mãe nos tempos da guerra. Antes da guerra ele serviu no exército holandês. *Família van Wijk-Voskuijl*

Julho de 1940 • Minha mãe com suas irmãs, que eram gêmeas, Diny (direita) e Gerda, no aniversário de 8 anos delas. A ocupação tinha recém-começado. *Família van Wijk-Voskuijl*

Dezembro de 1940 • Meus avós Christina e Johan Voskuijl, e minhas tias Nelly (no alto) e Willy. *Família van Wijk-Voskuijl*

Maio de 1941 • Os nazistas usaram este mapa das casas de judeus em Amsterdã — fornecido por funcionários públicos holandeses — para prender judeus durante a ocupação. Um ponto preto equivalia a dez judeus. *Museu da Resistência Holandesa de Amsterdã — Domínio Público*

Julho de 1941 • Minha mãe e Anne Frank (segunda e terceira a partir da direita) entre outros convidados no dia do casamento de Miep com Jan Gies. Otto Frank está à esquerda de Anne. *Getty Images*

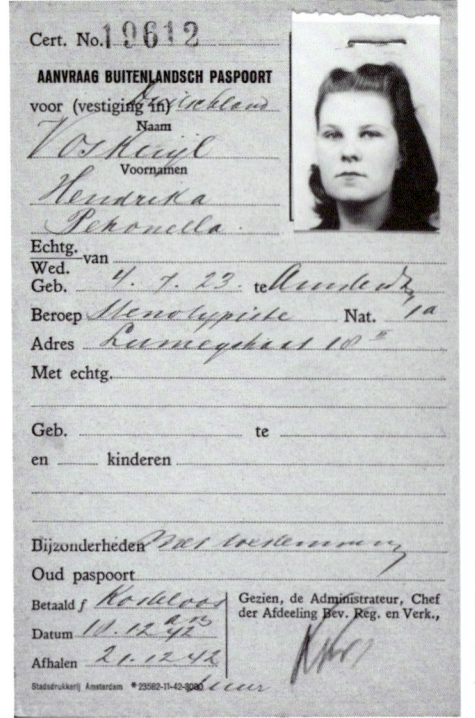

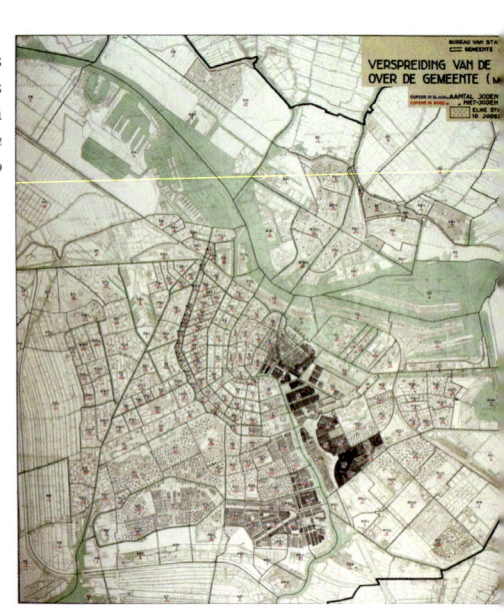

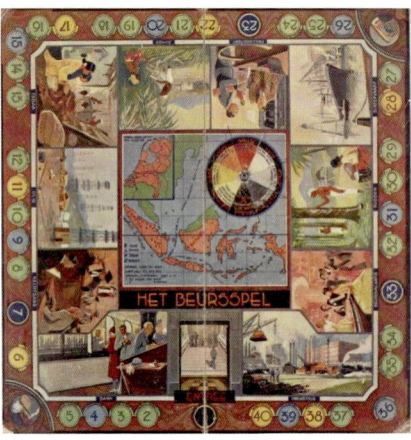

O jogo de tabuleiro Stock Exchange, dado de presente a Peter van Pels no seu aniversário de 16 anos. Depois da batida no Anexo Secreto, minha mãe o guardou como lembrança. *Família van Wijk-Voskuijl*

Dezembro de 1942 • O formulário de pedido de visto da menor de idade Nelly Voskuijl para a "Grande Alemanha", indicando que ela teve o consentimento dos pais para sair do país — algo que minha tia Diny disse que não era verdade. *Arquivos da Cidade de Amsterdã — Domínio Público*

1943 • Mulher em Amsterdã usando a estrela amarela, que todos os judeus acima de 6 anos de idade foram obrigados a usar a partir de maio de 1942. *Bundesarchiv–183-R99538*

1945 • Minha avó Christina, ainda se recuperando da desnutrição edematosa, com a filha mais velha. *Família van Wijk-Voskuijl*

Maio de 1946 • Até onde se sabe, a única vez em que Otto Frank e minha tia Nelly se encontraram foi no casamento dos meus pais, em Amsterdã. Otto pode ser visto de perfil, à esquerda do noivo. Nelly está três cabeças à direita da noiva, olhando para baixo, o rosto sombreado por um chapelão. Minha tia Diny, a dama de honra da noiva, está com um pequeno buquê em pé à direita da minha mãe. *Família van Wijk-Voskuijl*

Março de 1949 • Minha mãe e meu pai, Cor van Wijk, com o primeiro filho, meu irmão Ton. Nesse momento minha mãe estava grávida de três meses de mim. *Família van Wijk-Voskuijl*

1957 • O casamento de Nelly com tio Carl. Da esquerda para a direita: meus pais, minha avó, e a noiva e o noivo. *Família van Wijk-Voskuijl*

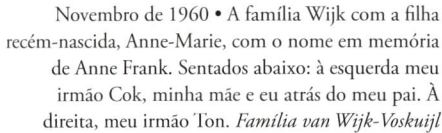

Novembro de 1960 • A família Wijk com a filha recém-nascida, Anne-Marie, com o nome em memória de Anne Frank. Sentados abaixo: à esquerda meu irmão Cok, minha mãe e eu atrás do meu pai. À direita, meu irmão Ton. *Família van Wijk-Voskuijl*

Setembro de 1963 • Minha mãe, minha irmã e eu na praia em Zandvoort. *Família van Wijk-Voskuijl*

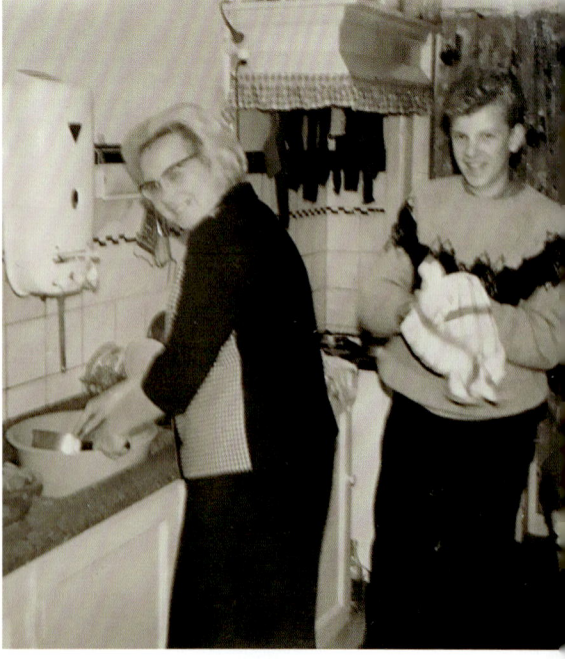

Primavera de 1965 • Minha mãe e eu na cozinha. *Família van Wijk-Voskuijl*

Novembro de 1965 • O último concurso de dança antes do meu acidente, que me deixou gravemente ferido. *Família van Wijk-Voskuijl*

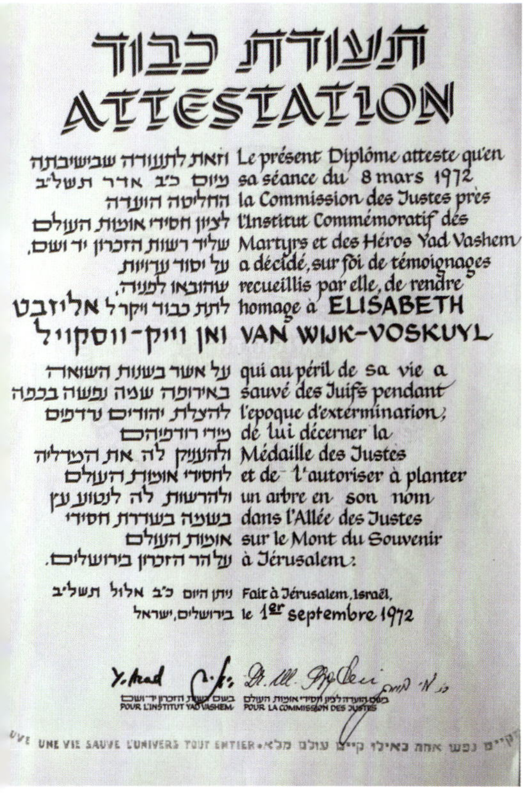

Setembro de 1967 • Eu e Sonja dançando no meu aniversário de 18 anos. *Família van Wijk-Voskuijl*

1973 • Os ajudantes com seus cônjuges depois da guerra (a partir da esquerda): Miep Gies, meus pais e Loes Kugler, com Jan Gies e Victor Kugler em pé atrás deles. *Família van Wijk-Voskuijl*

1972 • Otto Frank recomendou minha mãe para o título Justos entre as Nações. Ela recebeu este certificado de Yad Vashen em Israel, junto com uma medalha. *Família van Wijk-Voskuijl*

1978 • Minha mãe e Otto Frank durante uma de suas visitas à Holanda. *Família van Wijk-Voskuijl*

Maio de 1983 • Nota sobre o falecimento da minha mãe da Casa de Anne Frank no jornal *Het Parool*. O sobrenome dela foi escrito errado. "Ela era uma mulher corajosa." *Família van Wijk-Voskuijl*

Bedroefd nemen wij afscheid van

ELLI VAN WIJK-VOSKUIL

Zij was een van degenen die Anne Frank en de andere onderduikers in het Achterhuis van dag tot dag hebben bijgestaan.

Zij was een moedige vrouw.

Anne Frank Stichting

Setembro de 1990 • Nelly cuidando do túmulo da mãe e do marido. *Família van Wijk-Voskuijl*

Agosto de 1997 • Meus irmãos (a partir da esquerda), Cok e Ton, minha irmã Anne e eu, reunidos em um raro momento de paz. *Família van Wijk-Voskuijl*

1997 • O medalhão da minha mãe, com uma fotografia dos três filhos mais velhos. Minha irmã me deu a medalha em agosto de 1977, e eu a uso todos os dias. *Família van Wijk-Voskuijl*

1997 • Meu primeiro encontro com Nelly em trinta anos. *Família van Wijk-Voskuijl*

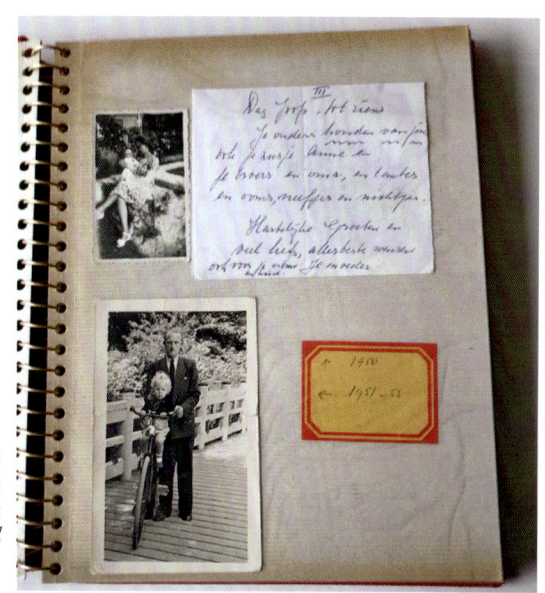

2003 • *Scrapbook* com imagens da minha juventude, compiladas por minha mãe. Vinte anos depois da morte dela, meu irmão Ton me deu este caderno. *Família van Wijk-Voskuijl*

2012 • Eu e Jeroen depois da nossa primeira entrevista com Diny. *Família van Wijk-Voskuijl*

2014 • Eu em frente à estante que escondia o Anexo Secreto, construída pelo meu avô Johan em agosto de 1942. *Família van Wijk-Voskuijl*

2016 • Bertus, feliz em se reencontrar com Diny depois de setenta e um anos. Esta foto foi tirada pouco antes da morte dele, em julho de 2016. *Família van Wijk-Voskuijl*

2017 • Ryan e Kay-Lee, os filhos gêmeos da minha filha, Rebecca. Os bisnetos da minha mãe nasceram em 4 de agosto de 2011 — exatamente sessenta e sete anos depois da batida no Anexo Secreto. *Família van Wijk-Voskuijl*

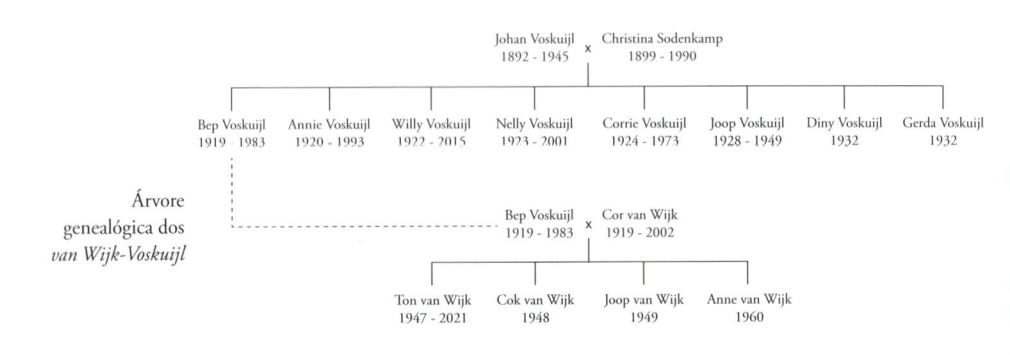

Árvore genealógica dos *van Wijk-Voskuijl*

Johan Voskuijl (1892 - 1945) x Christina Sodenkamp (1899 - 1990)

- Bep Voskuijl 1919 - 1983
- Annie Voskuijl 1920 - 1993
- Willy Voskuijl 1922 - 2015
- Nelly Voskuijl 1923 - 2001
- Corrie Voskuijl 1924 - 1973
- Joop Voskuijl 1928 - 1949
- Diny Voskuijl 1932
- Gerda Voskuijl 1932

Bep Voskuijl (1919 - 1983) x Cor van Wijk (1919 - 2002)

- Ton van Wijk 1947 - 2021
- Cok van Wijk 1948
- Joop van Wijk 1949
- Anne van Wijk 1960

sabendo que, embora Jo e Victor tivessem sido presos, Miep tinha sido libertada por Silberbauer depois de um duro interrogatório em alemão. Como Miep lembrou mais tarde, ele a considerou uma *Landesverräterin* (traidora do seu país) e só a soltou por *aus persönlicher Sympathie* (simpatia pessoal). Minha mãe também soube por Miep que a Opekta não tinha sido confiscada pelos nazistas e que, de algum modo, continuava operando.

No primeiro dia em que voltou ao escritório, minha mãe foi ao Anexo junto com Miep. Surpreendentemente, a mesa com as xícaras vazias continuava de pé. A geleia de limão na saladeira de porcelana tinha mofado. Os funcionários da empresa de mudança de Puls tinham levado quase tudo do Anexo, deixando apenas uma pilha de livros e papéis amontoados. Miep e minha mãe percorreram o espaço, contabilizando o que restara. Continuavam com o coração partido, mas com a cabeça mais lúcida. Parecia que o pior já tinha passado. Quando chegaram ao sótão, o lugar onde Anne e Peter costumavam ter suas conversas particulares, minha mãe notou uma pilha de papéis "embolados" no chão.

"Olha, Miep", falou Bep, "é a letra da Anne!"

As duas sentaram no chão e começaram a folhear os papéis. Eram todos de Anne: folhas de papel colorido tiradas do escritório, amarradas com um barbante. Era o trabalho em progresso de *Het Achterhuis*, o manuscrito que mais tarde seria conhecido como a versão B.

Curiosamente, o último fragmento da obra escrita de Anne a ser recuperado do Anexo não foi encontrado por Miep nem por minha mãe, mas por Willem van Maaren. Alguns dias depois de a versão B do diário ser encontrada, ele estava bisbilhotando, no típico estilo van Maaren, e apareceu diante da mesa da minha mãe. Àquela altura minha mãe ainda suspeitava que ele fosse o traidor, e mal conseguiu esconder sua fúria quando van Maaren entregou algumas páginas a ela, dizendo que tinha encontrado "mais coisas" no Anexo.

De todas as pessoas, logo você tinha que dar isso para mim!, pensou Bep, tomando as páginas de van Maaren e guardando-as na gaveta com os demais textos de Anne. Minha mãe esperava de todo coração ainda poder devolver os textos à autora.

Além dos diários, minha mãe resgatou outras coisas de valor sentimental do Anexo. Mais tarde, as ofereceu a Otto. Mas ele só aceitou sua máquina de escrever portátil; o resto, disse, poderia ficar para ela. Os itens incluíam a saladeira de porcelana, que ela lavou e levou para a casa da Lumeijstraat, bem como o jogo de tabuleiro Bolsa de Valores, um primo holandês do Banco Imobiliário, que Peter van Pels ganhou de presente no seu aniversário de dezesseis anos. Minha mãe às vezes jogava no Anexo com Peter, Anne e Margot. Eu também jogava, quando era menino; ainda me lembro de jogar na sala com minha mãe e meus irmãos, girando o botão que determinava se o preço da sua ação estava baixo (*baisse*) ou alto (*hausse*). Mas, enquanto contava meus ganhos imaginários, eu não fazia ideia das impressões digitais que estavam naquele jogo. Muitos anos depois, minha mãe doou o jogo de tabuleiro para a Casa de Anne Frank.

Terça-feira insana

Minha tia Nelly não ficou muito tempo em Amsterdã depois da invasão do Anexo Secreto. Na verdade, deixou a cidade e foi para a Alemanha quase exatamente um mês depois, na terça-feira, 5 de setembro de 1944. Foi um dia fatídico na história da ocupação, conhecido como Dolle Dinsdag (Terça-feira Insana). A BBC noticiou que os britânicos tinham invadido a cidade de Breda, no sul da Holanda, a cerca de cem quilômetros de Amsterdã. Uma sensação de euforia imediatamente tomou conta da cidade; as pessoas pegaram suas bandeiras holandesas e se reuniram nas ruas. Todos, inclusive os soldados alemães e seus colaboradores holandeses, viam a libertação como algo iminente. Muitos alemães fugiram para a fronteira, bem como cerca de 60 mil membros do NSB, que, com medo de represálias, simplesmente abandonaram suas casas.

Havia uma família alemã, os Reiche, que morava um andar abaixo dos Voskuijl, no número 18 da Lumeijstraat. Ernst Reiche era um técnico que trabalhava numa loja de artigos fotográficos de Amsterdã. Ele e a mulher, Flora, eram de Weissig, perto de Dresden, mas viviam na Holanda desde o início dos anos 1920. Tinham dois filhos: um menino, Hermann, com onze anos no outono de 1944, e uma menina, Louisa, de dezenove — quase a mesma idade de Nelly. Dado o interesse de Nelly pela língua e pela cultura alemãs e sua proximidade com a família Reiche, é provável que ela e Louisa fossem amigas. Diny lembra que Nelly costumava passar seu tempo livre com os Reiche, principalmente quando brigava com Johan ou com as irmãs.

Embora a família falasse holandês fluentemente e estivesse havia muito estabelecida na Holanda, e mesmo sem ter nenhuma relação explícita com as forças de ocupação, os Reiche devem ter temido que sua origem alemã os pusesse em perigo depois da libertação. Ou, como muitos outros residentes holandeses com laços com a Alemanha, podem ter apoiado ativamente o NSB e os invasores. De qualquer forma, na correria insana da Dolle Dinsdag, a família fez algumas malas às pressas e partiu, deixando tudo para trás. Segundo Diny, Nelly decidiu ir com eles. Talvez ainda mais do que a família Reiche, Nelly tinha bons motivos para fugir antes da libertação; seus envolvimentos românticos com nazistas e seu trabalho para o exército alemão eram amplamente conhecidos.

Diny lembra que Nelly nem sequer deixou um bilhete.

Não sabemos como os demais membros da família Voskuijl reagiram à partida repentina de Nelly, mas a saída dos Reiche deu a eles a oportunidade de se mudar do apertado apartamento no andar de cima e ocupar o apartamento muito maior no andar de baixo, uma mudança que ficou registrada nos arquivos da cidade. Diny disse que a família Reiche deixou quase todos os móveis e roupas no apartamento, por isso ela e a irmã Annie se apossaram de algumas coisas muito necessárias.

Como se viu depois, as comemorações da Dolle Dinsdag foram prematuras. A reportagem da BBC estava incorreta. Não haveria libertação — pelo menos ainda não.

O último inverno

Os holandeses chamam o inverno de 1944-1945 de Hongerwinter, uma estação de fome. Os suprimentos de alimentos definharam, a desnutrição foi avassaladora, mães reviravam latas de lixo em busca de comida para suas famílias. As pessoas comiam bulbos de tulipa e cera de vela. A família da minha mãe não tinha dinheiro para aquecer a casa, e as gêmeas Diny e Gerda passaram a maior parte do inverno tremendo de frio debaixo das cobertas. Apesar de a Opekta estar nominalmente em atividade, as operações foram interrompidas; não havia mais matéria-prima para fabricar produtos alimentícios.

Os Aliados quase libertaram a Holanda nos meses seguintes à invasão da Normandia. Chegaram até Maastricht, na fronteira com a Bélgica, em setembro de 1944, e desembarcaram mais tropas perto de Arnhem, uma cidade no leste da Holanda e uma porta de entrada para o Reno. Mas a invasão esperada foi rechaçada após uma batalha feroz, frustrando as esperanças de que a ocupação terminasse antes do início do inverno. Todos já sabiam que os nazistas seriam *derrotados*; a questão era quem estaria vivo para comemorar a vitória.

Não havia carvão para aquecer as casas; trabalhadores ferroviários entraram em greve; aeroportos e portos tinham sido destruídos. Nem um bonde circulava em toda a cidade de Amsterdã. As escolas foram fechadas. Os alemães saquearam apartamentos e capturaram todos os homens com menos de cinquenta anos que pudessem ser forçados a trabalhar. Parecia o fim dos tempos. E então começou o inverno rigoroso; a baía do lago IJsselmeer, a norte de Amsterdã, congelou. Começaram a demolir edifícios históricos em busca de restos de madeira ou qualquer outra coisa que pudessem usar como combustível. Segundo o historiador Geert Mak, cerca de 20 mil árvores foram derrubadas e 4,2 mil casas destruídas só naquele inverno.

Se o Anexo não tivesse sido traído, não consigo imaginar as dificuldades que minha mãe e Miep teriam enfrentado para conseguir comida para os refugiados naquele período. A cada mês do inverno, mais de mil habitantes de Amsterdã pereceram de fome ou de frio. A Resistência lutou mais do que nunca, mas, conforme suas tentativas de sabotagem e assassinato ganhavam em audácia, o mesmo acontecia com as represálias nazistas. As execuções públicas tornaram-se uma rotina medonha. Os Voskuijl não escaparam do sofrimento. Christina sofreu de desnutrição edematosa, o inchaço na barriga que muitas vezes é um sintoma de fome, pois dava aos filhos toda a comida disponível.

Os preços no mercado negro dobraram, triplicaram e quadruplicaram. Minha mãe e Miep não se atreviam mais a ir de bicicleta para o trabalho; era muito perigoso. Ao ver uma bicicleta funcional, um alemão ou mesmo um holandês poderia roubá-la na hora. Estavam todos fracos, sempre à beira do desmaio. Os poucos pedidos que a Opekta recebia vinham principalmente de açougueiros, que queriam imitações de recheio de linguiça.

"Nós fazíamos um recheio feito de cascas de nozes moídas compradas a granel e frascos de aromas sintéticos de uma fábrica de produtos químicos", lembrou Miep em seu livro de memórias.

> Quando esses dois produtos eram misturados, tinham a aparência e o cheiro quase iguais aos de verdade. Claro que não tinham sabor, mas o cheiro e a consistência davam a impressão do recheio

que se misturava à carne moída para fazer linguiça. Esses açougueiros estavam fazendo linguiça com Deus sabe lá o que, pois havia muito pouca carne disponível. Nós nunca perguntamos nada; era melhor não saber.

"Formalidade, burocracia e frieza"

Quando aconteceu a libertação, em maio de 1945, o suprimento local de empatia com os sofrimentos da guerra — especialmente o sofrimento dos judeus — estava próximo de zero. A atitude do cidadão comum de Amsterdã era de que *todos* tinham sofrido, *todos* tinham perdido — *portanto, o que torna a sua dor mais importante que a minha?* A historiadora Dienke Hondius, que escreveu um livro sobre o tratamento dispensado aos sobreviventes holandeses do Holocausto, disse que eles foram recebidos por seus compatriotas com "formalidade, burocracia e frieza". Em geral, os sobreviventes judeus receberam pouca ou nenhuma ajuda do Estado holandês, sendo orientados a pedir ajuda a organizações judaicas. Temendo um surto de doenças e de piolhos, o governo chegou a deixar muitos sobreviventes em quarentena, mandando as vítimas de volta aos campos de prisioneiros, onde as condições eram muitas vezes pavorosas.

No verão de 1945, um jornal da Resistência, *De Patriot*, disse que os sobreviventes deveriam "ser mais discretos" e não tentar explorar seu sofrimento: "Não há dúvida de que os judeus, especificamente por causa da perseguição alemã, conseguiram angariar uma grande simpatia do povo holandês. Agora é apropriado que os judeus evitem o excesso".

Algumas sobreviventes que tiveram a cabeça raspada nos campos de concentração eram insultadas nas ruas, por serem confundidas com traidoras, que tinham a cabeça raspada como punição por colaborarem com o inimigo. Os judeus que voltavam às suas antigas casas encontravam estranhos morando nelas, que se recusavam a sair. Uma história terrível registrada por Hondius fala de um sobrevivente judeu que, ao se registrar como cidadão repatriado, foi recebido da seguinte forma por um burocrata holandês: "Mais um judeu, não! Eles devem ter esquecido de pôr você numa câmara de gás".

Podem ter sido casos extremos, mas são exemplares de uma atitude geral em relação às vítimas judias depois da libertação. Muitos holandeses não judeus esperavam a volta de seus parentes dos campos de trabalho forçado alemães. O país estava exaurido pelos quase cinco anos de ocupação e sangrado com o Hongerwinter. Isso explicava — mas não justificava — a muralha de silêncio da parte de muitos holandeses, que não tinham vontade de ouvir sobre câmaras de gás, sádicos experimentos médicos ou marchas da morte, coisas que comparativamente relativizavam seu sofrimento.

Minha mãe viveu um pouco dessa frieza pessoalmente quando entrou em contato com a empresa responsável pelos cursos por correspondência feitos por Margot Frank durante a ocupação. Ela tentou explicar que, apesar de um curso ter sido concluído em nome dela, a destinatária fora uma brilhante garota judia na clandestinidade, e era ela quem deveria receber os créditos, se voltasse.

Senhores,

Uma vez que a guerra chegou ao fim [...] só agora posso explicar-lhes toda a situação.

As lições que vocês me mandaram não eram para mim, mas para uma jovem foragida. Essa garota foi presa e levada pelos alemães em agosto de 1944, e desde então não voltou. Meu endereço era apenas um disfarce. Os senhores devem entender que me é impossível continuar um curso com o qual na verdade nada tive a ver. Se a garota em questão retornar, certamente entrará em contato com os senhores, pois teve grande prazer com seus estudos.

Gostaria de pedir que informem o sr. A. Nielson sobre o caso. Sei que foi este senhor quem corrigiu as lições com muito empenho e se esforçou para tornar as aulas o mais interessantes possível...

Fico no aguardo, atenciosamente,

E. Voskuijl
Prinsengracht 263
Amsterdã

Em resposta, a empresa disse que deixaria de mandar as aulas, mas observou que havia uma conta de sete florins e cinquenta centavos em mensalidades a pagar. "Assim que recebermos essa parcela final, o curso terá sido pago integralmente."

Foi só isso. Sem condolências, sem violinos — apenas uma transação comercial.

Conexões perdidas

Bertus Hulsman esteve ao lado da minha mãe naquelas semanas dolorosas e incertas que se seguiram à invasão da Prinsengracht, mas, no outono de 1944, ele começou a se afastar. A piora das condições em Amsterdã o manteve na fazenda em Heino, onde se escondera dos alemães. Passou o Hongerwinter lá, e, em abril de 1945, a cidade foi libertada por soldados canadenses. Tomado pela emoção da vitória iminente, Bertus conheceu um jovem holandês que pretendia se unir aos fuzileiros navais dos Estados Unidos para lutar em Berlim.

Quando Bertus resolveu também se alistar, minha mãe se deparou com uma escolha: continuar esperando por ele, como tinha esperado todos aqueles meses, na expectativa de um dia poderem se casar e se assentar, ou desmanchar o noivado. O pai estava doente em fase terminal, mas ela o procurou em busca de conselho. Johan disse que, apesar de Bertus ser um bom homem, ela já tinha esperado o suficiente.

No final, as esperanças de Bertus de se juntar aos fuzileiros navais foram frustradas. A Alemanha se rendeu em 7 de maio de 1945. Bertus pensou que ainda poderia ser útil aos americanos lutando contra os japoneses. Mas, depois de passar alguns meses no limbo à espera de uma convocação, acabou em um acampamento para aspirantes a recrutas infestado de sarna na Antuérpia, onde soube das bombas atômicas lançadas sobre as cidades japonesas de Hiroshima e Nagasaki. Menos de um mês depois, a guerra acabou. Em setembro de 1945, Bertus voltou a Amsterdã, mas não tentou retomar o relacionamento com minha mãe, e nem mesmo entrar em contato com ela.

Foi difícil para mim ouvir Bertus falar sobre aquele período, pois ficou claro que, apesar de uma vida inteira ter se passado desde os eventos que descrevia, ele ainda sentia um enorme peso decorrente da culpa por ter deixado minha mãe. "Nós estávamos noivos, mas eu a abandonei, e isso lhe causou muita dor. Eu realmente não devia ter feito isso. Veja, eu fico arrepiado só de falar a respeito."

Bertus achou que precisava justificar suas ações para mim. "Naquela época a gente queria aventura, queria vingança contra os alemães, poder revidar. Eu estava no exército antes da rendição, estive sob todos os bombardeios de Roterdã com todas aquelas vítimas. E eu queria *fazer alguma coisa*."

Sobre sua volta a Amsterdã sem nenhum fruto dos seus esforços, ele me disse: "Eu me sentia envergonhado. Não conseguiria encarar Bep de novo".

Na primavera de 1945, Victor Kugler voltou para a Opekta. Sofreu terrivelmente numa sucessão de campos de prisioneiros nazistas, mas conseguiu fugir quando um grupo com que marchava foi metralhado por um caça Spitfire britânico. Contando com fazendeiros amigos que lhe deram abrigo, ele atravessou o interior da Holanda e voltou a sua cidade natal, Hilversum, onde se escondeu com sua mulher doente. Depois da libertação, voltou para a Opekta, retomou seu antigo emprego e tentou reavivar o romance com minha mãe.

Minha tia Diny me disse que, naquelas primeiras semanas de liberdade, Victor chegou a perguntar se minha mãe fugiria com ele para os Estados Unidos, para começar uma nova vida do outro lado do oceano. Minha mãe ainda tinha sentimentos por Victor. E, agora que Bertus havia rompido o noivado, ela estava desimpedida. Mas preferiu dizer para ele ir para casa ficar com a esposa.

"Ela realmente gostava do Kugler", me contou Diny. "Mas não conseguia acabar com um bom casamento. 'Existem escolhas na vida que a gente simplesmente não deve fazer.' Até hoje consigo lembrar dela dizendo isso."

Não posso dizer, depois de todos esses anos, que minha mãe cometeu um erro ao dizer não a Victor. Se tivesse ficado com ele, eu não estaria aqui para contar esta história. Mas acho que ela foi atormentada por muito tempo pela questão de como teria sido sua vida se tivesse dito sim. Diny disse que, anos depois, minha mãe às vezes ficava parada na cozinha quando um trem passava perto da nossa casa, desejando estar nele.

A sofrida esposa de Victor, Laura, finalmente morreu em 1952, e pouco depois ele se casou de novo e atravessou o oceano para começar uma nova vida, exatamente como havia planejado. Levaria muitos anos para ele e minha mãe se verem novamente.

14

TIO OTTO

Como poderei retribuir tudo o que essas pessoas fizeram?
OTTO FRANK, maio de 1945

Já mencionei esta estatística, mas vale a pena repetir: 75 por cento dos judeus holandeses foram assassinados no Holocausto, conferindo à Holanda a maior taxa de mortalidade entre os países da Europa Ocidental ocupados pelos nazistas. A maioria dessas mortes ocorreu antes de 6 de setembro de 1944, dia em que os residentes do Anexo Secreto chegaram a Auschwitz, depois de uma jornada infernal de 72 horas em vagões de gado.

A essa altura da guerra, a maquinaria do genocídio nazista, que vinha trabalhando com uma eficiência terrível, começava a desacelerar. Na verdade, os Frank, os van Pels e Fritz Pfeffer chegaram no último trem de Westerbork para Auschwitz. Mas esse fato não melhorou suas chances de sobrevivência. Apenas 127 dos 1.019 judeus a bordo daquele trem conseguiriam sair vivos dos campos de concentração.

Otto foi um deles. Ao chegarem em Auschwitz, ele e os outros homens do Anexo foram separados das mulheres e alocados no Bloco II, no campo principal de Auschwitz, conhecido como

Auschwitz I. Lá, foram obrigados a fazer trabalhos forçados: construir estradas, trabalhar como escravos nas minas, até mesmo descascar batatas quando estavam muito fracos para fazer qualquer outra coisa. Hermann van Pels foi o primeiro a morrer; machucou um dedo numa escavação no outono de 1944 e, incapaz de trabalhar com eficiência, foi morto nas câmaras de gás. Na mesma época, Fritz Pfeffer foi transferido para o campo de concentração de Neuengamme, no norte da Alemanha, onde morreu de uma infecção em 20 de dezembro.

Otto quase sucumbiu de exaustão. Um dia, em novembro de 1944, foi violentamente espancado pelo seu *Kapo* (detento supervisor). Passou os dois meses seguintes quase morrendo de fome na enfermaria do campo. Peter van Pels, que ocupava um cargo relativamente afortunado, no correio de Auschwitz, conseguia visitar Otto e levar sobras de comida. À medida que as tropas soviéticas se aproximavam, todos os prisioneiros de Auschwitz que ainda conseguiam andar foram evacuados para outros campos mais a oeste. Otto insistiu com Peter para se esconder com ele na enfermaria até os russos chegarem, mas ele achou que estava forte o suficiente para sobreviver à marcha da morte. E sobreviveu. Chegou a Mauthausen, na Áustria, onde foi forçado a fazer trabalho escravo em minas próximas, apesar da progressiva piora da sua saúde. Viveu o suficiente para ver as tropas americanas libertarem o campo, em 5 de maio de 1945, mas, segundo os registros do hospital do campo, morreu cinco dias depois de uma doença não especificada. Tinha dezoito anos de idade.

Quando foi libertado de Auschwitz, em 27 de janeiro de 1945, Otto Frank, juntamente com outros sobreviventes, foi alojado em uma escola inativa na cidade de Katowice, na Polônia, para se recuperar e ganhar forças para a longa viagem de volta a Amsterdã. Em Katowice, Otto conheceu uma holandesa chamada Rosa de Winter, que fizera amizade com sua esposa em Auschwitz. Rosa contou sobre os últimos dias de Edith: ela teve uma febre alta, foi mandada para a enfermaria e morreu "totalmente exaurida" em 6 de janeiro de 1945, três semanas antes de o campo ser libertado.

A última vez que viu Edith, Rosa escreveu mais tarde, "ela era um vulto".

Mesmo que em parte já esperasse essa notícia, Otto ficou arrasado. Escreveu à mãe: "Só pensar nas crianças é que me faz continuar".

Na primavera de 1945, Otto começou a volta para casa. Partiu da Polônia e viajou para o leste até a Ucrânia, depois para o sul em direção ao porto de Odessa, no Mar Negro, onde embarcou num navio a vapor que o levou através do Bósforo e do estreito de Dardanelos até o Mar Mediterrâneo. O barco atracou em Marselha no fim de maio, e Otto chegou em Amsterdã em 3 de junho. Sem lugar para ficar, foi morar com Miep e Jan Gies na Hunzestraat, na zona sul de Amsterdã. Lá, soube que Miep e minha mãe não tinham sido presas na batida e que Victor e Jo conseguiram sobreviver aos campos de prisioneiros nazistas. O Círculo da Opekta estava intacto; e então todos cerraram fileiras em torno do ex-chefe.

No dia seguinte, 4 de junho, Otto voltou ao escritório na Prinsengracht. Minha mãe se lembrava de como parecia "terrivelmente nervoso". Entrou no Anexo, mas mal conseguiu encontrar algum vestígio da antiga vida no espaço quase vazio. Notou cinco feijões marrons no chão do quarto de Peter, e os reconheceu como sendo de um saco de feijões secos que estourou quando o jovem tentou levá-lo para o sótão. Otto pegou os feijões, guardou-os no bolso e ficaria com eles até o dia da sua morte.

Em 5 de junho, seu segundo dia em Amsterdã, Otto foi para a Lumeijstraat passar um tempo com a família da minha mãe. Desde que a notícia da doença de Johan chegara ao Anexo, dois anos antes, ele queria prestar sua solidariedade. Agora finalmente podia fazer isso. Diny lembrou-se daquele momento, da presença quase espectral de um emaciado Otto na sala da frente, quando a família Voskuijl se reuniu ao seu redor. Ele descreveu como foi se despedir da mulher e das filhas no primeiro dia em Auschwitz, o caos no campo antes da libertação, o nervosismo e a miséria abjeta.

"Eu realmente prestei atenção em cada palavra", lembrou Diny.

Às vezes era difícil para ele falar, e a certa altura ficou tão emocionado que pediu licença e saiu de repente.

"Evocar memórias por duas horas foi muito doloroso", disse Diny. "Os eventos ainda eram muito recentes."

Apesar de a guerra ter acabado, aquele junho de 1945 foi talvez o mês mais cheio de ansiedade e temores da vida de Otto — aguardando notícias, nutrindo esperanças contra todas as probabilidades e percebendo como aquelas esperanças lentamente se esvaíam pelo ralo.

"Simplesmente não consigo pensar em como poderia continuar sem as crianças, já tendo perdido Edith", escreveu à irmã, Leni. "É muito perturbador escrever sobre elas. Naturalmente, continuo tendo esperança – eu espero, e espero, e espero."

Mas então a espera cessou. Em 18 de julho, ao verificar uma lista de vítimas dos campos na Cruz Vermelha, viu os nomes de Margot Betti Frank e Annelies Marie Frank. Alguém tinha desenhado uma pequena cruz preta ao lado dos nomes. Pedia-se aos sobreviventes do acampamento que desenhassem essas marcas ao lado dos nomes das pessoas que sabiam terem morrido. Otto perguntou quem tinha fornecido a informação, e obteve o endereço de Rebekka "Lien" Brilleslijper, uma holandesa de 32 anos que, junto com a irmã Marianne, apelidada de Janny, tentou ajudar Anne e Margot em seus últimos dias. Otto visitou as irmãs Brilleslijper na casa em que moravam em Laren, na Holanda do Norte, e elas contaram o que tinham visto.

No fim de outubro de 1944, Anne e Margot foram transferidas para o campo de concentração alemão de Bergen-Belsen. Na época, havia tantas pessoas chegando dos campos mais a leste que a maioria dos prisioneiros teve de se alojar em tendas, praticamente desprotegidos das intempéries. Todos quase morrendo de frio, de fome, e cheios de doenças, que se disseminaram rapidamente por conta da superlotação e da total falta de saneamento. Margot foi a primeira a sucumbir ao tifo, em fevereiro de 1945; Anne morreu alguns dias depois, poucas semanas antes do campo ser libertado por soldados britânicos.

A princípio, Otto não conseguiu processar a informação. Escreveu ao seu irmão mais novo, Herbert, que tentava não pensar muito no assunto. "Ninguém precisa saber como estou sofrendo por dentro. De todo modo, quem seria capaz de entender? Meus funcionários fantásticos aqui, mas só este pequeno grupo." Sobre esse período, Otto escreveu mais tarde em suas memórias: "Meus amigos, que tiveram esperança junto comigo, agora lamentavam comigo".

Minha mãe, que estava no pequeno grupo em torno de Otto, nunca na vida falou sobre o momento em que soube que Anne e Margot não voltariam mais. A única coisa que sabemos é que, nessa época, ela escreveu um cartão de condolências para a mãe idosa de Otto, Alice, em Basel, que sofreu muito com a perda de suas únicas netas. Esse cartão não sobreviveu, mas sabemos que Alice Frank respondeu de imediato, agradecendo a Bep por seu "delicado cartão".

Naquela época, Miep deu a Otto todas as páginas do diário de Anne encontradas por ela e minha mãe no Anexo. Por um tempo, Otto deixou de lado o maço de papéis e os cadernos. "Ainda não tenho forças para ler", escreveu à mãe em agosto.

Em 7 de novembro de 1945, Otto fez sua última visita ao meu avô acamado. Johan estava fraco demais para se levantar e apertar a mão do seu ex-chefe. Devia saber que seu tempo estava quase esgotado. Corre uma história na minha família de que Nelly, recém-retornada da Alemanha e morando na cidade de Gröningen, a duas horas de Amsterdã, foi chamada para visitar o pai nos seus últimos dias de vida — e que houve uma espécie de reconciliação entre eles. Minha tia Willy disse que foi a própria Nelly quem contou a ela: "O meu pai me perdoou".

"Perdoou pelo quê?", perguntei certa vez a Willy. Mas ela ignorou a pergunta.

Ninguém mais na minha família pôde confirmar se a reconciliação foi um fato, uma ilusão da parte de Willy ou talvez da própria Nelly.

Em 27 de novembro de 1945, Johan morreu em casa, na cama, aos 53 anos. Foi enterrado em Amsterdã em 1º de dezembro. Otto foi ao funeral. Não se sabe se Nelly também esteve presente.

O pai da noiva

O dia 15 de maio de 1946 marcou o sexto aniversário da ocupação alemã da Holanda. Foi também o dia em que meus pais se casaram.

Otto estava lá para conduzir a noiva. Às vezes sinto um nó na garganta só de pensar nesse fato. Fazia apenas um ano que tinha voltado de Auschwitz, um ano desde que soube ter perdido toda a família. Mas lá estava ele, forçando um sorriso enquanto posava para fotos com minha mãe vestida de noiva na porta do cartório municipal de Amsterdã. Como deve ter sido ser ele naquele momento, substituindo o pai da noiva, sabendo que suas duas filhas nunca celebrariam um casamento?

Além da dor, havia muita culpa. A situação econômica na Holanda dificultou a permanência da Opekta no mercado. No começo, Otto trabalhava principalmente para "me distrair", como disse à irmã Leni. Mas não era fácil. Praticamente não havia matéria-prima. A empresa estava perdendo dinheiro, mas precisava pagar o salário dos funcionários toda semana.

Otto estava tentando "construir uma nova vida em Amsterdã" — reconstruir seu negócio, se não para si mesmo, ao menos para as pessoas que o apoiaram. Mas havia semanas em que sentia vergonha por não poder pagar minha mãe e seus colegas. Todos entendiam a razão. Sabiam que Otto tentava o melhor possível naquelas circunstâncias difíceis. Mas ele achava que isso não era o suficiente. Pediu aos parentes na Suíça para mandarem dinheiro, roupas e alimentos para minha mãe e seus colegas de trabalho. E buscou maneiras criativas de manter a empresa à tona.

"Como poderei retribuir tudo o que essas pessoas fizeram?", escreveu aos seus parentes. "Aqui estou rodeado pelas pessoas que estiveram conosco diariamente quando estávamos escondidos, que arriscaram tudo por nós, apesar de todos os perigos e ameaças dos alemães. Quantas vezes Edith e eu insistíamos com as meninas para nunca esquecerem essas pessoas e para ajudá-las caso *nós* não voltássemos. Nós sabíamos que devíamos tudo ao pessoal."

Otto sentia-se grato a todos os ajudantes pelo que chamou de "sacrifício sem paralelo", mas era especialmente dedicado à minha mãe, talvez por ela ser tão jovem ou frágil, ou por ela própria ter perdido o pai recentemente. Provavelmente foi por isso que não pôde recusar quando ela pediu para Otto acompanhá-la ao altar.

Por mais penosa que a cerimônia possa ter sido para Otto, ele ficou feliz por minha mãe. Anne também teria ficado feliz por ela. Anne escreveu em seu diário que gostaria que Bep se casasse com "um homem que saiba valorizá-la". Bertus provavelmente era imaturo demais. Victor era casado. Mas Cor van Wijk deve ter parecido uma combinação ideal.

Um jovem vigoroso, com um nariz afilado e queixo forte, era otimista, energético e divertido. Formou-se como fabricante de móveis e, antes da guerra, abriu um pequeno negócio de estofamento e papel de parede em Amsterdã. Vinha de uma família honesta e trabalhadora, que já era próxima dos Voskuijl. Minha mãe era amiga da irmã dele, Rie. E, nos dias de insegurança e aflição que se seguiram à invasão do Anexo, Bep passou um breve período com a família van Wijk, caso os nazistas a procurassem em casa. Eles moravam na Joos Bankersweg, número 12, a dez minutos a pé da Lumeijstraat.

Na época, Cor estava em um campo de trabalhos forçados na Alemanha, mas, quando voltou a Amsterdã, depois da libertação,

Rie apontou Bep um dia quando passaram por ela na rua. "Olha, Cor, essa é a garota que dormiu no seu quarto!"

Os dois foram apresentados e, em poucas semanas, se tornaram inseparáveis. Cor se comportou como um perfeito cavalheiro. Tinha um grande coração e, assim como minha mãe, era afetivo e generoso. Ia buscá-la no trabalho na Prinsengracht todos os dias. Ganhou a afeição de Otto, que o levou pessoalmente num tour pelo Anexo Secreto. Cor ficou profundamente comovido com a história e maravilhado com o fato de Bep, apesar da natureza retraída, ter sido tão corajosa.

O casamento dos meus pais foi muito animado, devido ao tamanho da família Voskuijl e ao clima comemorativo que permeava a Amsterdã do pós-guerra; apesar de todas as adversidades da época, ninguém queria ficar de fora de uma festa depois de cinco anos de ocupação. Miep e o marido, Jan, estavam lá. Nelly Voskuijl também. Foi a primeira vez que ela e Otto ficaram cara a cara, e provavelmente a última. Minha tia Diny se lembra de Otto olhando fixamente para Nelly, tentando atrair seu olhar. Mas ela usava um grande chapéu de feltro caído, quase parecendo querer se esconder.

Otto conseguiu ficar até o fim da cerimônia, mas saiu abruptamente depois de posar para uma foto com Bep. Parecia perturbado. Talvez dominado pela emoção. Talvez não aguentasse estar na presença de Nelly. Otto ainda não tinha razões para suspeitar que ela havia traído sua família, mas sabia — porque minha mãe falava abertamente sobre isso no Anexo — que Nelly tinha trabalhado para o exército alemão e dos seus casos amorosos com nazistas.

Otto podia ser indulgente por natureza, mas pelo menos nos primeiros anos após seu retorno de Auschwitz ele queria descobrir a identidade da pessoa que traiu o Anexo. Certa ocasião, chegou a andar pela Prinsengracht tocando a campainha de todas as casas (bem como das ruas laterais) perguntando se os moradores sabiam que tinha havido pessoas escondidas no *achterhuis* do número 263.

"Todos os vizinhos mais próximos contaram a mesma história", disse Otto mais tarde. "'Sim', eles responderam, 'nós sabíamos o tempo todo que havia foragidos no Anexo.' Mas ninguém disse nada."

Mais histórias vieram à tona nos meses seguintes à libertação. O funcionário de uma loja de estofados vizinha disse ter ouvido vozes vindas do Anexo. O empregado de um armazém próximo ouvia água correndo pelos canos tarde da noite, quando o escritório deveria estar fechado. Otto e os outros perceberam que o anexo era tudo menos secreto. Diante desse fato, a única coisa surpreendente sobre a traição foi ter demorado tanto para acontecer.

A volta ao normal

Em 1947, depois uma década trabalhando na Opekta, minha mãe pediu demissão para constituir família. Já devia estar grávida; meu irmão Ton nasceu naquele mesmo ano. Outro irmão, Cok, chegou em 1948. Eu nasci em 1949. Nós morávamos numa casinha em Galileïplantsoen, na zona leste de Amsterdã, em frente a um lago onde patinávamos no gelo no inverno.

Minha mãe sempre evitava falar sobre a guerra, mas eu e meus irmãos sentíamos o legado daqueles anos na forma como ela economizava no que pudesse. Precisávamos limpar os pratos nas refeições. Comíamos tudo até não sobrar nada, como ela fazia quando almoçava no Anexo. Pão velho era transformado em mingau ou rabanada. As roupas eram remendadas e cerzidas. Apesar de não haver mais nazistas, Bep se mantinha tão vigilante e furtiva como nos tempos da ocupação, atenta a qualquer perigo, como se parte dela ainda vivesse aquela antiga vida dupla.

O nome Anne Frank não podia ser falado em casa. Isso se tornou uma regra não escrita, imposta pelo meu pai. A decisão de proibir qualquer menção ao Anexo baseava-se na solidariedade. Ele percebia o quanto minha mãe ficava perturbada quando alguém perguntava sobre a guerra, então considerou que era melhor não falar sobre isso.

"Não faça isso, Beppie", suplicava. "Você só vai se emocionar."

Ele não estava errado. Minha mãe se desfazia em lágrimas toda vez que tentava se lembrar do Anexo ou falar sobre Anne e Margot. No entanto, a regra imposta pelo meu pai teve o efeito de empurrar sua dor para o subsolo. À medida que os anos passavam, ela ficava cada vez mais relutante em desenterrar o assunto, mesmo com parentes mais próximos.

"Normalmente, quando eu perguntava alguma coisa sobre o Anexo, ela ficava muito tempo pensando e acabava não dizendo mais do que uma ou duas palavras", lembrou minha tia Diny. "Dizia que preferia não falar sobre aquilo por ter sido muito terrível. E não se falava mais disso."

Embora meu pai não quisesse ver minha mãe sobrecarregada pelo passado, sua posição era complicada pelo fato de ele querer muito que o mundo exterior a reconhecesse pelo que havia feito. Quanto mais a fama de Anne Frank aumentava, mais ele se irritava com o fato de Miep Gies e os outros guardiões do Anexo receberem mais atenção do que ela.

Quando Otto nos visitava, contava à minha mãe as últimas notícias sobre o diário: os diversos documentários, as entrevistas e memoriais dos quais minha mãe não queria participar. Cor marinava em silêncio na sensação de que a esposa estava sendo escanteada. Isso chegou ao auge no fim dos anos 1950, quando o filme de Hollywood sobre o diário se tornou um sucesso global. Minha mãe, meu avô e Jo Kleiman foram apagados da história; Miep foi identificada pelo nome e Kugler por seu pseudônimo da primeira edição do diário, como sr. Kraler.

Quando Otto nos visitava naquela época, meu pai mal conseguia conter seu ressentimento. Os muitos comentários sarcásticos que fazia em voz baixa deixavam minha mãe terrivelmente ansiosa, o que muitas vezes a fazia ter enxaqueca no dia seguinte. Meu pai sabia do efeito que causava nela, mas não conseguia ou não queria manter a boca fechada.

O velho e o mar

Minha lembrança mais nítida de Otto Frank é a do verão de 1963. Eu tinha treze anos quando fui com minha mãe numa viagem a Noordwijk, uma cidadezinha turística cerca de cinquenta quilômetros a sudoeste de Amsterdã, no Mar do Norte. Era um dia quente de agosto, e *ome* (tio) Otto, como eu o chamava, esperava por nós no terraço de um hotel de luxo.

Um colar de grama alta separava o calçadão da praia, lotada de barracas listradas e gente tomando sol. Bandeiras holandesas tremulavam ao vento, e havia um farol no fim do calçadão. Era a Holanda pacífica da minha infância, e naquela época eu não fazia ideia de que aquela praia tinha sido intensamente fortificada pelos nazistas e de que logo depois do farol havia trincheiras e casamatas, resquícios das defesas da Muralha do Atlântico. A maioria dos canhões foi desmontada e algumas casamatas, cobertas de areia. A praia tentava seguir em frente, assim como o país.

Otto não tinha mudado muito em comparação às fotos de jornal que vi no álbum de recortes do início dos anos 1950 que minha mãe mantinha; reconheci seu sorriso benevolente, o bigode-vassoura e os olhos tristes e brilhantes. Mas agora, com setenta e poucos anos, as sobrancelhas estavam brancas e a cabeça calva tinha manchas de sol.

Otto adorava o sol. No verão, gostava de marcar encontros com jornalistas e admiradores ali, ao ar livre, com a brisa do mar soprando no grande terraço. Talvez o fato de estar num espaço aberto, livre e inundado de luz, de alguma forma tornasse mais fácil falar sobre aqueles dias sombrios do confinamento.

Minha mãe me explicou que tio Otto era "uma pessoa importante". Celebridades e políticos queriam tirar fotos ao seu lado. Estudantes mandavam milhares de cartas. Ele fazia o possível para responder a todas. Muitos só queriam agradecê-lo — por não desistir da humanidade, por contar a história da filha para o mundo. Otto tinha se mudado para a Suíça — o peso do passado em Amsterdã era demais para suportar —, mas voltava com frequência à Holanda por conta do seu trabalho relacionado aos direitos humanos ou para visitar a Casa de Anne Frank, aberta ao público em maio de 1960. Apesar da agenda lotada, sempre arranjava tempo para nos encontrar e saber sobre a minha mãe.

Otto percebeu que havia algo de errado com ela assim que chegamos. Ele a pegou pela mão e ficou ouvindo em silêncio enquanto ela falava em voz baixa. Não sei exatamente o que foi dito. Lembro que ela mencionou o nome da irmã — Nelly —, mas não muito mais do que isso. A certa altura, saí para ir ao banheiro. Quando voltei ao terraço, vi minha mãe chorando. Otto decidiu que eu não deveria estar lá; talvez por preferir que eu não ouvisse o que estava sendo dito, ou talvez só quisesse dar a ela algum espaço.

Fez um sinal para minha mãe parar de falar. Em seguida me deu um dinheiro de presente pelo meu aniversário, que seria em setembro. Saí correndo pelo calçadão, todo contente, para comprar um presente para mim mesmo. Não demorei muito para encontrar: uma grande pipa chamada *Groene Valk* (Falcão Verde).

No fim da tarde, tio Otto me mostrou como empinar a pipa. A essa altura já estávamos na praia. Minha mãe relaxava numa cadeira de praia, nos vendo brincar. Pude perceber por que ela confiava em Otto — ele era tão bondoso e paciente que o considerei capaz de entender quase tudo. Perguntei por que minha mãe sempre chorava perto dele.

Ele sorriu. "Porque ela ama a minha família e a mim", respondeu.

Depois falou para eu continuar brincando com o meu presente e voltou para onde estava minha mãe. Vi os dois rirem juntos antes de voltar minha atenção para o Falcão Verde. Lembro-me de sentir uma onda de orgulho naquele momento. Talvez por minha mãe ser tão próxima de uma pessoa tão especial, ou pode ter sido apenas por conseguir empinar a pipa sozinho.

Problemas em casa

O aniversário do meu pai caía na véspera de Natal. Apesar dos esforços da minha mãe, quase sempre era uma ocasião infeliz. Ela preparava um peru assado, enfeitava a mesa, usava nossa melhor porcelana, embrulhava presentes. Papai não precisava de uma ocasião especial para se embebedar, mas nos feriados bebia até desmaiar. Não era uma questão de *se* a noite iria azedar, mas de *quando* iria azedar.

Lembro-me de um desses aniversários em particular. Foi em 1962, quando ele fez 43 anos. A noite estava extraordinariamente aconchegante. Tínhamos acendido o aquecedor a óleo, minha mãe e meus irmãos estavam de bom humor, dando risada, enquanto meu pai enchia a cara de gim. Porém, a certa altura da noite, papai cismou que estávamos rindo dele. Era sempre um deslize minúsculo, praticamente inexistente, que se insinuava no seu cérebro avinagrado. Ele explodiu sem aviso, levantou da mesa num acesso de fúria e puxou a toalha, derrubando a comida e todos os pratos no chão.

Gritei quando ele investiu contra minha mãe e começou a xingar. Christina, minha *oma* (avó), de 63 anos, estava conosco naquela noite e logo entrou em ação, afastando meu pai da minha mãe. Aquela mulher tinha vivido um inferno, e não iria se amedrontar com um chilique do genro bêbado.

"Você quer brigar, Cor? Vamos lá!", bradou, arregaçando as mangas num gesto que teria sido engraçado se ela não estivesse falando sério. "Pode vir!"

Fiquei apavorado. Mas minha mãe manteve a calma. Nunca vou esquecer a maneira como reagiu. Tirou os óculos, desligou o aquecedor a óleo e pegou os filhos. Num piscar de olhos, tinha avaliado todos os riscos e estava tentando minimizar. Ter nos usado como escudo foi uma jogada inteligente; surtiu o efeito de neutralizar a raiva do meu pai, deixando-o com vergonha de si mesmo. Mais tarde naquela noite, depois de o papai desmaiar, eu e minha mãe trocamos olhares. Ela deixou um pequeno sorriso escapar dos lábios. A mensagem foi de que ela estava no controle, que, acontecesse o que acontecesse, eu não precisava me preocupar.

Apesar das muitas falhas de caráter do meu pai, na verdade eu sentia pena dele. Era uma pessoa alegre por natureza, porém mal preparado para ajudar minha mãe a processar sua dor. Trabalhava duro para sustentar a família, às vezes aplicando papel de parede em cinco ou seis cômodos por dia. Chegava em casa exausto e "se proporcionava" três doses de destilado, que tomava sofregamente antes do jantar. Às vezes acho que bebia para lidar com minha mãe, que muitas vezes passava dias se sentindo triste e perdida, deixando-o isolado.

O casamento dos dois começou bem, mas as rachaduras surgiram no fim dos anos 1940, e, conforme o relacionamento se deteriorava, minha mãe passou a se retrair cada vez mais. Nos anos 1950, começou a sondar as raízes da sua dor. Passou a escrever longas cartas a Otto e aos outros membros do Círculo da Opekta, tentando entender o que havia acontecido. Mas tudo aquilo parecia apenas abrir velhas feridas.

"Eu estou encalacrada de novo", ela às vezes me dizia.

Agora acho que queria dizer que estava de volta ao Anexo, repassando os acontecimentos, remoendo sobre tudo aquilo. Eu não conseguia entender o que a torturava tanto. Claro, o que aconteceu com Anne Frank e os outros foragidos foi horrível, mas o que mais ela poderia ter feito? Será que não poderia se dar uma folga? Não poderia se orgulhar de ter conseguido manter parte da sua humanidade, de ter sido corajosa diante de tamanha barbárie? Apesar de às vezes ela dizer que ela e os outros ajudantes tinham "fracassado" em seus esforços para manter o Anexo em segredo, ninguém a culpava pelo que acontecera, pela maneira como tudo terminou. Ao contrário, o mundo estava disposto a *homenageá-la*, se ela assim permitisse.

"Por que você fica sempre tão triste quando pensa naquela época?", perguntei a ela quando tinha dez anos de idade. "O que você fez foi simplesmente lindo."

Minha mãe começou a chorar. "Meu menino querido... essa dor nunca vai sair do meu coração."

Ao ver as lágrimas escorrendo pelo rosto dela, meu pai perdeu a paciência. "Joop, você não vê que ela não aguenta falar sobre isso?"

Por volta daquela época, percebi que minha mãe costumava chorar baixinho pela manhã, sentada à sua escrivaninha na sala de estar. Com o passar das semanas e com ela parecendo cada mais desolada e desamparada, comecei a prestar mais atenção e a pensar no que poderia fazer.

Numa manhã de sexta-feira, no inverno de 1959, nós dois estávamos sozinhos em casa. Meu pai tinha saído cedo para trabalhar e meus irmãos já estavam na escola. Pensei ter ouvido os sons de choro habituais vindos do quarto da minha mãe. Tentei ignorá-los — lamento dizer que eles estavam se tornando bastante rotineiros naquele período —, mas o choro foi logo substituído por um gemido queixoso, quase como se ela estivesse sentindo alguma dor física. Corri para o quarto, mas ela não estava lá. Em seguida, verifiquei nosso banheirinho.

Ela estava sentada na borda da banheira, em frente à pia, chorando. Com a boca cheia de pílulas brancas para dormir. Eu a levantei sem pensar. Só sabia que precisava tirar aquelas pílulas da sua boca. Muitas caíram na pia, mas não consegui tirar todas, então enfiei o dedo na garganta dela, fazendo-a vomitar. Ajudei-a a sentar de novo na banheira, onde ficamos chorando juntos por um longo tempo. Logo depois ela cambaleou até a cama. E só me disse: "Não conte nada ao seu pai nem aos seus irmãos".

Não devo ter tirado todos os comprimidos, porque ela logo caiu num sono tão profundo que eu mal conseguia sentir sua respiração. Não fui à escola e fiquei ao lado dela o dia todo. Ainda continuava dormindo quando meu pai chegou à noite para jantar. Expliquei que ela estava com enxaqueca de novo e tinha ido dormir mais cedo. Tentei fazer cara de corajoso, agir como se estivesse tudo normal, mas por dentro ainda chorava, com medo de ela nunca mais acordar.

É uma coisa estranha para uma criança de dez anos pensar, mas naquele dia eu soube que minha infância tinha acabado. Algo radical e irrevogável havia ocorrido, mesmo que eu não fosse capaz de processar totalmente o significado daquele ato ou por que ela se sentira impelida a cometê-lo.

Na segunda-feira, minha mãe escreveu um bilhete para levar à professora explicando que eu tinha faltado na sexta-feira porque estava doente. Disse que eu precisava manter o que tinha acontecido "entre nós", que seria o "nosso segredo". Mantive minha promessa, tanto que, anos depois da morte da minha mãe, quando eu já tinha sessenta anos e finalmente decidi desabafar sobre o fato com meus irmãos, eles tiveram dificuldade em acreditar. "Nossa mãe nunca faria isso", um deles me disse.

Depois daquela tentativa de suicídio, minha mãe começou a me contar algumas coisas. Uma confiança secreta se desenvolveu entre nós. Ela me levava ao antigo escritório na Prinsengracht, a Casa de Anne Frank, e me contava histórias sobre o Anexo. Quando os visitantes ficavam sabendo quem ela era, o que havia feito, faziam perguntas e eu via com que atenção eles ouviam suas respostas. Comecei a ver minha mãe sob uma nova óptica, como uma pessoa rara, mas muito machucada, alguém que precisava e merecia cuidados especiais.

Na primavera de 1960, alguns meses depois de a minha mãe atentar contra a própria vida, notei que estava ganhando peso e se cansando com mais facilidade. Ela me contou que iria ter outro filho, aos quarenta anos. Ia frequentemente ao médico durante a gravidez. Tinha pressão alta e problemas renais. Não comentou sobre nada disso, mas ficou claro que não estava preparada, nem física nem mentalmente, para ter outro filho. Meu pai era mais otimista.

"Deus, que finalmente seja uma menina!", dizia. "Vamos dar a ela o nome de Anne."

Minha irmã nasceu em casa, na madrugada de 13 de novembro de 1960. O médico não deixou meu pai ficar no quarto durante o parto, e nós dois ficamos esperando juntos no sofá. Os gritos terríveis da minha mãe começaram na noite anterior. Ela perdera uma quantidade perigosa de sangue no trabalho de parto. Em vários momentos, pude ouvir o médico gritando mais alto que ela, mandando empurrar com mais força. Fiquei um pouco mais tranquilo com o fato de a minha avó Christina, que se tornou parteira depois da morte de Johan, estar no quarto para ajudar.

Enquanto a agonia da minha mãe continuava, fiquei chocado ao ver a reação do meu pai. Ele parecia totalmente indiferente à dor dela, só mostrando impaciência para saber o sexo do bebê. Quando Anne finalmente nasceu, às seis e cinco da manhã, ele explodiu de alegria. Vestiu o casaco por cima do pijama e saiu correndo de casa, espalhando a notícia pela vizinhança: "Eu tive uma filha!".

Eu não conseguia entender a contradição entre os dois: de um lado, um pai feliz; do outro, uma mãe que poderia estar morrendo, que um ano antes tinha tentado acabar com a própria vida.

Envelopes pardos

Não faço ideia se Otto sabia sobre a luta da minha mãe contra a depressão, mas ele sempre pareceu preocupado com ela: consolando-a, segurando-a pela mão. Ouvia quando ela chorava. Tentava fazê-la rir, como naquele dia de verão em Noordwijk. Também a ajudava financeiramente, muito depois de ela ter se aposentado da empresa.

Em uma de suas muitas visitas à nossa casa, quando minha mãe estava grávida da minha irmã, Otto enfiou um envelope pardo entre o braço e a almofada do assento da poltrona onde minha mãe estava sentada. Eu tinha sido mandado para fora da sala, mas fiquei espiando a cena do corredor.

"Mãe, o que é aquele envelope?", perguntei depois.

Ela ficou vermelha e me disse que não era importante. Não satisfeito com a resposta, pressionei-a para obter mais informações, e ela finalmente decidiu me mostrar onde tinha escondido o envelope, no armário de roupas de cama. Continha uma grande quantia em dinheiro, explicou, cerca de 5 mil florins (equivalente a 20 mil dólares, hoje). "Não quero que você conte isso a ninguém, mas esse dinheiro é para tempos difíceis, se o seu pai ficar desempregado. Você é o único a quem estou contando isso, para o caso de acontecer alguma coisa comigo."

Mais tarde eu e Jeroen encontramos cartas escritas a Otto pela minha mãe, agradecendo os presentes em dinheiro. Em uma carta de 1957, revelava que meu pai tinha pedido dinheiro a Otto sem ela saber, algo que claramente a deixou muito constrangida.

> Caro sr. Frank,
>
> Recebemos seu cheque de quinhentos florins; mais uma vez, quero expressar nossos sinceros agradecimentos. Como disse ao telefone, Cor fez esse pedido sem me avisar... Só soube depois que ele o visitou [...] Fico muito grata por ter nos ajudado

financeiramente mais uma vez, embora deva dizer que ao mesmo tempo me sinto incomodada com todo esse dinheiro. No entanto, se é o seu desejo, devo aceitar. Só espero não ficar doente de estresse, pois isso certamente não fará bem à minha família. De qualquer forma, espero que Cor lhe pague toda a dívida, e gostaria de pedir que não mande mais dinheiro. Espero realmente algum dia poder retribuir toda a sua ajuda.

Muitas das cartas da minha mãe para Otto são em tom de desculpas. Em outra carta, após um encontro em junho de 1960, minha mãe escreveu: "Simplesmente não consigo deixar de pensar no fato de não ter contido minhas lágrimas naquela manhã, nem mesmo depois de terem formado uma poça". Otto havia lhe dado uma "grande quantia em dinheiro", um presente para a futura mamãe que provavelmente a pegou de surpresa. Mas, como meu pai podia ser extremamente generoso — em geral com os amigos, especialmente depois de beber um pouco —, ela preferia manter o presente em segredo do marido.

> Depositei imediatamente o dinheiro na nossa conta-poupança. Como não havia outro jeito, contei à minha mãe e a Cor que tinha recebido uma pequena quantia e eles acharam ótimo. Eu preferiria contar a verdade a Cor, mas acho melhor não fazer isso em vista do seu comportamento por vezes generoso [...] Não preciso dizer o quanto somos infinitamente gratos, sr. Frank. Sei que não gosta que eu escreva sobre isso, mas ainda acredito ser necessário falar a respeito. Simplesmente não consigo separar sua pessoa de tudo o que aconteceu.

Considero a última frase particularmente significativa — a incapacidade da minha mãe de separar sua amizade com Otto da lembrança do que ele havia perdido. Otto devia achar que ajudar minha mãe financeiramente era o mínimo que podia fazer, levando em conta tudo o que ela tinha feito pela sua família.* Contudo, num nível profundo, minha mãe sentia que havia "fracassado" com ele, como costumava dizer, e não conseguia suportar a ideia de receber dinheiro por esse fracasso. Acabava aceitando porque precisava, e porque nunca poderia dizer não ao homem que se tornara um segundo pai para ela.

Mas acredito que os presentes sempre a incomodaram um pouco.

Na noite em que minha mãe me mostrou o dinheiro no armário de roupas de cama, eu tive problemas para dormir. Não conseguia deixar de ouvir as palavras dela na minha cabeça: *para o caso de acontecer alguma coisa comigo*. Parecia um mau presságio. Enquanto rolava na cama, meus pais começaram uma briga terrível. Ao ouvir os dois gritando um com o outro, minha preocupação se transformou numa espécie de fúria. Como eles não paravam, alguns minutos depois levantei da cama e corri para o quarto deles.

A intensidade da raiva entre os dois, a grosseria gratuita do meu pai, a reticência e a teimosia da minha mãe, os segredos idiotas que ela guardava — tudo aquilo de repente me deixou revoltado. O quarto estava trancado, como sempre ficava quando eles queriam privacidade, mas tentei arrombar a porta com toda a força dos meus punhos de onze anos de idade. No mínimo, minha explosão os fez se acalmarem naquela noite.

Vi tio Otto dar à minha mãe envelopes pardos daquele tipo em pelo menos mais duas ocasiões. Graças aos direitos autorais do livro

---

* A gratidão de Otto para com os ajudantes do Anexo o levou a recomendar Bep, Miep e Jan Gies, Victor Kugler e Jo Kleiman para o título de Justos entre as Nações, concedido pelo Memorial Yad Vashem do Holocausto, em Israel. Esse título reconhece não judeus que ajudaram de forma altruísta o povo judeu durante a guerra. Em janeiro de 1973, Bep recebeu um certificado e uma medalha do embaixador de Israel em Haia.

do diário de Anne, Otto estava bem de vida. Hospedava-se em bons hotéis, ia de táxi para todos os lugares e sempre chegava trazendo presentes. Mas nunca foi descuidado com dinheiro.

"O dinheiro era de Anne, não dele", disse seu genro, Zvi Schloss. "Esse foi o sentimento dele até o dia da sua morte."

Em vista do quanto Otto se via como o guardião do legado da filha, acho que seus presentes para minha mãe eram ainda mais significativos do que pareciam. Ele acreditava que ajudá-la seria um desejo de Anne. E gosto de pensar que, por mais que tenha salvado Otto durante a guerra, minha mãe também acabou sendo salva por ele.

15

NEGACIONISMO

Quando eu era criança, Anne Frank já era mundialmente famosa, mas minha mãe se escondia das câmeras. Não era algo particularmente difícil para ela. Mesmo tendo sido uma presença constante no Anexo Secreto e a mais próxima de Anne entre todos os ajudantes, pouca gente sabia quem ela era ou o seu papel na história. Minha mãe foi esquecida desde o dia da invasão, primeiro pelos nazistas, que nunca a interrogaram (como fizeram com seus três colegas), e depois pela polícia holandesa, que não se deu ao trabalho de ouvi-la na primeira investigação oficial sobre a traição do Anexo Secreto, no fim dos anos 1940.* Quando a peça teatral e o filme baseados no diário de Anne foram lançados, o personagem da minha mãe foi apagado, e muito do que ela fez, atribuído a Miep.

No entanto, a partir de meados dos anos 1950, um punhado de jornalistas e historiadores que estudavam o Anexo Secreto

---

* Por razões desconhecidas, Bep foi a única dos ajudantes a não ser interrogada pelo Politieke Recherche Afdeling (Departamento de Investigação Política) da polícia de Amsterdã, responsável pela investigação em 1947-1948. Mais tarde, Miep Gies chamaria isso de "um grave erro por parte da polícia".

começaram a descobrir que minha mãe era uma testemunha importante e a contataram em busca de mais informações sobre a história agora tão famosa. Na maioria das vezes, saíam desapontados. Normalmente ela se recusava a falar. E, nos poucos casos em que concordou com uma entrevista, não conseguiu conter as lágrimas e falou pouco mais além do que já se sabia.

O fato de ser agora uma pessoa com quem os jornalistas queriam falar foi um choque incômodo para minha mãe. Não conseguia acreditar em quanta coisa havia acontecido desde 25 de junho de 1947, o dia em que o diário de Anne foi publicado pela primeira vez em holandês. A primeira edição, impressa em papel jornal barato, teve uma tiragem de apenas 3 mil exemplares. Contrariando todas as expectativas, o livro sumiu das prateleiras. Otto teve o cuidado de enviar exemplares para familiares, amigos e pessoas mencionadas no diário. Assim, não só minha mãe recebeu o livro com uma dedicatória pessoal, mas também minha avó Christina.

"Ao lhe enviar agora o *Het Achterhuis*, estou pensando particularmente no seu marido, que sempre foi um grande apoio para nós, e em Bep, que se harmonizou com Anne de uma maneira especial", escreveu Otto a Christina. "Que este livro conte algo sobre os anos difíceis que todos nós vivemos. Será também uma lembrança de todos aqueles que não voltaram e que todos vocês conheceram."

Minha mãe se sentiu curiosa sobre o que Anne escreveu no diário. Mas demorou muito para abrir o livro, e sua dor a impedia de ler mais do que algumas páginas de cada vez.

"Ela foi subjugada por tudo o que se passava pela sua cabeça", disse Diny. "Tinha sentimentos muito conflitantes. Por um lado, o diário a fazia reviver as desgraças da guerra; por outro, a fazia se lembrar dos lindos acontecimentos do Anexo."

Minha mãe deve ter discordado de algumas coisas escritas por Anne. Mas conhecia a autora e entendia que muitas dessas coisas tinham sido escritas num momento de ressentimento ou como resultado da sua imaginação de adolescente à solta. Sua impressão geral do livro confirmou a sensação que teve pela primeira vez na noite da festa do pijama no Anexo, quando Margot leu uma das histórias de Anne. Agora ela sabia que o diário era o registro de uma jovem e brilhante escritora encontrando sua voz.

Por mais surpreendente que o diário tenha parecido a minha mãe, a publicação pareceu um pequeno evento, restrito ao seu círculo íntimo de Amsterdã. Só quando o livro foi traduzido para o alemão, o inglês e o francês, nos anos 1950, foi que ela começou a perceber que estava acontecendo algo especial. Comprava todas as novas edições assim que saíam. Também fez álbuns de recortes com artigos de jornal, reportagens fotográficas e resenhas, acrescentando ainda muitos comentários manuscritos.

Como observou meu irmão Cok, mesmo que ela relutasse em falar sobre o Anexo, "a história de Anne sempre esteve na sua mente". No entanto, à medida que era lida por um público maior, comovendo cada vez mais gente, minha mãe começou a perceber que a história não pertencia mais só ao Círculo da Opekta, mas ao mundo em geral. Ela, Otto e Miep começaram a sentir que "o legado de Anne Frank" tinha de ser protegido dos que buscavam lucros e ganhos financeiros, ou dos que queriam difamá-lo por suas próprias razões ideológicas distorcidas.

Isso ficou claro quando minha mãe teve um encontro com o jornalista holandês Bob Wallagh, em dezembro de 1958. Na época, Wallagh estava trabalhando num livro para capitalizar o interesse público criado pela adaptação cinematográfica da peça *O diário de Anne Frank*. Queria "informações privilegiadas" sobre Anne de alguém que a conhecia. Primeiro entrou em contato com Miep, que explicou que Bep "sabia mais sobre Anne" e deu o número do telefone da minha mãe.

Minha mãe preferia que Miep tivesse pedido permissão antes de dar seu telefone, mas "não viu nenhum mal" em falar com Wallagh. Porém, durante a entrevista, teve uma sensação de desconforto.

Wallagh parecia não saber muito sobre a história que estava investigando. Tinha resolvido escrever seu livro recentemente, e ainda nem se dera ao trabalho de assistir à peça. Minha mãe considerou suas perguntas sobre Charlotte Kaletta, a viúva ainda viva de Fritz Pfeffer, particularmente indiscretas.

Dois dias depois, ela escreveu uma longa carta a Otto, dizendo que não conseguira dormir desde a conversa com Wallagh. Não suportava ver a história de Anne transformada em mercadoria e não queria participar de tal empreendimento. Disse a Otto, o mais educadamente possível, que preferia não continuar fazendo esse tipo de entrevista. Era doloroso demais. Preferia "se distanciar de tudo" — não só dos jornalistas, mas também da participação em estreias e recepções. Mesmo as supostas "coisas agradáveis", ela achava "enervantes".*

Em 1956, Otto apresentou minha mãe a alguns admiradores americanos de Anne, mas, quando eles sugeriram se encontrarem para um chá, ela não aceitou, dizendo que ficaria "sem palavras" se precisasse falar sobre o Anexo. Desculpou-se com Otto por sua índole: "Espero que não me culpe [...] Eu simplesmente não sou uma mulher do mundo".

Qualquer pessoa que se aproximasse da minha mãe perceberia que ela não se sentia uma heroína, achando que suas lembranças do Anexo Secreto não deveriam ser registradas. Preferia apagar tudo. Certa vez, quando foi levada a compartilhar com Otto algumas lembranças pessoais de Anne, pediu que ele mantivesse sua carta confidencial, traçando uma linha demarcatória entre seu desejo de privacidade e o desejo de reviver Anne por meio de suas palavras.

---

* Apesar de suas reservas, Bep compareceu à estreia holandesa do filme *O diário de Anne Frank*, em 1959, onde conheceu a rainha Juliana da Holanda. Embora inicialmente nervosa, sentiu-se "à vontade" com a "humildade" da rainha, segundo disse a Otto, e as duas tiveram uma boa conversa sobre como realmente era a vida no Anexo Secreto.

"Espero que guarde tudo para si, pois eu não sou Anne Frank", escreveu.

Procurando pelo em ovo

Como achava terrivelmente doloroso falar sobre o Anexo Secreto — para jornalistas, para leitores comuns do diário e até mesmo para a própria família —, minha mãe costumava se esquivar de falar publicamente sobre seu papel no drama. Mas havia uma exceção à regra: quando se tratava de enfrentar os negacionistas do Holocausto.

Em 1958, dois moradores da cidade alemã de Lübeck — um professor do ensino médio chamado Lothar Stielau e um simpatizante do neonazismo chamado Heinrich Buddeberg — afirmaram publicamente que o diário de Anne era uma ficção, forjada por "certos círculos" em um ato de "incitação ao ódio contra o povo alemão". Otto os processou por difamação, e no julgamento que se seguiu minha mãe foi convocada pelo tribunal distrital de Lübeck a prestar depoimento confirmando que o diário de Anne foi escrito pela jovem enquanto estava foragida.

A resposta da minha mãe ao pedido do tribunal foi clara: "Podem contar comigo. Acredito que meu conhecimento da língua alemã será suficiente".

Nesse caso, seu depoimento e os de outras testemunhas foram decisivos. Depois de cinco horas de deliberação, os réus reverteram sua posição anterior e declararam que o inquérito os havia convencido da autenticidade do diário "além de qualquer dúvida". Como resultado, as acusações de difamação contra os dois foram retiradas. Otto ficou satisfeito, mas é claro que os ataques contra o diário e contra ele pessoalmente não pararam por aí.

Algumas calúnias, percebeu, era melhor deixar sem resposta. "Estou chocado que você, como pai, tenha publicado tal coisa", dizia uma carta que recebeu em 1959. "Mas isso é típico dos judeus. Você tenta encher os bolsos com o cadáver fétido da própria filha. Que bênção para a humanidade se tais criaturas tivessem sido exterminadas por Hitler."

Com o passar dos anos, os ataques contra a legitimidade do diário tornaram-se mais sofisticados. No fim dos anos 1970, Robert Faurisson, um ex-acadêmico franco-britânico negacionista do Holocausto, gerou muita controvérsia ao escrever artigos e livros tentando contradizer a verdadeira história do Holocausto. Desgastar a legitimidade do diário de Anne era fundamental para o seu projeto. No início de sua pesquisa sobre o Anexo Secreto, ele conseguiu se encontrar, sob falsos pretextos, com Otto Frank, Miep Gies e com minha mãe.

Em seu repugnante livro *Quem escreveu O diário de Anne Frank?*, Faurisson afirmou que minha mãe foi "totalmente incapaz" de recordar detalhes importantes sobre o Anexo Secreto, e por isso era impossível que tivesse passado 25 meses cuidando dos foragidos no local. Sugeriu que a história era uma farsa e que os Frank tinham vivido livremente na Prinsengracht.

Minha mãe escreveu mais tarde que Faurisson "não estava nem um pouco interessado nos verdadeiros eventos daqueles dias [...] Estava apenas querendo chamar a atenção, procurando pelo em ovo, por assim dizer".

Com o passar dos anos, outros teóricos da conspiração entrariam em cena. E sempre cabia aos ajudantes sobreviventes e a Otto enfrentá-los, o que muitas vezes os colocava na posição desconfortável de insistir, repetidamente, que algo que eles desejavam que nunca tivesse acontecido havia acontecido de fato. Isso os afetava emocionalmente. Em 1980, quando a legitimidade do diário foi mais uma vez questionada por motivos espúrios, o jornalista Jos van Noord, do jornal holandês *De Telegraaf*, telefonou para Miep Gies, que começou a chorar. "Como eles se atrevem a questionar a autenticidade de novo?", perguntou. "Graças ao diário de Anne, os foragidos do Anexo retratam a única família entre todos os 6 milhões de vítimas judias anônimas que não se perderá no esquecimento."

O novo mundo

No fim dos anos 1970, algo mudou no relacionamento da minha mãe com o mundo exterior. Não ficou exatamente mais fácil falar sobre o Anexo, mas ela se dispôs a superar a dor e o desconforto que sentia ao se manifestar. Estava vivendo um dos raros períodos de boa saúde. Parecia mais relaxada nas fotos. E assumiu um papel mais assertivo no seu casamento. Em vez de se deixar intimidar pelo meu pai, passou a seguir o exemplo da mãe e lutar. Certa vez, chegou a derramar um copo de água fria na cabeça dele para impedir uma explosão de embriaguez.

Também passou a ser mais assertiva em entrevistas sobre o Anexo. Em 1978, em entrevista ao jornal holandês *Trouw*, reclamou dos muitos mitos criados em relação ao diário devido à ignorância e ao desleixo da imprensa. "Ninguém nunca nos perguntou: como vocês encontraram esse diário? Todo mundo que escreveu sobre isso inventou a própria história", declarou.

Também em 1978, minha mãe resolveu, pela primeira vez na vida, viajar para outro continente. Queria visitar seu velho amigo Victor Kugler, que tinha se casado de novo, com uma holandesa chamada Loes (ou Lucy) van Langen, e se estabelecido em Weston, um pequeno bairro de Toronto com uma grande comunidade holandesa. Por conta da fama do diário, ele se tornou uma pequena celebridade local. Costumava aparecer no jornal, era convidado por escolas locais para falar sobre a Segunda Guerra Mundial, e logo haveria uma biografia e um documentário sobre ele.

Na maioria das vezes, Victor gostava da atenção, mas impôs um limite quando alguns conhecidos quiseram organizar um "Dia de Victor Kugler" em sua homenagem. Pelas muitas respostas de Victor às cartas da minha mãe, sei que eles se corresponderam com frequência depois de ele ter saído da Holanda, no começo dos anos 1950. Mas apenas uma das cartas da minha mãe para Victor foi preservada. Nessa carta, de 1959, ela falava do próprio passado quase como se tivesse acontecido com outra pessoa: "Nosso tempo no escritório, meu casamento, o nascimento dos meninos, a tragédia e o sucesso do Anexo Secreto [...] quase tudo me parece um sonho".

Victor sempre foi um homem extremamente criterioso e cuidadoso, mas, no fim dos anos 1970, sua mente começou a falhar, e ele foi diagnosticado com a doença de Alzheimer. Um mês antes da viagem da minha mãe a Toronto, em outubro de 1978, sua doença se agravara tanto que Otto escreveu à esposa de Victor dizendo que gostaria que Victor deixasse de dar entrevistas, temendo que pudesse misturar as coisas ou dizer coisas que não eram verdadeiras. Otto sabia que qualquer erro factual poderia ser explorado por inimigos do diário, como Faurisson. Recomendou a Victor, por intermédio de Loes, "se abster de dar entrevistas a qualquer pessoa sob quaisquer circunstâncias, pois isso poderia causar danos enormes [...] Espero que vocês entendam o que está em jogo, também para si mesmos [...] Afinal, Victor recebeu prêmios por seu altruísmo ao nos ajudar".

Otto tinha boas razões para se preocupar. A doença de Alzheimer transformou Kugler em um homem emotivo, incapaz de lidar com quaisquer lembranças dolorosas que tivesse. Sua esposa disse que, quando ele se encontrava com jovens, muitas vezes começava a chorar incontrolavelmente. Em 1979, um amigo relatou que Victor estava passando por lapsos temporais, às vezes pensando estar de volta em Amsterdã: "Victor e Lucy Kugler estavam na nossa casa quando, sem avisar, ele subiu as escadas. Lucy perguntou: 'Aonde você está indo, Victor?'. Ao que Victor respondeu: 'Estou subindo para ver se as pessoas estão bem'.".

Não sei o que minha mãe e Victor conversaram naquele encontro, nem o quanto foi doloroso para ela ver seu velho amigo naquele estado. Tenho uma fotografia dos dois sentados tranquilamente no jardim de Victor. Suponho que minha mãe tenha percebido que era a última vez que o veria.

Embora a viagem a Toronto tenha sido de natureza pessoal, minha mãe arranjou tempo enquanto estava lá para dar uma entrevista, que se tornou sua única mais longa e gravada em fita. O entrevistador, Oskar Morawetz, não era jornalista nem historiador, mas um compositor. Sua peça orquestral *From the Diary of Anne Frank* [Do diário de Anne Frank] transmuta citações de Anne em melodias assombrosas. Em suas apresentações pelo mundo todo, Oskar costumava prefaciar seu trabalho com uma palestra, mostrando fotos dos vários sobreviventes com quem havia falado, incluindo Otto, Miep e Jan, e Hanneli Goslar, uma das melhores amigas de Anne. Quando sua peça era apresentada em Toronto, onde Morawetz morava, ele costumava apontar seu bom amigo Victor na plateia.

Segundo a filha de Morawetz, Claudia, minha mãe representava a "última peça do quebra-cabeça" para o compositor, a única pessoa da história que ele não conhecia. A entrevista foi feita na casa de Victor, mesmo com ele não falando muito, por conta do seu estado. A mulher de Kugler, Lucy, serviu como tradutora. Oskar fez todas as perguntas.

Fiquei surpreso quando Jeroen encontrou essa fita, pois nunca tinha ouvido minha mãe falar sobre o Anexo Secreto tão abertamente para pessoas de fora do círculo. Partes da entrevista foram alegres, como quando minha mãe descreveu as interações entre Anne e seu colega de quarto muito mais velho, Fritz, que precisava "reunir muita coragem" para tirar uma soneca à tarde na presença irreprimível da adolescente. Morawetz também perguntou sobre Willem van Maaren, mas minha mãe o descartou como suspeito da traição, definindo-o como um personagem "não confiável" que, em última análise, "não era importante" para a história.

Minha mãe controlou sua emoção durante a entrevista, mas, quando Morawetz perguntou sobre a reação de Otto à "triste notícia" sobre Anne e Margot, ela esboçou alguns soluços chorosos.

Minha mãe teve mais uma chance de desabafar numa fita gravada no fim dos anos 1970, quando concordou em ser entrevistada para um documentário dirigido pelo cineasta judeu canadense Harry Rasky. A entrevista foi conduzida pela filha adolescente de Harry, Holly, que havia anos era fascinada pelo diário. Infelizmente, ela cometeu o equívoco de entrevistar minha mãe ao lado da muito mais assertiva e confiante Miep Gies. Enquanto Miep falava, minha mãe ficava quieta, anuindo com a cabeça e às vezes repetindo algumas coisas para dar ênfase a algo que Miep já havia dito.

"Ela não era de falar muito", lembrou Holly, dizendo que precisou de algum esforço para fazer minha mãe sentar no sofá ao lado de Miep. "Acredito que ela achava que não merecia tanta atenção pelo seu papel como ajudante." Holly achou minha mãe distante e muito fria. Mas, quando a entrevista acabou e Holly estava prestes a sair, minha mãe foi até a garota e a abraçou, sem dizer uma palavra.

"Para mim, pareceu um agradecimento", disse Holly, "por eu ter ajudado a divulgar a história de Anne."

16

UMA GAROTA CHAMADA SONJA

Acho que nunca teria conseguido entender quão profundamente a guerra afetou minha mãe se eu não tivesse sofrido um terrível acidente aos dezesseis anos, um trauma pessoal. Aconteceu em dezembro de 1965. Estava com meus irmãos em casa no feriado holandês de Sinterklaas, o mesmo feriado que Miep e minha mãe comemoraram com os residentes do Anexo Secreto duas décadas antes.

Minha mãe estava na cozinha, fritando porções de bacon em duas panelas grandes. Sentia-se exausta e com enxaqueca, resultado de uma briga terrível com meu pai na noite anterior. À medida que retirava as porções de bacon, deixava a gordura na panela, criando duas grandes poças de óleo fervente.

A certa altura, deve ter perdido a noção do que fazia e saiu da cozinha para ir até a oficina do meu pai. Deve ter se ausentado por um minuto, talvez cinco. Eu estava sozinho na sala de jantar, lendo, quando meu irmão Ton começou a gritar.

Corri para a cozinha e vi que uma das panelas estava em chamas. Numa fração de segundo, peguei uma tampa grande do armário da cozinha. Meu plano era cobrir bem a panela com a tampa, para eliminar o oxigênio do fogo. Porém, quando me aproximei do fogão,

Ton abriu a porta da cozinha para deixar sair a fumaça, e uma forte rajada de vento espalhou o fogo para a panela ao lado, que estava mais perto de mim, incendiando todo o fogão.

A metade superior do meu corpo foi instantaneamente engolfada pelas chamas. O óleo escaldante me recobriu — meu cabelo, minha roupa, minha pele. Comecei a agitar os braços, tentando desesperadamente apagar o fogo. Meu irmão Cok estava atrás de mim e me abraçou pelo peito para me puxar para longe do fogo, queimando o braço direito no processo. Tenho quase certeza de que ele salvou minha vida.

A princípio não senti muita dor; fiquei em estado de choque. Corri da cozinha para a sala de jantar, e depois para a sala de estar. Não percebi que ao fazer isso estava pondo fogo nas nossas cortinas. Com minha visão periférica, pude ver meu pai correndo atrás de mim, tentando me ajudar, mas pensei que me culpava por ter causado o incêndio e estava me perseguindo para me castigar. Quando finalmente me alcançou, conseguiu de alguma forma apagar o fogo na minha cabeça com as próprias mãos. Lembro-me de me sentir envergonhado por ter pensado tão mal dele.

Ele me sentou no sofá e só então minha mãe apareceu, muito calada. Tirou minhas roupas queimadas com muito cuidado. Alguém ligou para os serviços de emergência; a polícia chegou antes da ambulância e dos bombeiros. Sei que ainda estava consciente naquele momento porque me lembro de um policial me perguntando: "Alguém jogou a gordura na sua cabeça? Alguém machucou você de propósito?".

Só desmaiei no trajeto até a ambulância. Eles me deitaram numa espécie de maca. Lembro-me do som da sirene tocando. Quando chegamos ao pronto-socorro, um médico, ao ver meu estado, pediu para me internarem na enfermaria de vítimas de queimadura, para tratamento especial. Disseram que não havia vaga disponível para outro paciente. "Se não o tratarmos, com certeza ele vai morrer", explicou ao telefone.

É estranho, mas naquele momento senti que faria pouca diferença se eu sobrevivesse ou não.

Enquanto os médicos me examinavam, eu desmaiei outra vez e entrei num coma que perdurou por três dias. Quando acordei, tive uma sensação clara e forte — semelhante à que tive naquele dia seguinte à tentativa de suicídio da minha mãe, quando percebi que minha infância tinha acabado. Agora sentia que de alguma forma decisiva eu precisaria assumir o controle da minha vida, que teria de fazer minhas próprias escolhas. Não sabia o que faria com aquele sentimento, mas teve o poder de uma revelação, literalmente um batismo de fogo.

Meu espírito se sentiu livre quando saí do coma, porém aprisionado num corpo gravemente ferido. Sofri queimaduras de terceiro grau na cabeça, no rosto e nos braços, e queimaduras de segundo grau no torso. As enfermeiras não me deixavam olhar no espelho. Vários dias se passaram antes de eu poder receber visitas. Quando meus pais e meus irmãos finalmente vieram me ver, eu estava com o rosto totalmente enfaixado, com a cabeça e o pescoço inchados devido a um edema — que ocorre depois de queimaduras graves —, e não conseguia me mexer. Vi quando meu pai, minha mãe, meu irmão Cok e minha irmã de cinco anos passaram direto pelo meu leito no hospital. (Meu irmão mais velho, Ton, não estava presente porque o hospital limitava a entrada de quatro visitantes por vez para cada paciente.)

De início, ninguém da minha família reconheceu meus olhos feridos espreitando sob as bandagens. Então minha irmã, Anne, de repente disse aos três: "Mas esse é o Joop!".

Meu pai não acreditou, porém Anne e minha mãe se aproximaram de mim e constataram que era verdade. Minha mãe chorou por muito tempo. "Me desculpe", falou. Ela tinha se descuidado e esquecido as panelas no fogo e se culpava pelo que havia acontecido.

Eu não a culpei pelo acidente na época, e não a culpo até hoje. Fiquei feliz por estar com ela. Segurou minha mão esquerda, que tinha escapado do fogo, enquanto Anne, Cok e meu pai se revezavam para me abraçar. Apesar de todas as brigas constantes na nossa família, foi maravilhoso estar com eles naquele momento; foi uma espécie de reencontro, um momento de união e amor, que infelizmente seria muito raro nos anos seguintes.

Um novo começo

Sempre fui bem na escola, mas era tremendamente tímido com meus colegas. Meus únicos amigos eram os garotos para quem eu ensinava matemática. A maioria era de meninas, fato que fazia meus irmãos zombarem de mim — provavelmente de inveja, percebo agora. As gozações só pioraram quando descobri, por volta dos treze anos, uma nova paixão na vida: a dança de salão.

Pedi para minha mãe me matricular em um curso e dominei, numa rápida sucessão, a valsa inglesa, a valsa vienense, o foxtrote e os principais estilos de dança latino-americanos, do cha-cha-chá ao meu favorito, o tango. Com quinze anos já estava competindo e às vezes ganhando prêmios em concursos de dança com pessoas de todas as idades.

Lembro que um dia, alguns meses antes do meu acidente, minha mãe estava cantando junto com um disco de Shirley Bassey que ela adorava. Não sei bem o que deu em mim, mas eu a peguei pela mão e saímos dançando uma valsa inglesa. Acho que foi a única vez que dançamos juntos. Ela sorriu e disse que meu avô Johan também era um ótimo dançarino e que, por um momento, enquanto dançávamos, sentiu como se ele estivesse ao seu lado de novo.

Cerca de um ano antes do meu acidente, comecei a trabalhar como assistente de instrutor de dança para um grupo de jovens local, que dava aulas de dança de salão, dança livre, twist e rock and roll. Uma de nossas melhores alunas era uma garota chamada Sonja. Inteligente e confiante, ela tinha herdado da mãe judia um senso de humor irônico e picante. Era um pouco mais nova do que eu, mas se vestia menos como uma colegial do que como uma mulher adulta. Parecia muito fora do meu alcance, mesmo só como amiga. Lembro-me de como fiquei surpreso, uma noite depois da aula, com a maneira misteriosa como sorriu para mim quando nos despedimos.

Acho que eu era um menino muito bonito antes do acidente, com cabelos loiros ondulados, olhos azuis e um sorriso largo, mas o fogo me causou uma transformação horrível, me deixando com um olho torto e uma cicatriz na cabeça que me deixou parcialmente careca. Eu me sentia envergonhado, como se ninguém jamais fosse me amar, como se as garotas bonitas com quem eu dançava na aula fossem agora manter distância.

Então, um dia, Sonja apareceu no meu leito do hospital com uma caixa de chocolates. Não conseguia acreditar nos meus olhos. Nem imaginava que ela soubesse quem eu era. Naquele dia tivemos basicamente uma conversa formal, mas ela manteve contato durante a minha reabilitação: escrevendo cartas e mandando cartões, e, quando finalmente tive alta do hospital, depois de seis semanas, ela foi me visitar em casa, onde continuei com meu longo processo de cura.

Perdi um ano e meio na escola por causa das queimaduras, e nesse período passei por sete cirurgias plásticas. O médico disse que me administrar anestesia geral muitas vezes seguidas poderia ser prejudicial ao meu cérebro, então me aplicava um anestésico local e começava a operar. Extirpou o tecido cicatricial do topo da minha cabeça e esticou o tecido saudável com cabelo, recobrindo gradualmente a área afetada. Essa técnica engenhosa, mas dolorosa, foi repetida meia dúzia de vezes. Também consertou minha sobrancelha esquerda, que tinha sido queimada. Tentou o máximo que as técnicas cirúrgicas de meados do século permitiam para me devolver meu antigo rosto.

Em junho de 1967, quando o período escolar estava acabando, me senti bem o suficiente para voltar. Houve um baile para marcar o fim do ano letivo, e decidi ir com Sonja. Não me senti muito à vontade com meus colegas, muitos dos quais não me viam desde antes do acidente. Mas me senti seguro e orgulhoso dançando com Sonja, e acho que foi a noite em que realmente nos apaixonamos.

Por mais feliz que me sentisse por estar com ela, logo fiquei incrivelmente ocupado com meus trabalhos escolares, tentando compensar tudo o que tinha perdido. Com muito esforço, consegui concluir o ensino médio a tempo. Sonja comemorou quando recebi meu diploma na cerimônia de formatura. Meus pais, porém, não estavam na plateia, pois passaram o dia comprando móveis. Descobri, anos depois, que em parte não tinham vindo para evitar Sonja. Eles não a aprovavam, por razões que logo tentarei explicar.

Depois do colegial, comecei um curso de graduação profissional de cinco anos em engenharia mecânica, estudando à noite enquanto trabalhava durante o dia. Qualquer tempo livre que tivesse eu passava com Sonja. Minha mãe ficou preocupada com isso; achava que eu estava negligenciando meus estudos. Sonja já tinha desistido da escola e trabalhava como assistente de compras em uma grande loja de departamentos de Amsterdã. Deleitava meus irmãos com todos os diversos presentes que trazia da loja. No começo meu pai foi caloroso com Sonja — honestamente, acho que gostava de olhar para ela. Minha mãe se mostrou um pouco mais fria, porém educada e amistosa. Ainda assim, pude detectar algumas reservas, certa desconfiança, como se não quisesse que o nosso relacionamento fosse "longe demais". Pode ter sido porque, na opinião da minha mãe, Sonja usava roupas muito provocantes, ou por sua maneira assertiva de falar, que poderia parecer desrespeitosa.

"Não é a garota certa"

Acho que decidi me casar com Sonja no instante em que nos apaixonamos. Ela fora leal comigo depois do meu acidente; achei que precisava retribuir essa lealdade. Porém, percebendo as reservas da minha mãe, não revelei meus planos de imediato. Mas, em algum momento, por volta do meu aniversário de dezoito anos, meu pai e minha mãe subitamente convidaram a única verdadeira parente de Sonja — a mãe dela, Roza van Weezel — para tomar um drinque na nossa casa.

Eu estava em casa naquela noite, mas dei espaço para meus pais e minha futura sogra conversarem na sala de estar. Pude ouvir pequenos trechos da conversa. Meu pai ria das piadas fantasiosas de Roza, mas minha mãe só ouvia, em silêncio. As duas mulheres não poderiam ser mais diferentes. Roza trabalhava como pianista em algumas das casas noturnas menos conceituadas de Amsterdã. Era sedutora, irreverente e muito engraçada — o oposto da minha mãe, tímida e conservadora. A reunião durou cerca de duas horas. Depois, perguntei aos meus pais se tinha corrido tudo bem. Minha mãe disse que sim, mas sem me olhar nos olhos. Senti que havia algo sobre Roza que ela não podia ou não queria discutir comigo. Nos dias seguintes, fiz pressão para ela explicar. Quando se recusou, resolvi abrir o jogo e disse que ia pedir Sonja em casamento e queria sua aprovação.

Minha mãe disse que ela não era a garota certa para mim.

"Por quê? O que há de errado com a Sonja? Achei que vocês gostassem dela."

"Nós gostamos."

"Então por que não podemos ficar noivos? É por causa da Roza?"

"Não é só isso."

"Então... *por quê?*"

"Joop, não posso dizer por que eu e o seu pai não podemos concordar com esse noivado... mas nós não concordamos."

Eu estava lavando louça na cozinha durante a conversa, e nesse momento joguei o pano de prato e saí furioso. Por que ela *não podia* dizer? Que força a impedia? E como eu poderia explicar isso a Sonja ou para a mãe dela?

Resolvi deixar o tempo passar; não sabia o que fazer. Continuei me encontrando com Sonja toda semana, mas agora na casa da mãe dela ou em território neutro. Porém, depois de eu ter revelado minhas intenções, a posição dos meus pais em relação a Sonja pareceu endurecer. E assim que ficamos oficialmente noivos, não muito depois do meu aniversário de dezenove anos, meu pai começou a ligar para Roza tarde da noite e praguejar pelo telefone. Em geral, só dizia que ela era uma prostituta ou vagabunda e desligava. Era exatamente a mesma linguagem grosseira que ele usava em voz baixa para definir minha tia Nelly. Deitado no sofá-cama da sala de jantar, onde dormia a maioria das noites, eu o ouvia no corredor, bêbado, falando pelo nosso velho telefone de disco.

Não demorou para Roza parar de atender às ligações, mas isso não impediu meu pai de continuar telefonando todas as noites. Depois de algumas semanas, um agente da companhia telefônica apareceu na nossa porta com um registro de ligações feitas do nosso endereço. Abri a porta e deixei minha mãe falar com ele. O funcionário disse que "alguém" em nossa casa não parava de ligar para o número de Roza.

"É o meu pai", falei.

A expressão de perplexidade da minha mãe se transformou em constrangimento e vergonha.

Mais tarde, meu pai admitiu para nós que tinha de fato feito as ligações; pediu desculpas, mas nunca se deu ao trabalho de se explicar para mim. Roza também nunca me falou sobre a campanha de intimidação do meu pai. Ela sempre me tratou com gentileza e nós nos dávamos bem — principalmente quando eu consertava um vaso sanitário quebrado ou trocava uma lâmpada fora do seu alcance. "É bom ter um homem em casa", ela comentava.

Roza oferecia a outra face quando se tratava das ofensas do meu pai, mas Sonja ficava furiosa. Não conseguia entender a fonte da hostilidade do meu pai, e achava que eu não fazia o suficiente para defendê-la. Eu tinha dado a ela um anel de noivado quando decidimos nos casar, mas um dia, quando estávamos na casa da mãe dela, Sonja ficou tão irritada que o jogou escada abaixo e me mandou embora. Ela não queria mais nada comigo.

Eu implorei, disse que queria ficar com ela, que não me importava com o que meus pais diziam. Algum tempo depois, eu a convenci a colocar o anel no dedo de novo.

Roupa suja

Talvez meu pai tivesse ouvido alguma coisa. Ele costumava trabalhar nas imediações da Soembawastraat, onde Roza morava, e tinha passado uma semana acarpetando as escadas de uma vizinha dela. Roza recebia visitas de homens tarde da noite. E mãe e filha muitas vezes tinham discussões barulhentas e até histéricas. Nenhuma dessas coisas pegava bem com os vizinhos. Talvez meu pai tenha ouvido algum boato sobre o que Roza havia feito durante a guerra — o tipo de boato que também ouvi mais tarde na vida —, e isso explicava por que meus pais não a queriam na nossa família.

Quatro pessoas próximas a Roza me contaram que, apesar de ser judia, ela dormia com nazistas ou simpatizantes do nazismo durante a guerra, como minha tia Nelly. Essa informação veio de duas das filhas de Roza, Roos e Bettie (meias-irmãs de Sonja), e do marido de Bettie, Gerard. Minha tia Diny também sabia dos supostos amantes nazistas de Roza.

Até hoje continuo um tanto cético em relação a essas histórias da família. Contudo, quanto mais pesquisava sobre a vida da minha mãe, mais incomodado ficava com sua atitude em relação a Roza. Minha mãe tinha protegido e escondido a vítima mais famosa do genocídio nazista de judeus. Mas se opunha à decisão do filho de se casar com uma judia, por razões que se recusava a discutir, mas que poderiam ter alguma relação nebulosa com a guerra. Percebi que não conseguiria completar o retrato da minha mãe sem entender por que ela sentia o que sentia pela mulher que se tornou minha sogra.

Assim, com a ajuda de Jeroen, procurei nos arquivos, mas não encontramos nenhum documento provando que Roza van Weezel tinha colaborado com o inimigo ou tido relações com nazistas ou membros do NSB durante a guerra. Contudo, nossa busca revelou alguns detalhes preocupantes quando combinados com coisas que a própria Sonja havia me contado.

Segundo os registros do governo, Roza van Weezel nasceu em Amsterdã, em 1914. No início da ocupação, sua situação doméstica era complicada: morava na Paardekraalstraat, na zona leste de Amsterdã, com um certo Daniel Keizer, apesar de na época estar casada com outro homem, chamado Jacobus Campagne, de quem estava grávida. Roza se divorciou do marido e se casou com Daniel em 1945. Nenhum dos homens parece ter tido qualquer ligação com nazistas.

Roza teve duas filhas antes de Sonja nascer: Bettie em 1942, que recebeu o sobrenome de Daniel, Keizer; e Roos em 1945, que por alguma razão recebeu o nome de solteira de Roza, van Weezel, talvez indicando que Daniel não era seu pai. O cartão de registro pessoal de Roza a listava como membro da Comunidade Religiosa Israelita Holandesa, o que significa que era judia. Mas, em abril de 1944, ela foi batizada e se filiou à Igreja Reformada Holandesa. É quase certo que o batismo teve como finalidade evitar a perseguição dos nazistas. Muitos judeus fizeram isso. Quando não se convertiam, consultavam os arquivos da cidade, na esperança de encontrar documentos que pudessem provar a existência de alguns ancestrais não judeus em sua árvore genealógica. Ou convenciam um funcionário público a falsificar suas certidões de nascimento ou de batismo.

O batismo de Roza, combinado com o fato de viver com um gentio e ser mãe de duas filhas meio gentias, pode ter sido suficiente para salvá-la dos campos de concentração. Existem muitos exemplos de pessoas em situação semelhante que foram poupadas. Uma das melhores amigas de Anne Frank, Jacqueline van Maarsen, por exemplo, era filha de mãe gentia com pai judeu. Jacqueline, o pai e a irmã não foram importunados pelos nazistas, nem sequer precisaram usar a estrela amarela.

O resto da família de Roza não teve a mesma sorte. Sua irmã Jeanette, junto com o marido e dois filhos judeus, foi deportada para Ravensbrück e depois para Bergen-Belsen. Eles sobreviveram aos campos, mas um dos tios de Roza e quatro de suas tias foram assassinados no Holocausto.

A mãe de Sonja era judia, mas o pai, Raymond Fremdt, era alemão por nacionalidade. Raymond nasceu em 1913, na França, filho de pai alemão e mãe holandesa, mas o pai morreu quando ele tinha três meses de idade, e mãe e filho se mudaram para Amsterdã, onde moravam no início da guerra. Nos dias caóticos pouco antes da ocupação, quando qualquer um com um nome alemão poderia ser suspeito de traição, Raymond foi preso por pouco tempo na companhia de um membro do NSB por "agir de forma suspeita em propriedade pública", segundo um relatório da polícia de maio de 1940.

Os alemães pressionaram Raymond para servir no exército, primeiro trabalhando na unidade da Luftwaffe encarregada da defesa antiaérea na província holandesa da Frísia, depois como soldado na frente oriental, onde por um tempo vigiou prisioneiros de guerra russos. Mais tarde, serviu como operador de telégrafo na frente ocidental, onde acabou sendo capturado por soldados americanos. Depois da libertação, foi mantido numa sucessão de campos de prisioneiros de guerra, primeiro na Alemanha e depois na Holanda. Em uma declaração oficial em seu arquivo, Raymond afirmou que sempre se sentiu "mais holandês do que alemão" e que nunca cometeu nenhum "ato desumano". Também declarou que "nunca foi membro do NSB ou de qualquer organização política alemã".

Raymond e Roza não devem ter se conhecido durante a guerra. Eles se casaram em 1951, um ano após o nascimento de Sonja. Foi o terceiro e último casamento de Roza. Sonja me disse que odiava o pai, que bebia muito. Havia duas razões principais para isso. A primeira era o fato de Raymond cobiçar suas enteadas, Bettie e Roos. Sonja me disse que ele flertava com as duas e tocava nelas de forma inadequada. Isso a revoltava. A outra coisa que Sonja odiava no pai eram seus amigos.

Apesar de sua declaração de nunca ter sido membro do NSB, Raymond trabalhou por um tempo no *Het Vaderland* (A Pátria-Mãe), um jornal com sede em Haia que manteve uma postura pró-alemã durante a guerra. Tinha muitos amigos grosseirões que eram membros ou simpatizantes do Partido Nazista Holandês e frequentavam a casa de Sonja. Quando Raymond e Roza se divorciaram, em novembro de 1962 — no tribunal, ela usou o comportamento lascivo de Raymond em relação às filhas como justificativa para terminar o casamento —, a mãe de Sonja começou um relacionamento com um dos amigos do ex-marido do NSB. Às vezes, quando descia do seu quartinho no sótão para usar o banheiro, Sonja pegava a mãe e aquele homem fazendo amor.

O fato de Sonja vir de uma família de pai alemão que lutou por Hitler e uma mãe judia que dormia com o inimigo deve ter sido demais para meus pais. Eles simplesmente não conseguiriam tolerar um laço com aquelas pessoas. Por mais que defendesse da boca para fora a ideia de perdão, minha mãe nunca esqueceu quem tinha matado os seus amigos do Anexo e corrompido sua irmã Nelly.

Mas eu me perguntava o que aquela história de mau gosto tinha a ver com Sonja, que nascera cinco anos depois do fim da guerra. Por que deveria ser culpada por coisas que os pais fizeram ou não fizeram duas décadas antes? Ela não era inocente? E, ademais, por que minha mãe escondeu de mim todas as suas suspeitas? Se ela acreditava que os pecados do pai ou da mãe passavam para os filhos, que a família fora de alguma maneira envenenada pelos erros dos pais de Sonja, por que não podia simplesmente me dizer isso? Por que precisou me manter no escuro, frustrado e confuso? Minha mãe, por suas ações, se não por suas palavras, foi quem me ensinou o significado de lealdade. Ou ela não entendia como eu me sentia em relação a Sonja, ou achava que minha lealdade estava seriamente equivocada.

Saindo de casa

Alguns meses depois do meu aniversário de dezenove anos, eu disse basta. Não aguentava mais as brigas dos meus pais, a persistente tensão da família Voskuijl, que eu considerava não ter melhorado tanto desde a época em que a família morava no apartamento de quatro cômodos na Lumeijstraat. Antes de conhecer Sonja, a tensão era controlável. Mas quando meus pais se voltaram contra a mulher que eu amava, e nem tiveram a decência de me dizer o porquê, eles me forçaram a escolher entre Sonja e eles. E eu escolhi Sonja.

Com o coração pesado, saí de casa e fui morar com minha avó Christina, que não quis tomar partido no conflito, mas entendeu a minha posição. Nos meses seguintes, ela começou a se abrir, a falar do passado, e agora percebo que plantou a semente da curiosidade que me levou a decidir, muitos anos depois, contar a história da minha família.

Christina falava com minha mãe regularmente, por isso pedi para ela tentar descobrir o que estava por trás da oposição dos meus pais a Sonja. Achei que talvez ela pudesse ter sucesso onde eu tinha falhado. Mas, segundo minha avó, minha mãe só dizia que Sonja "não era a garota certa" para mim, e que seria "um erro" me explicar o porquê. Pedia à minha avó para "cuidar bem do Jopie", usando meu apelido de infância, que ela adorava (e eu detestava).

Minha avó lamentou não poder me dar mais informações. "Ela não está me contando a história toda, Joop", falou e me deu um abraço.

Sonja não podia vir morar comigo na casa da minha avó. Naquela época, casais não moravam juntos antes do casamento; além disso, não havia muito espaço no apartamento da minha avó. Assim, Sonja alugou um quarto na casa de Diny, para podermos nos encontrar mais facilmente e nos livrar dos nossos pais e do passado deles. (Nesse período, Diny e Sonja ficaram mais próximas, e Sonja contou a Diny sobre o relacionamento da mãe com homens do NSB.)

Nós nos casamos, quase em segredo, em 21 de setembro de 1970, pouco depois do meu aniversário de 21 anos, idade que me proporcionava permissão legal para casar sem o consentimento dos pais. Como não tínhamos dinheiro, foi uma cerimônia simples no cartório municipal, seguida de uma festa no apartamento de Roza. Ninguém da minha família estava presente. Preferi não contar nem para meus pais, nem para a minha avó, por temer, entre outras coisas, que meu pai aparecesse e estragasse a ocasião.

O cunhado e o chefe de Sonja foram nossas testemunhas. Roza tocou piano e a irmã de Sonja, Roos, cantou. Foi adorável em sua simplicidade, mas eu não consegui esquecer, nem por um momento, que minha família — particularmente meus pais — não estava lá. Assim, mesmo estando presente fisicamente, sorrindo e dançando com Sonja, meus pensamentos estavam longe.

Nessa época eu trabalhava como técnico em um laboratório que desenvolvia peças para empresas industriais. Entre outras coisas, construíamos as centrífugas usadas para produzir urânio enriquecido. Como fazia o teste de produto nas centrífugas, precisei de uma autorização de segurança oficial do governo holandês. Utilizando um programa para funcionários, consegui comprar uma casinha na cidade de Weesp, não muito longe de Amsterdã. Eu e Sonja queríamos ter um filho e, no começo de 1973, ficamos deslumbrados quando Sonja soube que estava grávida.

Naturalmente, ela quis compartilhar a boa notícia com minha mãe, pensando que isso poderia levar a uma reconciliação na família. Um dia, enquanto eu estava no trabalho, Sonja resolveu ligar para ela. Minha mãe não tinha notícias nossas havia quatro anos, e aparentemente nem sabia que estávamos casados. Assim, quando Sonja disse que ela em breve teria um neto, minha mãe ficou chocada.

"Era essa a sua intenção?", perguntou a Sonja, insinuando que a gravidez poderia ter sido um acidente, de um filho não desejado.

A crueldade da pergunta foi um divisor de águas para Sonja. Ela nunca perdoaria minha mãe e, como resultado, minha mãe nunca conheceria nossa filha Rebecca, nascida em 1º de setembro de 1973. Deus sabe que tentei consertar as coisas. Fui à casa dos meus pais em sete ocasiões diferentes, para resolver nossas diferenças. Só queria que ficássemos juntos, como uma família normal. Tentei explicar minha posição. Porém, antes de a minha mãe ter tempo de me servir uma xícara de café, o meu pai dizia algo como "Não fale o nome da sua mulher nesta mesa".

Acho que eu poderia ter me reconciliado com minha mãe se meu pai não estivesse lá, dominando a conversa, fazendo comentários indelicados e tornando a comunicação praticamente impossível. A primeira vez que voltei para casa, depois de cinco anos, minha mãe chegou a se desculpar pelo que disse a Sonja sobre o filho ter sido um acidente. Explicou que foi pega desprevenida. E, para compensar, nos mandou um babador de presente, junto com um cartão de felicitações.

Para mim, foi mais que suficiente, mas para Sonja era tarde demais; o estrago já estava feito. Achou que eu estava sendo fraco por querer perdoar minha mãe. Muitas vezes me senti dividido entre os meus pais — que não deixavam de desaprovar Sonja e sua família — e minha mulher, achando que eu estava me rebaixando a cada tentativa de amenizar as coisas.

Enquanto meu pai ofendia minha mulher, minha mãe, sempre diplomática ao extremo, fingia não haver nada de errado. Ela só queria paz, mesmo que isso significasse varrer nossos problemas para debaixo do tapete. Por fim, percebi que nada iria mudar. Meus pais não queriam se associar a Roza; não queriam Roza nem a filha dela na nossa família; e por alguma razão eles se recusavam a explicar o porquê.

Talvez fosse preciso ter vivido a guerra para entender o motivo. No final, resolvi abrir mão. Percebi que não tinha escolha.

Apesar de amar muito Sonja, nosso casamento não se mostrou sólido. Ela teve um parto difícil, e nossa relação mudou quando nossa filha nasceu, deixando de ser um relacionamento caracterizado pelo amor mútuo para se tornar algo desgastante, baseado mais em cuidados e obrigações. Apesar de agora ter minha própria família e estar livre do julgamento dos meus pais, muitas vezes eu me sentia terrivelmente sozinho.

O trem que eu pegava todos os dias de Weesp para o laboratório onde trabalhava passava pela zona leste de Amsterdã, tão perto da casa dos meus pais que, se eu me sentasse do lado esquerdo do trem de manhã, ou do lado direito à noite, eu podia vislumbrar a casa. Nem sempre tinha forças para olhar; às vezes virava de costas. Mas quando olhava, geralmente via minha mãe pendurando a roupa para secar ou sentada com um dos meus irmãos no jardim. Doía vê-los tão próximos, mas de alguma forma tão fora de alcance, por razões que até hoje não consigo entender totalmente.

Um dia, eu estava trabalhando no laboratório quando meu supervisor veio até a minha mesa para dizer que uma certa Mevrouw Groen — a sra. Green — estava lá embaixo querendo falar comigo. Eu conhecia uma mulher chamada Groen, por isso não pensei muito a respeito, mas fiquei chocado quando desci e vi minha mãe sentada calmamente numa cadeira.

"Por que razão você não deu o seu nome verdadeiro?", perguntei, perplexo. "Qual é o problema?"

Pude ver que ela ficou magoada com a minha reação ríspida. Mal conseguiu dizer alguma coisa em resposta e saiu alguns minutos depois, com lágrimas nos olhos. Não conseguiu explicar por que deu um nome falso ao meu chefe — nem sei ao certo se ela sabia por que fez isso. Fiquei olhando enquanto ela saiu pela ruazinha do laboratório e começou a andar lentamente em direção à rodoviária. Eu deveria ter corrido atrás dela. Provavelmente ela tinha vindo para tentar fazer as pazes comigo. Mas, quando não conseguiu dizer que eu era filho dela, quando ficou claro que nosso relacionamento conturbado era agora mais uma coisa da qual ela se escondia, não tive como esconder a decepção.

Ao rememorar aquele momento, meus sentimentos são de vergonha e arrependimento, e lamento que não tenha acontecido de outra forma. Minha mãe viveria mais nove anos, mas o dia em que ela me procurou no trabalho disfarçada de sra. Green foi a última vez que a vi viva.

17
A DOCE PAZ

Agora me deparo com uma última pergunta sem resposta: quanto do comportamento da minha mãe depois da guerra — seu segredo, a relutância em falar sobre o passado, a aflição com jornalistas, o incômodo de estar associada a Anne Frank, a culpa por aceitar dinheiro de Otto, sua depressão, sua tentativa de suicídio —, quanto de tudo isso uma consciência pesada pode explicar? Teria ela suspeitado secretamente o tempo todo que foi um membro da sua própria família quem traiu o Anexo?

Minha mãe nunca me falou sobre se sua irmã Nelly poderia ter contado aos nazistas a respeito dos judeus escondidos no número 263 da Prinsengracht. Pelo que sei, só mencionou essa possibilidade uma vez na vida, à minha tia Diny. As duas fizeram uma longa caminhada juntas em Amsterdã no verão de 1960. Foi mais ou menos meio ano depois da tentativa de suicídio da minha mãe, quando ela tinha quarenta anos e já estava grávida da minha irmã Anne.

Minha mãe amou minha irmã desde o momento do seu nascimento, mas, durante a gravidez, achou que não teria energia, física e mental, para cuidar de outro filho. "Eu me sinto mal de ter um quarto filho", afirmou.

Diny tinha então 28 anos. Alguns anos antes, tinha desistido do seu emprego como operadora de telégrafo para constituir família com o marido, Jan, e acabara de dar à luz sua segunda filha, Hendrie, no início daquele ano. Apesar de Bep ser a mais velha e Diny a mais nova, as duas irmãs se pareciam sob vários aspectos: eram as mais escolarizadas das meninas Voskuijl e ambas muito dedicadas à família.

Diny tentou animar minha mãe. Pensou em maneiras de ajudar: talvez pudesse servir de babá ou doar as roupas da filha pequena quando não servissem mais. Disse à minha mãe para ter coragem. "Não vai ser tão difícil quanto parece."

Era um lindo dia de sol, e minha mãe pareceu relaxar enquanto as duas caminhavam pelo bairro de Jordaan, no coração da cidade. Naquela época, a famosa destilaria Bols ainda produzia genebra na sua sede original, no canal Rozengracht. A destilaria tinha um terraço onde as pessoas se sentavam sob guarda-sóis tomando genebra e cerveja. Para minha mãe, aquela parte de Amsterdã sempre foi linda — e sempre mal-assombrada. O Anexo Secreto se localizava a cinco minutos a pé; nas proximidades ficavam o açougue e a quitanda onde durante a guerra ela comprava comida contrabandeada; a mais alguns quarteirões de distância ficava a farmácia do canal Leliegracht, onde se escondeu na sala dos fundos no dia da invasão.

Minha mãe nunca foi muito de beber e estava grávida, mas, naquele dia especial, com Diny, sentiu vontade de beber. Pediu um licor com gelo. Estava desfrutando de um raro momento de serenidade com a irmãzinha favorita. Apesar dessa proximidade, Diny nunca tinha visto minha mãe num lugar tão aberto e vulnerável, tão ansiosa para compartilhar, tão disposta a falar sobre coisas que normalmente não se atrevia a mencionar.

E foi então que aconteceu.

"Ela me contou sobre sua vida pessoal, sobre o casamento infeliz com Cor e outras coisas", relembrou Diny. "E então, sem eu perguntar, falou: 'Existem rumores de que Nelly é a traidora. Na verdade, nós achamos que isso é verdade, mas primeiro as coisas precisam ser provadas. Otto diz que não quer mais saber'."

Diny ficou em silêncio por um momento. Não conseguia acreditar no que estava ouvindo. Minha mãe cobriu o rosto com as mãos. "Sim, Dien", continuou, falando no dialeto de Amsterdã. "*Ons eige zussie*", que significa *nossa própria irmã*.

Quando me contou isso, em 2021, Diny estava relembrando uma conversa ocorrida mais de meio século antes, e mesmo assim foi capaz de recordar exatamente como ficou chocada com aquelas palavras. Perguntei várias vezes se minha mãe havia dado detalhes da afirmação sobre Nelly — se tinha explicado, por exemplo, de onde surgiu o boato, baseado em que evidência (se é que em alguma) ou por que minha mãe e Otto achavam que aquilo era verdade. Mas Diny não conseguiu se lembrar de mais nada.

Se Diny estiver correta ao datar o encontro, no verão de 1960, significa que minha mãe pode ter suspeitado da irmã muitos anos antes de Karl Silberbauer ressurgir afirmando que o traidor tinha "a voz de uma jovem". Também significa que talvez suspeitasse da irmã quando tentou se suicidar, no inverno de 1959.

E, se Otto compartilhava da suspeita da minha mãe quanto a Nelly, isso explicaria sua decisão de não querer saber a identidade do traidor; talvez soubesse que, ao fazer isso, estaria expondo minha mãe e sua família a um inclemente escrutínio público e maculando a reputação dos dedicados ajudantes do Anexo.

Passei longas noites considerando essas possibilidades, esses *senões*. No entanto, essa lembrança de Diny é o único indício explícito que temos de que minha mãe e os outros membros do Círculo da Opekta consideravam Nelly suspeita. E apesar de confiar plenamente na minha tia — eu venho falando com ela há uma década e suas lembranças são específicas e, em todos os casos que posso verificar, precisas — acho que dificilmente podemos chegar a uma conclusão com base em uma única lembrança.

M.K.

O nome de Nelly Voskuijl nunca apareceu em nenhuma das investigações oficiais da polícia sobre a traição de Anne Frank. E, quando editou o diário para publicação, Otto optou por cortar todas as passagens que tratavam de Nelly, provavelmente para proteger minha mãe e sua família.

Quando Otto morreu, em 1980, doou os escritos da filha para o Estado holandês. Foi assim que os diários chegaram às mãos do Instituto Estatal para Documentação da Guerra (conhecido na época por sua sigla em holandês, RIOD).* Quando seu diretor, Harry Paape, leu os cadernos de Anne, no início dos anos 1980, percebeu que os textos originais muitas vezes eram diferentes da versão publicada, e que diversas anotações de Anne que tratavam de tópicos sexuais e de sua irritação com a mãe, por exemplo, foram totalmente omitidas.

Na época, a maioria dos leitores não sabia que estava lendo uma versão expurgada do diário original de Anne. Quando chegou à imprensa, a notícia gerou indignação. Manchetes como "Censura de Otto Frank" encheram os jornais holandeses. Minha mãe acompanhou a comoção; recortou vários artigos e os guardou no seu álbum de recortes. Uma matéria do jornal *Trouw* citava Harry Paape defendendo Otto das críticas:

> Otto Frank se sentiu obrigado a proteger Anne do mundo exterior. Foi incapaz de prever o que aconteceria com o diário [...] Simplesmente quis construir um pequeno santuário para uma das filhas que havia perdido, sem imaginar que essa filha se tornaria o monumento da perseguição aos judeus.

---

* Em 1999, o RIOD mudou de nome para Instituto Holandês para Documentação de Guerra (NIOD). Em 2010, tornou-se o Instituto NIOD de Estudos sobre a Guerra, o Holocausto e o Genocídio.

Dado o escrutínio público, bem como o interesse duradouro na história de Anne Frank, Paape logo fez planos para compilar uma "edição crítica" integral dos diários, com todas as anotações expurgadas. A edição incluiria não somente as discussões de Anne sobre sexualidade e algumas linhas duras sobre a mãe e seus colegas de escola, mas também material nunca antes visto sobre a minha família — desde a desaprovação de Anne ao relacionamento da minha mãe com Bertus até três longos registros sobre Nelly.

Além de ser um recurso acadêmico para apresentar as diferentes versões do diário de Anne lado a lado, a edição crítica também seria um baluarte contra futuros ataques à legitimidade do diário por negacionistas do Holocausto e defensores de teorias conspiratórias. Nenhum crítico do diário teria credibilidade para negar a legitimidade do diário ante a fortaleza de notas de rodapé do livro, fac-símiles das páginas originais, estudos acadêmicos e análises forenses da caligrafia de Anne e do papel que ela usou.

Paape convocou dois colegas mais jovens do RIOD, David Barnouw e Gerrold van der Stroom, para ajudar a editar o livro, que acabou chegando a mais de setecentas páginas. Ao longo da sua pesquisa, os três procuraram todos os que estiveram relacionados ao Anexo Secreto. Contataram minha mãe e, em 25 de fevereiro de 1981, foram a sua casa. Ela disse que sabia desde o início que o conteúdo do diário publicado havia sido editado; Otto explicara a ela que "deixou de fora muitos assuntos particulares relativos à família, a Miep e a mim".

Apesar das instruções deixadas por Otto no seu testamento, de os escritos físicos de Anne pertencerem ao Estado holandês, seu espólio ainda controlava os direitos autorais das obras e de quaisquer edições subsequentes extraídas delas, por isso Paape teve de revisar o texto final com a família de Otto. No outono de 1982, um representante do RIOD visitou a segunda esposa de Otto, Fritzi, e mostrou todas as anotações originais do diário que agora pretendia publicar na íntegra. Fritzi ficou alarmada quando viu que o pessoal do RIOD planejava revelar tudo, e escreveu à minha mãe para avisá-la:

> Quero tentar convencer o diretor do instituto a deixar alguns trechos de fora, pois não creio que sejam adequados para publicação. Algumas dessas passagens são sobre você também. Meu marido na época [antes da publicação do diário, em 1947] não lhe disse que não queria publicar nada que pudesse prejudicá-la? Por exemplo, há um trecho sobre sua irmã Nelly no manuscrito de Anne que tenho certeza de que você não gostaria de ver publicado no livro. Escrevi ao sr. Paape dizendo que ele precisa falar com você e pedir sua permissão para divulgar tudo o que Anne escreveu sobre você e sua família. Suponho que alguém irá visitá-la para discutir isso. Portanto, depende totalmente de você — pode dizer sim ou não. Achei melhor escrever com antecedência, para que essa visita não seja uma surpresa.

Infelizmente, minha mãe nunca teve a oportunidade de tomar essa decisão; ela faleceu na primavera de 1983, antes de se encontrar novamente com representantes do RIOD. Por fim, os editores do livro marcaram um encontro com a própria Nelly. Ambas as partes concordaram em publicar os trechos sobre Nelly, mas substituindo seu nome em todas as aparições pelas iniciais M. ou M.K. Mais importante ainda, as passagens indicando M.K. como membro da família Voskuijl seriam todas omitidas.* Segundo minha tia Willy, que participou da reunião com Nelly, os representantes

---

* David Barnouw e Gerrold van der Stroom informaram em 2010 que, caso uma nova versão da edição crítica fosse publicada, Nelly, que morreu em 2001, teria seu nome revelado e os trechos censurados seriam incluídos na íntegra. "Com seu falecimento em 2001, seu direito à privacidade expirou", disse Barnouw.

do RIOD disseram a ela que o acordo encerraria definitivamente a questão. "Você não vai mais ouvir falar de nós", garantiram.

O fato de Nelly querer seu nome retirado da edição crítica não significa que possa ter participado da traição, é claro. A caracterização nada lisonjeira de Nelly por Anne como uma colaboracionista entusiástica teria sido motivo suficiente para ela proteger veementemente sua privacidade.

Um relacionamento tenso

Independentemente de minha mãe suspeitar ou não de Nelly, seu relacionamento com a irmã não era nada normal. Viam-se com pouca frequência; Nelly costumava vir uma vez por ano para o aniversário da minha mãe ou algum outro evento familiar. Sempre tentava controlar a conversa, fazendo comentários sarcásticos e despejando opiniões sobre cada coisinha, o que irritava meu pai. Não demorava muito para ele perder a paciência. Minha mãe logo tentava acalmar a situação, como se meu pai, ao provocar brigas com Nelly, estivesse de alguma forma brincando com fogo.

"Não, Cor!", dizia, segurando seu braço assim que ele abria a boca. "*Não.*"

Nelly então se levantava para ir ao banheiro e geralmente voltava sorrindo, como se nada tivesse acontecido.

Embora os sentimentos do meu pai por Nelly fossem claros, os da minha mãe eram mais inescrutáveis. Tentava ser gentil e respeitosa — ou talvez eu deva dizer diplomática. Nunca vi as duas se abraçarem ou compartilharem um momento íntimo ou alegre, tampouco as vi discutindo entre si. Quando se encontravam, trocavam um beijo rápido em cada bochecha, de lábios apertados, e depois se evitavam pelo resto da noite, muitas vezes sem trocarem uma palavra até a hora de se despedirem. Às vezes eu percebia que minha mãe ficava furiosa com a soberba ou com a arrogância de Nelly. Às vezes achava que ela gostaria de colocá-la em seu devido lugar. Algumas vezes vi a cor sumir do seu rosto na presença de Nelly. Perguntei por que não ela dizia nada naqueles momentos.

"Pela doce paz", ela me respondeu, usando uma expressão holandesa.

Nelly pode ter sido aventureira e ousada durante a guerra, mas sua vida no pós-guerra foi monótona e às vezes muito triste. Quando voltou da Alemanha para a Holanda, em 1945, morou por um tempo em Gröningen, onde trabalhou primeiro como lanterninha de um cinema e depois preparando lanches numa cafeteria. Alugou um quarto da família dona da cafeteria e morou lá até meados dos anos 1950, quando se mudou para Roterdã e conseguiu um emprego como operadora de telégrafo.

Durante esse período, às vezes voltava para a Lumeijstraat para visitar a mãe. O imóvel estava quase vazio, e Christina tinha um pensionista, um estenógrafo na casa dos quarenta que trabalhava num grande jornal holandês, o *NRC*. Era um homem encantador, tocava piano muito bem, e minha avó, que sonhava em ser cantora quando criança, muitas vezes fazia duetos com ele até tarde da noite. Apesar de Christina ser uma década mais velha que Carl, um romance inesperado surgiu entre os dois.

Nelly também ficou interessada por Carl; eram mais próximos em idade, ainda que talvez menos compatíveis em termos de temperamento. Mas Nelly foi persistente. Seduziu Carl e acabou o fazendo escolher entre mãe e filha. Como solteirão de certa idade que talvez quisesse criar sua própria família, Carl escolheu Nelly. Os dois se casaram em 1956 e acabaram indo morar em Koudum, no norte da Holanda. Mas não foram felizes. Nunca tiveram filhos, e alguns anos depois do casamento Carl retomou seu caso com minha avó. Nelly sabia disso, mas o casal não se deu ao trabalho de se divorciar. Quando crianças, eu e meus irmãos cochichávamos sobre o fato de "tio Carl" e Nelly serem tecnicamente casados, embora ele fosse claramente o companheiro da minha avó. Nenhuma reunião de família estava completa sem Carl tocando piano e minha avó sorrindo e cantando com ele.

Acho que minha avó não tinha nenhuma inquietação moral em relação a namorar o marido da própria filha. Talvez tenha feito isso por ainda se ressentir por Nelly ter disputado com ela o afeto de Carl, ou talvez nunca tenha perdoado a filha pela dor que causou à família, principalmente a Johan, seu falecido marido, durante a guerra, ao congraçar com os invasores. Do ponto de vista de Christina, os dois casos mostravam falta de lealdade, uma tendência traiçoeira de colocar os próprios interesses acima dos da família. Embora o exterior espinhoso de Nelly muitas vezes tornasse difícil simpatizar com ela, também era difícil não sentir um pouco de pena pela posição desonrosa que ocupava na nossa família.

Depois de se aposentar, Nelly começou a usar seu tempo livre trabalhando como sacristã numa igreja menonita. Gostava de jardinagem e de fazer palavras cruzadas. Nunca falava sobre o passado, embora às vezes dissesse coisas que sugeriam arrependimento pelas escolhas que fizera quando era muito jovem. "Não consigo acreditar que trabalhei para aquele porco do Hitler", disse certa vez a Diny.

Nelly sempre teve problemas financeiros e estava quase sempre discutindo pelo telefone com alguma empresa sobre uma conta a pagar. Apesar de suas dificuldades financeiras, fazia doações para a Fundação Túmulos de Guerra, que mantinha os túmulos de soldados holandeses mortos em batalha, inclusive o do meu tio Joop Voskuijl, morto em combate na Guerra de Independência da Indonésia, em 19 de março de 1949.

Em 1990, prestes a completar 91 anos, minha avó Cristina adoeceu gravemente. Nelly a visitava todos os dias no hospital, apesar do ressentimento que as separava havia tanto tempo. Nelly e minha tia Willy cuidaram da minha *oma*, lendo em voz alta para ela e a apoiando durante todo seu sofrimento. Pouco antes de morrer, Christina chamou essas duas filhas para sua cabeceira. Minha avó usava dois anéis nos dedos ossudos: sua aliança de casamento e a de Johan. Ela tirou os anéis e deu os dois para Willy. "É para você, minha filha", falou. "Muito obrigada por tudo."

Nelly me disse que esperava receber um dos anéis, mas no final não ganhou nada da minha avó.

Minha avó morreu em 19 de junho de 1990 e foi enterrada, a seu pedido, ao lado do seu amado Carl, morto em 1979. Diga-se a seu favor que Nelly reconheceu o quanto os dois se amavam e quis que ficassem juntos. Tenho uma fotografia de Nelly do início dos anos 1990 que eu muito valorizo, com ela ajoelhada diante do túmulo de Christina e Carl, uma velha senhora de gorro colocando um vaso de flores em frente a uma lápide.

A última vez que vi minha tia Nelly foi em 1998. Fui buscá-la na sua casa em Koudum para almoçarmos fora. Antes de sairmos ela precisou usar o banheiro, então aproveitei para fazer um tour pela casa. Não havia muito para ver. A maior parte da mobília estava desgastada; lembro-me de uma TV velha e de um sofá afundado. Mas ela tentava tornar sua casa aconchegante, dispondo pequenos vasos de plantas com flores aqui e ali. Notei uma pequena estante cheia de livros. Um título me interessou, um livro barato chamado *Se o passado se tornar o presente*. O livro era sobre uma mulher que se submete à hipnose e fica obcecada por uma vida passada, a ponto de sobrepujar sua vida real.

Fiquei tão interessado pelo livro que não percebi que Nelly tinha voltado do banheiro e estava bem atrás de mim. "Esse livro é bom?", perguntei.

"É muito bom. Por que você não lê? Se gostar, pode ficar com ele."

A última palavra que recebi de Nelly foi em 2000. Ela me mandou um cartão-postal dizendo simplesmente "Um abraço, Nel". Naquela época ela estava com quase oitenta anos e com problemas de saúde, e havia se mudado recentemente para um condomínio de moradia assistida. As irmãs Gerda e Willy eram suas únicas visitantes regulares. Um dia, em 2001, ela caiu de um lance de escadas do apartamento e sofreu um traumatismo craniano catastrófico. Seu corpo foi descoberto vários dias depois. Ao ouvir a notícia, senti muita pena e tristeza — esse é o tipo de morte que não se deseja a ninguém.

Nelly me fez uma última surpresa: deixou uma pequena herança para mim, cerca de oitocentos euros, uma parte considerável de suas economias. Fiquei surpreso e triste ao perceber que, apesar de ter convivido muito pouco com ela na minha vida adulta, fui um dos poucos membros da família que de certa forma a aceitaram.

Mas é claro que eu não sabia o que sei agora.

No entanto, mesmo agora — agora que todos os fatos inquietantes da vida de Nelly nos tempos da guerra foram desenterrados — eu me vejo incapaz, ou sem vontade, de proferir um julgamento final. Existem várias razões para isso.

Primeiro, apesar de saber que minha tia colaborou com o inimigo, não sei ao certo se ela participou da traição ao Anexo Secreto — e como se pode julgar uma pessoa sem saber do que exatamente ela é culpada? Em segundo lugar, Nelly era uma mulher muito jovem tentando construir sua vida num ambiente familiar opressivo e em meio a uma guerra terrível. Por mais que eu tenha tentado me colocar no lugar dela — e ter a esperança de que teria agido de forma diferente nas mesmas circunstâncias —, não consigo saber quais escolhas poderia ter feito, a que tentações teria sucumbido naquele tempo e lugar.

E, finalmente, para ser totalmente honesto, tenho dificuldade em julgar Nelly porque vejo nela uma parte de mim. Somos ambos párias da mesma família, duas ovelhas negras que, por razões diferentes, nunca encontramos o caminho de volta ao rebanho.

18
O CADERNO VAZIO

Nos primeiros meses de 1983, minha mãe era presença assídua no Sint Lucas Ziekenhuis, um hospital de Amsterdã, onde uma equipe de especialistas em saúde renal a preparava para uma diálise. Tinha pavor do tratamento, pois sua irmã Annie também sofria do mesmo problema, e por isso ela sabia o que esperar. À época, mandou uma carta a Fritzi Frank falando do seu sofrimento.

"Tenho estado muito doente e tomei penicilina, o que me causou uma terrível reação alérgica", escreveu. Também se recuperava de uma cirurgia recente para desemaranhar os vasos sanguíneos do pulso que, como descreveu, tinham se "fundido"; estava se preparando para o desconforto de sua primeira "lavagem renal". "Lamento não ter notícias mais alegres, mas estamos passando por um momento difícil", acrescentou. "Minha única esperança é que eu me sinta um pouco melhor."

A essa altura, minha mãe já devia saber que não lhe restava muito tempo de vida. Em abril de 1983, quando meu irmão Ton foi buscá-la em casa para levá-la ao hospital para mais um procedimento, ela lhe disse de uma forma definitiva: "Eu não vou voltar mais para cá".

Naquele mês, meu irmão Cok e sua mulher, Leny, visitaram minha mãe várias vezes no hospital. Deixaram um caderno ao lado da sua cama e a estimularam a escrever. "Dissemos a ela que era o momento de registrar no papel tudo o que a incomodava", disse Leny anos depois. "Para muita gente, fazer isso é uma cura, mas parece não ter sido o caso dela. Bep não escreveu uma única palavra no caderno."

Na noite de 5 de maio de 1983, Dia da Libertação, minha mãe foi visitada no hospital por uma de suas velhas amigas, Hella Walraven. Durante a conversa com ela, minha mãe disse que sentia que sua tarefa na Terra havia sido cumprida. Todos os seus quatro filhos estavam casados e realizados, por isso poderia deixar este mundo com paz de espírito.

Para mim, é difícil não ver essa declaração como uma tentativa de pensamento positivo, se não uma negação total. A verdade é que os últimos anos da minha mãe foram dos mais difíceis da sua vida, e não só por causa dos problemas de saúde. Seu casamento continuava tão tenso como sempre, proporcionando pouco em termos de paz e conforto. Tinha perdido seu segundo pai, Otto, em 1980; um ano depois, Victor Kugler morreu. Isso significava que a única que restava do Círculo da Opekta era Miep e, infelizmente, minha mãe e ela tiveram alguma desavença no fim dos anos 1970, depois do que a amizade entre as duas nunca se recuperou. Não está claro qual foi exatamente o desentendimento, mas ela se referiu a isso em uma de suas últimas cartas a Otto.

Minha mãe também estava indubitavelmente apreensiva com a edição crítica dos diários. Talvez se sentisse temerosa, por conta da carta recente de Fritzi, que a equipe do RIOD fosse publicar tudo, revelando a colaboração de Nelly com os nazistas e provocando especulações sobre se a irmã poderia estar envolvida na traição. Minha mãe enfrentava um dilema moral: deveria deixar a verdade afinal vir à tona? Ou continuar leal à família e manter o nome de Nelly fora do diário, como fizera Otto?

No fim, imagino que minha mãe pode ter sido acometida por algum sentimento de culpa, ou ao menos lamentado pela situação do relacionamento comigo, seu filho mais novo. Eu fui seu confidente e protetor desde aquele dia, quando tinha dez anos, em que a encontrei na banheira com a boca cheia de pílulas para dormir. Sempre estive do lado dela, mas ela não ficou ao meu lado no meu casamento, não me ajudou quando meu casamento se tornou cada vez mais difícil, não esteve comigo no nascimento da minha filha, Rebecca, que ela nunca conheceu. Eu não estava nada "realizado", como ela disse a sua amiga Hella. Penso em tudo o que deve ter pesado para ela, deitada no leito do hospital, em todas as coisas que não escreveu naquele caderno.

No dia 6 de maio, meu pai ligou para meus três irmãos de madrugada pedindo para irem imediatamente ao hospital. Não explicou por quê. Anne e Ton foram os primeiros a chegar. "Quando saímos do elevador, vimos todos que dividiam o quarto com a mamãe em pé, do lado de fora", me contou Anne. "Em momentos como esse, a gente sabe o que está por vir, mas eu não quis acreditar. Disseram que a mamãe tinha levantado da cama, gritando que não estava se sentindo bem, e depois desmaiou. Eles tentaram reanimá-la, mas não conseguiram."

Outro paciente explicou que minha mãe de repente caiu para a frente enquanto tricotava na cama. A autópsia mostrou que a causa da morte não foi insuficiência renal, mas um aneurisma da aorta, uma ruptura no principal vaso sanguíneo ligado ao coração, que tenho certeza foi agravado pelo grande estresse por que passava.

A Casa de Anne Frank enviou um comunicado à imprensa informando o falecimento da "Elli" do Diário. O museu a descreveu como "uma das holandesas que se dispuseram a correr riscos enormes sem hesitar", que tinha agido "por um senso de solidariedade que considerava evidente. Além disso, mais tarde, nunca assumiu o crédito por isso". Foi uma declaração simpática, mas um pouco comprometida pelo fato de terem conseguido errar na grafia do sobrenome da minha mãe.

A maioria dos jornais holandeses deu pouca atenção à sua morte. Houve uma exceção, o *De Telegraaf* de Amsterdã, que publicou um longo obituário intitulado "Ela era a ajudante em quem Anne Frank mais confiava". Apesar das palavras duras trocadas antes da morte da minha mãe, Miep Gies foi citada dizendo somente coisas boas sobre sua ex-colega de escritório.

"Ela tinha uma personalidade meiga e bondosa, e também era uma boa companheira, alguém com quem você sempre podia contar", declarou. Na opinião de Miep, "a coisa mais especial (sobre Bep) era ser tão modesta. Foi heroica sem bravata, simplesmente acreditava que os foragidos no Anexo deveriam ser ajudados. Para ela, não foi uma escolha difícil de fazer".

Ressentimentos

Eu não estava no hospital no dia da morte da minha mãe. Na verdade, só fiquei sabendo que ela tinha falecido três dias depois, na segunda-feira, 9 de maio, quando recebi um telefonema da minha cunhada Leny no trabalho. Ela me perguntou se eu sabia "das notícias". Não ficou exatamente surpresa ao constatar que eu não fora informado. Falou de uma conversa no hospital sobre se eu deveria ser convidado para o enterro, que aconteceria em dois dias, em 11 de maio.

Minha avó e a maioria das irmãs da minha mãe, inclusive Nelly e Diny, achavam que eu fazia parte da família. "Ela é a mãe dele", disseram. Mas meu pai, meu irmão mais velho, Ton, e minha irmã discordaram. Eu não falava com meus pais havia mais de uma década, e Anne e Ton sempre me culparam pela discórdia na nossa família. Meu outro irmão, Cok, ficou em cima do muro: tentando ser gentil e amigável comigo, mas também não querendo interferir, provavelmente por lealdade a Anne e a Ton.

Meu pai e meus irmãos acharam que o funeral da nossa mãe não deveria se transformar num cenário para uma reconciliação, muito menos para uma briga de família. Mas minhas tias, e principalmente as esposas dos meus irmãos, protestaram, e a família acabou concordando em permitir que eu fosse, se assim quisesse. Os convites para o funeral foram redigidos e mandados pelo correio. Mas o meu não chegou. Leny disse ter percebido algo de estranho, já que não era do meu feitio não responder.

Mantive um silêncio perplexo ante o que ela me disse, tentando processar dois fatos inacreditáveis: minha mãe tinha morrido e minha família não me queria no funeral. Disse a Leny que no mínimo gostaria de me despedir dela. Leny se ofereceu para me levar até a capela funerária antes do enterro.

"Não conte para o seu pai, nem para Anne e Ton", recomendou, ignorando, ou não lembrando, o fato de que na época eu não tinha contato com eles. "Isso vai ficar em segredo entre nós."

Não havia nada nas entrelinhas do que ela disse, mas numa fração de segundo fui mandado de volta a um momento crucial da minha vida, uns 24 anos antes, quando encontrei minha mãe na banheira com a boca cheia de soníferos e ela me disse: "Não fale nada ao seu pai nem aos seus irmãos. Isso vai ficar em segredo entre nós".

Naquela quarta-feira, me encontrei com Cok e Leny no cemitério. Eu conhecia bem o bairro; era Watergraafsmeer, onde fui criado, onde minha mãe viveu até sua morte. A poucas centenas de metros de distância, ficava o campo de futebol onde eu jogava quando menino. Era uma manhã fria, nublada, e chuviscava. Cok e Leny pareceram nervosos quando me viram. Era como se fôssemos penetras, como se pudéssemos ser "pegos". Leny me levou à capela funerária, onde vi o caixão da minha mãe. Depois me deixou sozinho.

Foi um dos momentos mais difíceis da minha vida, quando vi minha mãe no caixão. Quase automaticamente, pousei a mão sobre suas mãos cruzadas e olhei para o rosto dela. Estava com uma expressão bem relaxada, que eu não costumava ver quando criança. Parecia quase estar sorrindo. Experimentei uma estranha sensação de alívio por estar ali com ela. Achei que tinha ficado lá somente alguns minutos, mas Leny depois disse que havia se passado quase meia hora. Devo ter perdido a noção do tempo. Pouco antes de sair, beijei a testa fria da minha mãe.

Assim que saí da capela, voltei a me sentir um penetra. Comecei a correr em direção ao meu carro, tentando desesperadamente não ver minha família. Em parte, para respeitar a vontade de todos — até onde sabia, talvez nem minha mãe me quisesse lá. Mas, em parte, foi por orgulho. Não queria que eles me vissem me esgueirando daquele jeito.

Ao entrar no carro, vi Leny e Cok se juntarem ao cortejo de enlutados. Ainda me lembro do som dos seus passos no caminho de cascalho. Miep e Jan Gies estavam lá. Minha avó Christina andando de braços dados com minha tia Willy. Nelly seguindo atrás delas, sozinha. À frente do grupo vi meu pai, encurvado e abatido, amparado por Ton e Anne. Enquanto os via entrando na capela, não pude deixar de pensar que eram três covardes com muito medo de me encarar, mesmo naquele momento, em que qualquer coisa que nos separasse deveria ser mitigada pela nossa perda em comum. Lembro-me de pensar como era ridículo ser o pária da família sem sequer ter uma ideia clara do motivo pelo qual fui expulso ou do que fiz de errado. Saí dirigindo e chorando em silêncio. Eu me sentia mal, nauseado. Culpei meu pai acima de tudo, e jurei a mim mesmo que jamais o perdoaria.

Uma última chance

Eu e Sonja nos divorciamos em setembro de 1996. Como na maioria dos casamentos fracassados, provavelmente já deveríamos ter feito isso muito antes. Mas, pelo bem da nossa filha e por conta de algum senso inato de lealdade, tentei fazer dar certo, mesmo depois de não haver nada que nos mantivesse juntos além de culpa e obrigação.

Pouco depois de os papéis do divórcio serem finalizados, uma noite cheguei em casa depois do trabalho e encontrei uma mensagem no meu correio de voz. Era de uma assistente social que se encontrava regularmente com meu pai. Ela perguntava se eu estaria disposto a falar sobre a minha "relação" com ele. Liguei de volta e ela disse que meu pai estava com problemas de saúde, fazendo terapia e tomando antidepressivos, e que seu maior desejo era se reconciliar comigo "antes que fosse tarde demais".

Sabendo como meu pai podia ser teimoso e refratário, fiquei surpreso e talvez até um pouco impressionado por ele estar se submetendo à terapia. A assistente social só tinha uma vaga ideia do que havia acontecido entre nós. Perguntei se ela sabia que minha mãe tinha escondido Anne Frank durante a guerra e que meu pai sempre nos proibiu de falar sobre esse fato quando crianças. Perguntei se sabia que meu pai tinha me excluído da família por causa da mulher que escolhi para me casar, que sua oposição foi tão grande que ele nunca conheceu minha filha e nem me quis no enterro da minha mãe.

Ela não sabia de nada disso. Conversamos quase duas horas pelo telefone. Tentei explicar que só falaria com meu pai se ele se desculpasse. Ela me disse que entendia. Dois dias depois, ela me ligou para dizer que meu pai se sentia mal com "o que aconteceu" entre nós, que estava me convidando para sua nova casa para conhecer a nova esposa, uma mulher chamada Fie.

Disse a ela que agradecia o convite, mas nem pensaria em ir a menos que ouvisse um pedido de desculpas diretamente dele. Uma semana depois, voltei para casa e havia outra mensagem na minha caixa postal — "*Met je vader*" (do seu pai). À sua maneira, ele se dizia arrependido. Um pedido de desculpas murmurado na caixa postal não era exatamente o que eu tinha em mente, mas achei que para meu pai já era um grande passo. Então concordei em visitá-lo.

Meu pai nunca se sentiu à vontade para falar sobre questões emocionais. Mas, naquela visita, quis deixar claro que minha mãe nunca disse que não me queria no funeral. "Essa ideia foi minha", admitiu, "assim como...".

Aí ele parou de falar. Queria acrescentar mais à história, mas depois pensou duas vezes. Percebi que ele parecia menos irritadiço do que o normal, e não estava bêbado. Isso eu creditei a Fie, uma mulher adorável, com uma personalidade forte que o ajudou a ficar sóbrio. Foi ela quem o fez falar com a assistente social e fazer um tratamento para depressão. No dia em que nos encontramos, meu pai me deu de presente um cronômetro dos seus tempos de árbitro de corfebol, um jogo holandês parecido com o basquete. Era um de seus bens mais queridos e fiquei emocionado por ele desejar que eu o tivesse.

Foi bom voltar a ter contato com meu pai, mas fiquei impressionado com o fato de terem se passado quatorze anos desde a morte da minha mãe. Por que ele estava me contatando agora? Talvez tenha sentido a proximidade do fim da vida e quisesse resolver suas pendências. Mas eu desconfiava que tinha mais a ver com o fato de eu ter acabado de me divorciar de Sonja, a mulher a quem se opusera por tanto tempo. A notícia do nosso rompimento chegou ao meu pai pelos meus irmãos, e ele só me procurou depois de Sonja sair de cena.

Em 1999, eu me casei com minha atual esposa, Ingrid, uma pessoa que trouxe muita serenidade à minha vida e me ajudou a desatar os muitos nós da história da minha família. Ela é inteligente, crítica, honesta e confiável — e acho que eu não seria capaz de contar esta história sem a base sólida da nossa união.

Meu pai estava doente demais para comparecer ao nosso casamento, mas um ano depois todos nos encontramos para jantar. Foi uma noite agradável no geral. Porém, a certa altura, meu pai olhou para Ingrid com um estranho brilho nos olhos. "Você deveria ter chegado antes. É só o que posso dizer." Em seguida sorriu e mudou de assunto.

Algum tempo antes da sua morte, em outubro de 2002, meu pai foi entrevistado por um representante da Casa de Anne Frank, dando a ele uma última oportunidade para corrigir o registro oficial ou revelar alguma verdade havia muito escondida.

"O segredo da minha mulher", declarou, "era que a irmã dela, Nelly, tinha namorado um alemão na guerra... só isso."

EPÍLOGO

AS COISAS QUE DEIXAMOS PARA TRÁS

*Se o fim do mundo fosse iminente,
eu ainda plantaria uma árvore no dia de hoje.*
OTTO FRANK

Anne anotou tudo. Sem seu diário, não saberíamos sobre o heroísmo da minha mãe, a determinação de aço de Johan ou a deslealdade de Nelly. Ela plantou as sementes dessa história há oitenta anos, em uma casa em um canal de Amsterdã. Minha mãe costumava dizer que era importante lembrar que muitos outros holandeses fizeram o mesmo que os ajudantes do Anexo Secreto. Só não tiveram suas boas ações eternizadas em um famoso diário.

Estar relacionada a esse diário foi uma honra para minha mãe, mas também um fardo. O diário detalhou seu heroísmo para todo mundo ver, mas ela nunca se sentiu uma heroína, e precisou lidar sozinha com todas as coisas que Anne deixou de fora da história, coisas que não teria como saber: o sofrimento, as concessões, a vergonha. Esse fardo pessoal também não foi exclusivo dela. É raro encontrar uma família na Holanda que não tenha, enterrados em algum lugar, seus próprios segredos de guerra, a experiência de ter um parente sobre o qual "simplesmente não falamos".

Tenho interesse por esses casos, em como isso é pernicioso como uma praga pelos ramos de uma árvore genealógica, disseminando vergonha e silêncio de uma geração a outra. Essa é a história que eu e Jeroen tentamos contar neste livro, e para isso precisávamos de algo mais que o diário de Anne Frank. Tivemos de vasculhar minhas lembranças, falar com meus parentes, encontrar documentos e cartas que pudessem responder às perguntas que Anne nos deixou.

Um conjunto de documentos que fiquei surpreso ao descobrir que não constavam dos registros foram as cartas da minha mãe. Sabia que ela tinha escrito cartas durante toda sua vida, e que muitas delas tinham várias páginas. Também era uma arquivista muito meticulosa da sua correspondência, especialmente as cartas trocadas com Otto e outros membros do Círculo da Opekta. Catalogava todas as cartas que recebia deles, junto com cópias feitas com papel carbono de suas respostas, em um fichário grosso de duas argolas.

Quando eu e Jeroen começamos as pesquisas para o nosso livro, fiquei surpreso ao descobrir que só um punhado de cartas relacionadas ao Anexo Secreto parecia ter sobrevivido. Perguntei às minhas tias e aos meus irmãos, pessoas que poderiam saber que fim levaram os papéis de minha mãe, mas eles disseram ter doado tudo para a Casa de Anne Frank. Nenhum deles sabia a localização do fichário de duas argolas.

Quando eu e Jeroen contamos as poucas cartas disponíveis, encontramos nove cartas da minha mãe para Otto. A maioria era dos anos 1950; algumas eram do fim dos anos 1970. Mas entre 1960 e 1978 — o período após a tentativa de suicídio da minha mãe, quando ela e Otto podem ter começado a suspeitar que Nelly fosse a traidora —, não encontramos uma única carta dela para Otto. No entanto, sabemos com certeza que eles se escreveram durante esse período, pois temos oito cartas de Otto para minha mãe dessa época, sete das quais são claramente respostas a cartas dela.* É como se alguém tivesse apagado dezoito anos de correspondência da minha mãe. Além disso, não encontramos cartas entre minha mãe e Miep Gies, embora eu me lembre de a minha mãe ter recebido e respondido muitas cartas de Miep.

As cartas desaparecidas ainda eram um mistério em 2010, quando fiz uma visita à Casa de Anne Frank. Parte do motivo da minha visita foi me certificar de que não havia nada nos arquivos da Casa que já não tivesse sido entregue a nós. Meu irmão Ton (que faleceu em 2021) fez questão de ir comigo. Todos os meus irmãos apoiaram, alguns mais, outros menos, meus primeiros esforços para contar a história da nossa mãe. Ton chegou a ceder um lugar para Jeroen ficar perto de Amsterdã enquanto fazia pesquisas. Ele e minha irmã Anne confidenciaram coisas a Jeroen que nunca me contariam diretamente. Os dois pareciam muito interessados em esclarecer os detalhes.

Mesmo assim, fiquei surpreso quando Ton disse querer ir comigo à Casa de Anne Frank. Até então ele não tinha se envolvido pessoalmente na nossa pesquisa. Eu concordei, é claro. Nosso encontro não rendeu grandes descobertas, mas, quando saímos, Ton perguntou se eu queria tomar uma cerveja. O convite não condizia com seu comportamento usual; nós dois raramente socializávamos. Mas respondi que gostaria muito.

Encontramos um lugar tranquilo na praça Dam, e Ton pediu duas cervejas. Tomou a dele rapidamente, pediu outra e depois mais outra. Eu mal tinha começado a pensar em como era bom batermos um papo e simplesmente curtirmos a companhia um do outro, quando a conversa tomou um rumo estranho.

"Bem, Joop," falou, "eu quero te dizer uma coisa."

---

* Em vista do número de cartas anteriores, é improvável que Otto tenha escrito só oito cartas a Bep nesse período de dezoito anos, o que significa que provavelmente muitas de suas cartas para ela também estejam desaparecidas.

Perguntou se eu sabia do "lugar secreto" onde nossa mãe guardava papéis importantes. Não sei por que, mas fingi ignorância. "Não... que lugar secreto?"

Ele pareceu satisfeito por eu não saber. Contou que na prateleira mais alta do armário da sala de jantar havia uma grande pilha de papéis velhos, e logo atrás "mamãe costumava guardar cartas importantes, aquelas que não queria que ninguém visse. Bem, quando ficou muito doente, ela me pediu pra pegar aquela pilha de cartas... e queimar".

Fiquei atônito. "Você sabe de quem eram as cartas?"

Ton pareceu irritado. "Eu não li nenhuma delas."

Eu o pressionei um pouco mais. Ele acabou falando: "Acho que eram cartas de amor... para o vizinho, sr. Hauben. Lembra dele?".

Claro que eu me lembrava. Era um indonésio baixo e amigável que morava na casa ao lado; minha mãe costumava ouvir músicas de concerto com ele à tarde, e é verdade que às vezes escondia isso do meu pai para não provocar ciúme. Mas eu não conseguia imaginar que eles tivessem sido amantes. Na verdade, acho que lembro que a mulher do sr. Hauben estava sempre por perto quando eles ouviam música.

Ton desviava o olhar e revirava os olhos enquanto eu tentava fazê-lo responder a mais perguntas.

"Quantas cartas eram?"

"Não sei, uns dois centímetros", respondeu, usando o polegar e o indicador para me mostrar o tamanho da pilha.

"Então você queimou umas trinta ou quarenta cartas de amor da nossa mãe? Quando foi isso?"

"Logo depois que ela foi para o hospital. Ela me perguntou alguns dias antes de morrer pra saber se eu tinha mesmo queimado."

Agora eu podia ver que ele estava ficando emocionado, enxugando lágrimas dos olhos. Deu um suspiro de alívio quando mudei de assunto e pedimos mais uma rodada de cerveja.

Fiquei perturbado com o que ele me disse, e com raiva dele e dos meus outros irmãos por terem tratado a correspondência da nossa mãe de forma tão descuidada depois da morte dela. Mas, em sua defesa, eles não sabiam dos meus planos de escrever a biografia da minha mãe, e àquela altura da nossa pesquisa Jeroen ainda não tinha descoberto as páginas perdidas do diário relacionadas à colaboração de Nelly. Portanto, não tínhamos razões para suspeitar de que minha mãe escondia uma verdade comprometedora do mundo.

Na época, não consegui entender bem o que Ton estava realmente me dizendo. Assim, eu e Jeroen deixamos esse assunto de lado até 2022, quando estávamos no último estágio da pesquisa para este livro. Nesse período, revisamos os detalhes de tudo que meu irmão me contou, e nada fazia muito sentido. Por que uma dona de casa teria um romance epistolar com um vizinho quando poderia simplesmente cochichar pela cerca, evitando assim um rastro incriminador de papel? Não parecia uma coisa que nossa mãe faria. E não acreditei que Ton soubesse tão pouco sobre o conteúdo das cartas quanto dizia.

Ton estava se fazendo de bobo. Queria me fazer pensar que tinha seguido inocentemente os desejos da nossa mãe, que acreditava estar queimando velhas cartas de amor, ajudando a mãe moribunda a encobrir um caso de décadas. Mas ele sabia que eu acabaria descobrindo a verdade, que minha mãe queria queimar não eram as evidências de um antigo namoro, mas sim a correspondência perdida com os membros do Círculo da Opekta. Ton sabia que eu e Jeroen não deixaríamos pedra sobre pedra na nossa pesquisa, e quis nos poupar do trabalho de procurar cartas que não mais existiam.

Eu não conseguia deixar de pensar num detalhe: a expressão de alívio no rosto da minha mãe no seu leito de morte quando ela perguntou a Ton: "Você queimou aquelas cartas?", e ele respondeu que sim.

Como a terra sempre foi escassa na Holanda, os lotes de cemitérios são caros e normalmente alugados por uma ou duas décadas, após o que os restos mortais são removidos. Quando os direitos funerários da minha mãe expiraram, vinte anos após sua morte, em 2003, minha irmã Anne organizou a cremação dos restos mortais. As relações entre mim e meus irmãos tinham melhorado um pouco, então desta eu vez fui convidado para a cerimônia.

Eu queria fazer as pazes com a minha família para o meu próprio bem, para o bem da minha filha, e por acreditar que, no fundo, era o que minha mãe sempre desejou. Mas, apesar de agora nos reunirmos em ocasiões especiais, o ressentimento continuava lá, fervilhando sob a superfície. E, por mais que eu desejasse que o projeto deste livro pudesse servir como uma cura para mim e os meus irmãos, ao rastrear o nosso trauma familiar até a fonte e descobrir a verdade — ou ao menos a minha versão da verdade —, não foi exatamente isso que aconteceu.

Na verdade, quando leu uma versão preliminar desta história, minha irmã cortou o contato limitado que tinha comigo e insistiu que Tom fizesse o mesmo. Ela se recusou a acreditar que nossa mãe tentou se matar, atribuindo meu relato como testemunha ocular do evento a "falsas lembranças". Também achou inapropriada minha investigação sobre o passado da tia Nelly, que isso seria como lavar a "roupa suja" da nossa família em público.

Lamento a distância ainda existente entre mim e minha irmã, mas tenho esperança de que a próxima geração da nossa família — minha filha, Rebecca; minhas sobrinhas e meus sobrinhos, Elly, Robin, Jochem, Hester e Casper; bem como meus netos, os gêmeos Kay-Lee e Ryan — se sintam mais dispostos a falar sobre essa história sombria, talvez por suas infâncias não terem sido ofuscadas por ela. Eles me deixam esperançoso com o nosso futuro, e é por isso que resolvi dedicar este livro a eles.

No mesmo ano em que espalhamos as cinzas da minha mãe, convidei Ton, com sua esposa Marie-José e seu filho, para jantar na minha casa. Foi nessa noite que Ton confessou, por insistência de Marie-José, que ele e Anne foram os que decidiram não mandar pelo correio o meu convite para o funeral. Fiquei tão magoado que não comentei nada, mas me senti orgulhoso do meu sobrinho Robin, então com 26 anos, que expressou sua indignação em meu nome e chamou o pai de covarde. Foi um momento difícil, mas acho que simbolizou um passo para chegar a algum entendimento entre todos nós.

Mais tarde naquela noite, Ton me presenteou com "uma surpresa". Era um álbum de fotos feito pela minha mãe para mim nos seus últimos anos de vida, com fotos da minha infância. Havia fotos minhas ainda bebê nos braços da minha mãe, uma foto do meu pai me segurando na minha primeira bicicleta, uma foto minha com minha mãe sorrindo e lavando louça perto do fogão, onde mais tarde eu sofreria meu acidente. Havia até uma foto minha dançando com Sonja num salão de baile.

Gosto de todas as fotos dessa coleção, mas o que mais valorizo é a existência do álbum, por me provar que minha mãe ainda me amava e pensava em mim, apesar de tudo. Ela me deixou um bilhete no álbum, na esperança de que chegasse a mim antes da sua morte, mas que só li vinte anos depois. O bilhete foi escrito nos dois lados de uma folha de papel fina, na caligrafia rápida que tinha aprendido no curso de secretariado. Não era poético, nem particularmente profundo, e não se destacava em termos dramáticos ou artísticos, nem mesmo se comparado com as anotações mais apressadas do diário de Anne Frank. No entanto, para mim, significou mais do que qualquer outra coisa que já tenha lido.

Meu adorável filho Joop,

Este é o seu álbum com as fotos da sua juventude. Nós sentimos muita tristeza por esta situação, mas estamos convencidos de que você sente o mesmo, e achamos isso terrível. Por que tinha de ser assim? Por que as pessoas precisam se atormentar tanto nesta curta vida? Espero ainda estar viva quando você receber este álbum e que tudo esteja bem novamente.

Adeus, Joop. Seus pais amam você, sua irmãzinha também, e seus irmãos, sua avó, suas tias e tios, primas e primos. Meus mais sinceros desejos de muito amor e muita felicidade, também para sua mulher e sua filha.

Ela assinou simplesmente: "Sua mãe".

NOTA SOBRE AS FONTES

Eu e Jeroen temos tentado contar a história da minha mãe para o mundo há mais de uma década. Nossos esforços anteriores resultaram no livro em holandês *Bep Voskuijl: Het zwijgen voorbij* (*Bep Voskuijl: Além do silêncio*), uma biografia mais tradicional publicada em 2015 pela Prometheus/Bert Bakker em Amsterdã. Uma tradução em inglês desse livro foi publicada em 2018.

Depois da publicação do nosso primeiro livro, eu e Jeroen descobrimos importantes fatos e depoimentos inéditos de testemunhas que, junto com minhas próprias histórias, muito contribuíram para o presente trabalho. Nas páginas seguintes, tentamos creditar citações sobre todos os fatos e frases extraídos de obras publicadas, bem como cartas, documentos e entrevistas não publicados. Uma das principais fontes para esta história foi minha própria memória, que, como a de qualquer um, é imperfeita, por isso tenho me esforçado, sempre que possível, para cotejar minhas lembranças com fotografias, cartas, reportagens e lembranças dos meus familiares.

Em 2017, tomei conhecimento da investigação de um ex-agente do FBI, Vince Pankoke, que tentou usar técnicas forenses modernas e *big data* para resolver de uma vez por todas o mistério de quem traiu o Anexo Secreto. Pankoke trabalhou com uma "equipe de casos arquivados" composta por trinta profissionais, incluindo historiadores, escritores e investigadores experientes, e afirmou que seu projeto tinha o apoio da Casa de Anne Frank e do Instituto NIOD de Estudos sobre a Guerra, o Holocausto e o Genocídio. Diante de tudo isso, eu e Jeroen acreditamos que a pesquisa da equipe de casos arquivados seria realizada de maneira objetiva, e que suas conclusões seriam confiáveis. Assim, ficamos contentes ao conceder entrevistas a Vince e compartilhar nossas descobertas para ajudar sua equipe a cumprir a ambiciosa missão.

Infelizmente, nossas grandes esperanças no projeto estavam equivocadas. *Quem traiu Anne Frank?*, um livro que resume a investigação da equipe de casos arquivados e escrito por Rosemary Sullivan, foi criticado por um coro de especialistas em Holocausto assim que foi publicado, em 2022. Um estudo científico de 69 páginas escrito por seis proeminentes acadêmicos holandeses refutou as principais descobertas do livro, dizendo não haver "nenhuma evidência concreta" para apoiar a acusação da equipe de casos arquivados de que um tabelião judeu chamado Arnold van den Bergh foi o responsável pela traição. A editora holandesa do livro acabou retirando todos os exemplares do mercado e publicou um pedido de desculpas; o projeto de publicação na Alemanha foi cancelado.

Os acadêmicos não só contestaram a acusação da equipe de casos arquivados contra van den Bergh: *Quem traiu Anne Frank?* está repleto de muitos outros erros e imprecisões, vários deles referentes à minha família. Por um sentimento de lealdade a ela, e acima de tudo à verdade histórica, me senti obrigado a corrigir essas imprecisões em entrevistas e na internet.

NOTAS

Os livros que citamos costumam ser mencionados com os seguintes títulos resumidos.

Bas von Benda-Beckmann, *After the Annex: Anne Frank, Auschwitz and Beyond* (London: Unicorn, 2023): *After the Annex*
Anne Frank, *The Diary of Anne Frank: The Revised Critical Edition*, editado by David Barnouw e Gerrold van der Stroom (New York: Doubleday, 2003): *Diary (RCE)*
Anne Frank, *The Diary of a Young Girl: The Definitive Edition*, editado by Otto Frank e Mirjam Pressler (New York: Bantam Books, 1995): *Diary (DE)*
Miep Gies e Alison Leslie Gold, *Anne Frank Remembered: The Story of the Woman Who Helped to Hide the Frank Family* (New York: Simon & Schuster, 2009): *Anne Frank Remembered*
Dienke Hondius, *Terugkeer: Antisemitisme in Nederland rond de bevrijding* (The Hague: SDU, 1990): *Terugkeer*
Carol Ann Lee, *Roses from the Earth: The Biography of Anne Frank* (London: BCA, 1999): *Roses*
———, *The Hidden Life of Otto Frank* (New York: William Morrow, 2003): *The Hidden Life*
Geert Mak, *Amsterdam: A Brief Life of the City* (London: Vintage Books, 2010): *Amsterdam*
Melissa Müller, *Anne Frank: The Biography* (New York: Picador, 2013): *Anne Frank*

Jacob Presser, *Ashes in the Wind: The Destruction of Dutch Jewry* (London: Souvenir Press, 1968): *Ashes*

Mirjam Pressler, *Treasures from the Attic: The Extraordinary Story of Anne Frank's Family* (New York: Doubleday, 2011): *Treasures*

Ernst Schnabel, *The Footsteps of Anne Frank* (London: Pan Books, 1972): *The Footsteps*

Eda Shapiro e Rick Kardonne, *Victor Kugler: The Man Who Hid Anne Frank* (Jerusalem: Gefen Publishing House, 2008): *Victor Kugler*

Simon Wiesenthal e Joseph Wechsberg, *The Murderers Among Us: The Simon Wiesenthal Memoirs* (New York: McGraw-Hill, 1967): *The Murderers*

Citamos a partir dos seguintes arquivos, que nestas notas são mencionados com as seguintes abreviações.

ACA: Arquivos da Cidade de Amsterdã
AFH: Casa de Anne Frank, Amsterdã
CBG: Centro CBG de Histórias de Famílias, Haia
CM: Claudia Morawetz, arquivo pessoal
DLM: Deutsches Literaturarchiv Marbach, Alemanha
LL: Landesgericht (tribunal distrital de Lübeck, Alemanha)
NA: Arquivos Nacionais, Haia
NIOD: Instituto NIOD de Estudos sobre a Guerra, o Holocausto e o Genocídio, Amsterdã (até 1º de janeiro de 1999, Instituto Nacional Holandês para Documentação da Guerra, RIOD)
ÖS: Österreichisches Staatsarchiv, Viena
USHMM: Museu Memorial do Holocausto dos Estados Unidos, cidade de Washington

Os números das notas a seguir são indicações do número da página em que se encontram os trechos a que se referem.

PRÓLOGO: UMA CARTA DA BÉLGICA

9   conhecido em português: No Brasil, o livro foi publicado pela primeira vez em 1976, na edição editada por Otto Frank. Décadas mais tarde, novas edições, baseadas em outras versões do manuscrito, foram publicadas. O diário foi publicado pela primeira vez na Grã-Bretanha em maio de 1952 pela Vallentine Mitchell com uma tiragem de 5 mil exemplares. Foi publicado nos Estados Unidos em junho de 1952 pela Doubleday, também com uma tiragem de 5 mil exemplares. Uma segunda edição foi impressa às pressas nos Estados Unidos com uma tiragem de 15 mil exemplares, pois a primeira edição esgotou horas depois de ter chegado às livrarias.

10 *Shoah*: O filme, que recebeu várias indicações e prêmios em festivais de cinema no mundo todo, foi distribuído pela New York Films e lançado em Paris em abril de 1985.

11 no campo de extermínio de Sobibor: Segundo o historiador holandês e sobrevivente de Sobibor, Jules Schelvis (1921-2016), mais de 170 mil judeus foram deportados para o campo entre maio de 1942 e seu desmonte pelos nazistas no fim de 1943, depois de uma revolta bem-sucedida dos prisioneiros. Dos 34.313 judeus deportados da Holanda para Sobibor, somente dezoito sobreviveram à guerra. Ver Jules Schelvis, *Sobibor: A History of a Nazi Death Camp* [Sobibor: A história de um campo de extermínio nazista] (London: Bloomsbury, 2014).

11 três dos "ajudantes": Não se sabe muito sobre a experiência pessoal de Jo Kleiman durante o período do Anexo Secreto, mas serviu muitas vezes de guia em visitas ao Anexo para jornalistas e turistas nos anos 1950, e em 1957 se envolveu diretamente na criação da Fundação Anne Frank, cujo objetivo era a preservação do Anexo (e que mais tarde abriu a Casa de Anne Frank, em 1960). Kleiman morreu em 28 de janeiro de 1959, em Amsterdã.

11 A explicação habitual: Este retrato distorcido foi motivado principalmente pelos muitos filmes e adaptações teatrais da história de Anne Frank, nos quais Bep em geral fazia um papel muito pequeno ou simplesmente não aparecia.

14 uma rara gravação: A entrevista, conduzida pelo compositor canadense

Oskar Morawetz (1917-2007) em 9 de outubro de 1978, é discutida com mais detalhes no capítulo 15.

Parte I: Anne

17 "Nunca eles proferiram": Diário (DE), 28 de janeiro de 1944, 178.

CAPÍTULO 1: POR TRÁS DA ESTANTE DE LIVROS

19 28 mil judeus: Jaap Cohen, "How Unique Was the Secret Annex? People in Hiding in the Occupied Netherlands" [O Anexo Secreto era único? As pessoas escondidas na Holanda ocupada], Casa de Anne Frank, https://www.annefrank.org/en/anne-frank/go-in-depth/how-unique-was-secret-annex-people-hiding-occupied-netherlands/. O Instituto NIOD de Estudos sobre a Guerra, o Holocausto e o Genocídio, em Amsterdã, apresenta um número ligeiramente diferente, com base em pesquisas de 1989: "Estima-se que mais de 350 mil pessoas se esconderam por períodos mais curtos ou mais longos durante o período da ocupação. Cerca de 25 mil judeus se esconderam, dos quais mais ou menos um terço foi preso depois". Ver Hans Blom, *Crisis, bezetting en herstel: Tien studies over Nederland 1930-1950* (Rotterdam/ The Hague: Nijgh & Van Ditmar, 1989).

20 Setenta e cinco por cento dos judeus holandeses: Presser, Ashes, 232.
20 Apenas 5 mil: Ibid.
20 "Toda a minha esperança são as crianças": Otto Frank em carta a Alice Frank, 25 de maio de 1945, citado em Daniel S. Levy, "How Anne Frank's Diary Survived" [Como o diário de Anne Frank sobreviveu], *Time*, 14 de junho de 2017.
22 "O que os olhos do papai viam": Willy Voskuijl, declaração por escrito, 12 de agosto de 2009.
23 onde todos foram assassinados: Registro pessoal do fichário de Hijman Nabarro (1896-1943), Elisabeth Uijenkruijer (1895-1942), Jacob Nabarro (1921-1943) e Selma Nabarro (1927-1942), ACA;

"Hijman Nabarro", Joods Monument, https://www.joodsmonument.nl/en/page/202389/hijman-nabarro; "Hijman Nabarro 1896-1943", Oorlogsgravenstichting, https://www.oorlogsgravenstichting.nl/personen/108300/hijman-nabarro.

23 O avô e duas tias: Ibid.
23 "todos os judeus ficaram escondidos": Mak, *Amsterdam*, 97.
24 "fachadas limpas e vasos de flores": Ibid., 98.
24 executaram "com a precisão de um relógio": Uri Dan, "Eichmann's Prison Diary: Holocaust Was a Horror", *New York Post*, 1º de março de 2000.
24 "Em relação à Questão Judaica": Mak, *Amsterdam*, 102.
24 "nós não teríamos conseguido": Ibid.
27 A participação dos nacional-socialistas: Harold J. Goldberg, *Daily Life in Nazi-Occupied Europe* [O cotidiano da Europa ocupada pelos nazistas] (Santa Barbara, CA: Greenwood, 2019), 5-6.
29 Otto gostou dela de imediato: Gies e Gold, *Recordando Anne Frank*, 49.
31 "Ninguém vai oferecer um lugar": Jean Schick Grossman, "Anne Frank: The Story Within Her Story" [Anne Frank: a história dentro da história], 5 de dezembro de 1954 (manuscrito não publicado), AFH.
31 na casa dela, as crianças: Diny Voskuijl, em entrevista a Joop van Wijk-Voskuijl e Jeroen De Bruyn, 25 de agosto de 2012.
32 "o homem dos meus sonhos": Hiroo Kawamura, "Hunger and Fear in the Secret Annex" [Fome e medo no Anexo Secreto], *Asahi Shimbun*, 3 de abril de 1965.

CAPÍTULO 2: ESTRELAS AMARELAS

33 "um raio vindo do nada": Cok van Wijk, em entrevista a Jeroen De Bruyn, 6 de abril de 2014.
34 Ao anunciar a rendição: "Holland Overrun: Commander Tells Troops Yielding Is Only Way to Save Civilians" [Holanda tomada: comandante diz às tropas que ceder é única maneira de salvar civis], *New York Times*, 15 de maio de 1940.

34 "pensar nos nossos compatriotas judeus": Rainha Guilhermina, discurso pelo rádio, 13 de maio de 1940. Foi o último pronunciamento radiofônico feito pela rainha antes de sair da Holanda.
35 "tolo e covarde": Mak, *Amsterdã*, 99.
35 Jacob van Gelderen: Lucas Ligtenberg, *Mij krijgen ze niet levend: De zelfmoorden van mei 1940* (Amsterdam: Balans, 2017); Han van der Horst, *Zwarte Jaren* (Amsterdam: Prometheus, 2020); "Jacob van Gelderen", Joods Monument, https://www.joodsmonument.nl/en/page/227548/jacob-van-gelderen.
36 Os parentes de Otto na Grã-Bretanha: Milly Stanfield, em entrevista a Carl Fussman, em "The Woman Who Would Have Saved Anne Frank" [A mulher que teria salvado Anne Frank], *Newsday*, 16 de março de 1995.
36 ficou agradavelmente surpresa: Mak, *Amsterdam*, 101.
37 "Vai ser difícil": Anne Frank, carta a Alice Frank, sem data, citada em Müller, *Anne Frank*, 149.
37 ela e outras 86 crianças judias: Lee, *Roses*, 74.
37 389 homens judeus: Este número só recentemente foi investigado pela historiadora holandesa Wally de Lang e publicado em seu livro *De razzia's van 22 en 23 februari 1941 in Amsterdam: Het lot van 389 Joodse mannen* (Amsterdam: Atlas Contact, 2021).
37 em 25 de fevereiro, 300 mil holandeses: Loe de Jong, *Het Koninkrijk der Nederlanden in de Tweede Wereldoorlog* (The Hague: Martinus Nijhoff, 1985), parte 4.
38 "Bep disse que tempos difíceis viriam": Diny Voskuijl, em entrevista a Jeroen De Bruyn, 2 de setembro de 2012.
39 Os dois adoravam assistir: Willy Voskuijl, relato de uma entrevista a Dineke Stam e Rian Verhoeven, 8 de abril de 1994, AFH.
39 Os nazistas o mandaram: Registro pessoal do fichário de Jonas Bed (1903-1945), ACA; "Jonas Bed," Joods Monument, https://www.joodsmonument.nl/en/page/183938/jonasbed.
39 "Eu avisei para ele *não* fazer isso!": Diny Voskuijl, entrevista a Joop van Wijk-Voskuijl, 21 de agosto de 2021.
42 "Ele era uma pessoa calada": Gies e Gold, *Relembrando Anne Frank*, 51.

42 "todas as empresas industriais e comerciais": Schnabel, *The Footsteps*, 51-52.
43 Otto Frank pagou ao nazista holandês (nota de rodapé): Ver Otto Frank, carta ao Bureau Nationale Veiligheid (Gabinete de Segurança Nacional da Holanda), 21 de agosto de 1945, citada em Lee, *The Hidden Life*, 75; Schnabel, *The Footsteps*, 59.

CAPÍTULO 3: SEGREDO ABSOLUTO

46 "Eu não sou uma heroína": Gies e Gold, *Relembrando Anne Frank*.
48 Bep afirmou que Otto Frank (nota de rodapé): Ver Bep Voskuijl, relato de uma entrevista a David Barnouw e Gerrold van der Stroom, 25 de fevereiro de 1981, NIOD.
49 "Bep, você concorda": Bep Voskuijl, depoimento ao tribunal distrital de Lübeck, 29 de setembro de 1959, em Rheine, Alemanha, LL.
49 Depois da guerra, minha mãe: Ver, por exemplo, Bob Wallagh, "Elly van Wijk kende de geheimen van het Achterhuis" [Elly van Wijk sabia os segredos do Anexo Secreto], *Rosita*, 27 de fevereiro de 1960.
49 Que considerou: Bep usou esta frase em uma carta à professora escolar americana Jaqueline Shachter, datada de 17 de março de 1965; AFH.
51 "Nós vamos partir": Diário (VD), 1º de julho de 1942, 18.
51 "Aproveite a sua vida": Ibid.
52 "Nós precisamos fazer alguma coisa": Diny Voskuijl, em entrevista a Joop van Wijk-Voskuijl e Jeroen De Bruyn, 25 de agosto de 2012.
52 De agora em diante, disse Jo: Bob Wallagh, *Verfilmd verleden: De camera's op het dagboek van Anne Frank* (Maastricht: Leiter-Nypels, 1959), 42.
53 "Espero que você seja": Diário (VD), 12 de junho de 1942, 1.
53 ou, como ela definiu: Diário (VD), 20 de junho de 1942; 21 de junho de 1942, 11.
54 "cairmos exaustos": Diário (VD), 10 de julho de 1942, 26.
54 "a enorme mudança": Ibid.
54 "uma estranha pensão": Diário (VD), 11 de julho de 1942, 26.
54 "um lugar ideal para se esconder": Ibid.

54 "era mais seguro sair dois dias antes": Diário (VD), 14 de agosto de 1942, 30.
54 tinham a cabeça a prêmio: Sytze van der Zee, "Een fascinatie voor het verraad em het kwaad" [Uma fascinação com a traição e o mal], *De Volkskrant*, 23 de janeiro de 2010.
54 "Eu gostaria, mais do que qualquer coisa": Diário (VCR), "Deletions and Additions", 11 de julho de 1942 (versão B), 842.

CAPÍTULO 4: BOCAS PARA ALIMENTAR

57 Os nazistas confiscavam: Discurso de Stephanus Louwes (diretor-geral do Gabinete National de Suprimento Alimentar), outubro de 1943, citado em "1940-1941: De vervanging van vlees" [1940-1941: A substituição da carne], Verzetsmuseum Amsterdam, https://www.verzetsmuseum.org/nl/kennisbank/1940-1941-de-vervanging-van-vlees.
58 fato que Anne: Diário (VCR), 5 de maio de 1944 (versão A), 631.
58 "uma mula de carga": Diário (VD), 11 de julho de 1943, 107.
59 "Todo mundo está negociando": Diário (VD), 6 de maio de 1944, 285.
59 "Vivíamos com o medo constante": Hiroo Kawamura, *Hunger and Fear in the Secret Annex* [Fome e medo no Anexo Secreto], *Asahi Shimbun*, 3 de abril de 1965.
60 "certo talento teatral": Miep Gies, citada em Dienke Hondius, "A New Perspective on Helpers of Jews During the Holocaust: The Case of Miep and Jan Gies" [Uma nova perspectiva a respeito dos ajudantes dos judeus durante o Holocausto: o caso de Miep e Jan Gies], em *Anne Frank in Historical Perspective: A Teaching Guide* [Anne Frank em perspectiva histórica: um guia de ensino], editado por Alex Grobman (Los Angeles: Martyrs Memorial and Museum of the Holocaust, 1995), 39.
60 Não sabia que, em um porão: "De Annahoeve, herinnering aan een tijd die voorbij is", Vrienden van Watergraafsmeer, https://www.vriendenvanwatergraafsmeer.nl/annahoeve-herinnering-aan-tijd-voorbij-is.
62 "O que está acontecendo lá fora?": Ernst Schnabel, anotações pessoais, DLM.

62 "Número nove": Diário (VD), 9 de agosto de 1943, 125.
63 Era como Otto: Otto Frank, memórias, citado em Lee, *Rosas*, 119.
63 "incrivelmente gentil da parte de Bep": Diário (VD), 30 de dezembro de 1943, 158.
65 "Como alguém pode ser tão habilidoso": Diário (VD), 30 de dezembro de 1943, 74.
65 "Ele tem sido muito útil": Diário (VD), 21 de agosto de 1942, 32.
65 "Fácil dizer": Diário (VD), 3 de novembro de 1943, 144.
65 Costumava pedir a Willy: Willy Voskuijl, declaração por escrito, 12 de agosto de 2009; Willy Voskuijl, relato de uma entrevista a Erika Prins e Teresien da Silva, 9 de março de 2006, AFH.
66 "Eu me sentia uma princesa": Diny Voskuijl, em entrevista a Joop van Wijk-Voskuijl e Jeroen De Bruyn, 25 de agosto de 2012.
67 "Ah, lá vão eles de novo": Diny Voskuijl, em entrevista a Joop van Wijk-Voskuijl e Jeroen De Bruyn, 21 de agosto de 2021.

CAPÍTULO 5: ENCOBRIMENTO

69 "Será que eles ainda estão lá?": Jan Roelfs, "In Canada leven herinneringen aan het Achterhuis voort: Victor Kugler riskeerde met anderen zijn leven voor familie Anne Frank" [A memória da vida no Anexo Secreto resiste no Canadá: Victor Kugler e outros que arriscaram a vida pela família de Anne Frank], *Trouw*, 29 de julho de 1978.
70 "batida curta, mas forte, na porta": Diário (VD), 5 de agosto de 1943, 122.
70 "eu escondia no bolso": Shapiro e Kardonne, *Victor Kugler*, 44.
71 "levando embora pequenos grupos de homens": Ibid., 30.
71 "Fiquei feliz": Ibid.
71 Laura Buntenbach: Müller, *Anne Frank*, 280; "Laura Maria Buntenbach (1895-1952)", FamilySearch, https://ancestors.familysearch.org/en/2ZVP-L35/laura-maria-buntenbach-1895-1952.
71 "Minha mulher não estava bem de saúde": Shapiro e Kardonne, *Victor Kugler*, 40-41.
72 "Tive que fazer uma boa 'interpretação'": Ibid., 41.

72 "Era preciso sempre ser capaz": "'Meneer Kraler' maakte pelgrimstocht naar Broadway: Aangrijpend weerzien met het Achterhuis" ["'Sr. Kraler' fez uma peregrinação até a Broadway: reunião emocionante com o Anexo Secreto"], *De Telegraaf*, 11 de fevereiro de 1956.

72 "devido ao estresse": Diário (VD), 26 de maio de 1944, 306.

72 "Kugler nunca disse": Otto Frank, em carta a Leni Frank, sem data, citada em Pressler, *O tesouro*, 233.

75 "Meu pai não ligou pra isso": Diny Voskuijl, em entrevista a Joop van Wijk-Voskuijl, 18 de novembro de 2021.

75 "Stien, vou dar de comer aos pombos": Ibid.

76 "As coisas estão ficando": Diário (VCR), 14 de agosto de 1942 (versão A), 249.

76 "Agora o nosso Anexo Secreto": Diário (VD), 21 de agosto de 1942, 32.

CAPÍTULO 6: A FESTA DO PIJAMA

77 "não entendem nada": Diário (VD), 2 de março de 1944, 201.

78 "Eu não entendo": Diário (VCR), 8 de março de 1944 (versão A), 544.

78 "Eu sei muito bem": Ibid.

78 "bem fria e desdenhosa": Ibid.

79 que ficou "surpresa": Bep também enfatizou isso em sua entrevista com Oskar Morawetz; gravação de áudio da entrevista de 9 de outubro de 1978, CM.

79 "Que ajuda aquelas duas ofereceram?": Diário (VCR), 2 de março de 1944 (versão A), 201-2.

80 "Ela se sentou ao meu lado": Bep Voskuijl, carta a Otto Frank, 22 de março de 1951, AFH.

80 "Não é algo notável": Bob Wallagh, *Verfilmd verleden: De camera's op het dagboek van Anne Frank* (Maastricht: Leiter-Nypels, 1959), 44.

80 "ela realmente tinha uma língua afiada": Ernst Schnabel, anotações pessoais, DLM.

81 "porque era a mais nova": Bep Voskuijl, carta a Otto Frank, 22 de março de 1951, AFH.

81 "uma grande aventura": Ernst Schnabel, anotações pessoais, DLM.

81 "confiança inabalável no futuro": Schnabel, *No rasto*, 90.

81 "Ah, os planos que fizemos": Ernst Schnabel, anotações pessoais, DLM.

83 Minha mãe desempenhou um papel: Bep Voskuijl, depoimento no tribunal distrital de Lübeck, 29 de setembro de 1959, em Rheine, Alemanha, LL; Bep Voskuijl, gravação em áudio de entrevista a Oskar Morawetz, 9 de outubro de 1978, CM.

83 "O diário era o seu maior segredo": Ernst Schnabel, anotações pessoais, DLM. A segunda esposa de Otto Frank, Fritzi, disse que Anne escreveu seus contos em outro caderno "para poder ler sem que o público visse o diário". Fritzi deve ter sabido disso pelo marido. Ver Fritzi Frank, relato de uma entrevista a David Barnouw e Gerrold van der Stroom, 3 de março de 1981, NIOD.

84 "Eu não conseguia acreditar": Bep Voskuijl, carta a Otto Frank, 22 de março de 1951, AFH.

84 "Vocês não deveriam falar sobre tantas coisas": Ernst Schnabel, anotações pessoais, DLM.

85 Anos depois, ela se lembraria: Bob Wallagh, "Elly van Wijk kende de geheimen van het Achterhuis" [Elly van Wijk sabia dos segredos do Anexo Secreto], *Rosita*, 27 de fevereiro de 1960.

85 essa "horrível" notícia: Diário, 21 de setembro de 1942 (versão A), 257.

85 "tão bem de vida": Ibid.

86 "Betty Bloemendaal": Diário (VD), 15 de junho de 1942, 3.

86 Uma fotografia do começo dos anos 1940: "Bertha Louise Bloemendal", Joods Monument, https://www.joodsmonument.nl/en/page/177363/bertha-louise-bloemendal.

86 A casa dos Bloemendal: Bob Polak, *Naar buiten, lucht en lachen! Een literaire wandeling door het Amsterdam van Anne Frank* (Amsterdam: Bas Lubberhuizen, 2006), 152.

86 Se minha mãe não viu: Bep disse a Ernst Schnabel em junho de 1957 que viu batidas em busca de judeus na sua vizinhança, mas não fica claro se a batida em que os Bloemendal foram presos tenha sido ou não uma delas. Ver Ernst Schnabel, anotações pessoais, DLM.

87 "Ninguém é poupado": Diário (VD), 19 de novembro de 1942, 69.

87 "despachada para a Polônia": Diário (VCR), 19 de novembro de 1942 (versão B), 257.

87 "Eu me sinto péssima": Diário (VD), 19 de novembro de 1942, 70.
87 "De vez em quando": Diário (VD), 20 de novembro de 1942, 70.
88 "são regularmente mortos": Esta foi a primeira transmissão da BBC descrevendo o uso de gás contra judeus (9 de julho de 1942, 6h da manhã, Home News Bulletin).
88 informações sobre os campos de extermínio: Bep Voskuijl, gravação em áudio de entrevista a Oskar Morawetz, 9 de outubro de 1978, CM.
88 "Eles sabiam de tudo": Citado em Schnabel, *No rasto*, 97.

CAPÍTULO 7: UM PEQUENO ATO DE DESCUIDO

89 Anne chamou de "desastre": Diário (VD), 15 de junho de 1943, 105.
89 "um carcinoma": Diagnosticado por escrito pelo médico de Johan Voskuijl, 12 de maio de 1943, AFH.
89 "um erro imperdoável": Diário (VD), 15 de junho de 1943, 105.
90 "nossa maior fonte de ajuda e apoio": Ibid.
91 "não saberia por onde começar": Diário (VD), 23 de julho de 1943, 113.
91 "quase impossível de digerir": Willy Voskuijl, anotação por escrito, 12 de agosto de 2009.
91 "pálido como um lençol": Diny Voskuijl, entrevistada em vídeo por Teresien da Silva, 14 de novembro de 2011, AFH.
91 "Não quero mais, Stien": Ibid.
92 "Os dois não se falavam mais": Ibid.
93 "Um ataque de nervos": Diário (VD), 29 de setembro de 1943, 136.
93 "bater o pé": Ibid.
93 "as listas de compras": Ibid.
94 "Ele espalha as mentiras mais descaradas": Diário (VCR), 25 de abril de 1944 (versão A), 640.
94 "antipática": Bep Voskuijl, depoimento ao Departamento de Investigação Criminal de Amsterdã, 12 de dezembro de 1963, NIOD.
95 "Qualquer um que tivesse cérebro": Diário (VD), 16 de setembro de 1943, 135.
95 "Esta carteira é sua, sr. Kugler?": Citado em Schnabel, *No rasto*, 118.

Por uma questão de clareza, usamos o verdadeiro nome de Victor Kugler e não seu pseudônimo do *Het Achterhuis*, sr. Kraler, usado por Schnabel em seu livro.
95 "Ah, sim, claro!": Ibid.
96 "O que os transeuntes devem ter pensado": Diário (VD), 16 de setembro de 1943, 136.
96 "muito arriscada": Diário (VCR), 25 de abril de 1944 (versão A), 640.
96 "Não será ainda mais arriscado": Ibid.
96 "Um pequeno ato de descuido": Diário (VD), 18 de maio de 1943, 102.
96 "Eles acham que o câncer": Diário (VD), 25 de abril de 1944, 273.
98 "se o segredo": Victor Kugler, carta a Otto Frank, 4 de fevereiro de 1964, AFH.
98 "o sr. Kleiman achou melhor": Ibid.
98 "Vinte e cinco meses": Citado em Schnabel, *No rasto*, 118.

CAPÍTULO 8: À ESPERA DA INVASÃO

99 "Todos os dias eu me sinto": Diário (VD), 3 de maio de 1944, 282.
100 Na emissora de rádio inglesa: O discurso proferido pela rainha Guilhermina na noite de terça-feira, 9 de maio, na rádio Oranje, foi repetido na tarde de quinta-feira, 11 de maio. Seu discurso da tarde de quarta-feira, 10 de maio, foi repetido naquela noite.
100 "Ah, Kitty": Diário (VD), 6 de junho de 1944, 312.
100 "garoto tímido e desajeitado": Diário (VD), 14 de agosto de 1942, 30.
100 "olhos azuis escuros": Diário (VD), 6 de janeiro de 1944, 162.
100 "uma escritora famosa": Diário (VD), 11 de maio de 1944, 296.
101 "superconfiante [e] divertida": Diário (VD), 28 de abril de 1944, 275.
101 "segunda Anne": Ibid.
101 "só quer amar": Ibid.
101 "Anne, seja honesta!": Ibid., 277.
101 "Ah, agora eu entendo a Bep": Ibid., 277.
101 Um "jovem simpático, estável e atlético": Diário (VD), 28 de maio de 1944, 304.

102 "Quando eu dizia alguma coisa": Bertus Hulsman, entrevista a Joop van Wijk-Voskuijl e Jeroen De Bruyn, 20 de fevereiro de 2014.
103 "E todas as vezes": Bertus Hulsman, entrevista gravada em vídeo a Dineke Stam, 4 de dezembro de 2007.
104 "pouco apropriadas nessa situação": Diário (VD), 9 de outubro de 1942, 55.
104 A experiência o deixou: Bertus Hulsman, entrevista a Joop van Wijk--Voskuijl e Jeroen De Bruyn, 20 de fevereiro de 2014.
106 "por ser uma solteirona": Diário (VD), 25 de maio de 1944, 305.
106 "pior ainda": Ibid., 304.
106 "por quanto tempo ela será capaz de manter": Diário (VCR), 25 de maio de 1944 (versão A), 619.
107 "Bep está noiva!": Diário (VD), 25 de maio de 1944, 304.
107 "acabar com sua indecisão": Ibid.
107 "Bep não o ama": Ibid.
107 "que saiba valorizá-la": Ibid., 305.
107 "Que triste perspectiva": Ibid., 305.

CAPÍTULO 9: TUDO ESTAVA PERDIDO

109 "Parados!": Schnabel, *No rasto*, 101.
110 "Bep, nós fomos pegos": Bep Voskuijl, depoimento ao Departamento de Investigação Criminal de Amsterdã, 13 de dezembro de 1963, NIOD.
110 "*Wo sind die Juden*?": Ernst Schnabel, anotações pessoais, DLM. Bep, Miep e Jo Kleiman também se lembraram dessa frase ao visitarem o Anexo com um jornalista holandês nos anos 1950, quando o Anexo corria o risco de ser demolido. "De repente alguém bate à porta", escreveu. "Todos ficam petrificados [...] Mas era um dos funcionários da empresa de confecção ali perto, que comprou o prédio número 263 da Prinsengracht para expandir o negócio. Balançando o molho de chaves, ele quer saber quanto tempo vai demorar. Quase treze anos se passaram desde que [Kleiman], Miep e Elly se viram na mesma triste situação: a 'Grüne Polizei' invadiu o lugar e levou os judeus.

Até hoje, a mais leve batida da porta do Anexo Secreto soa para eles como o rumor das pesadas botas dos alemães. Ainda conseguem ver os revólveres apontados para eles, e ainda ouvem aquela pequena frase diabólica: *Wo sind die Juden?*". Ver Bob van Dam, "Herinneringen aan Anne Frank: Het Achterhuis, plek van veel verdriet en tranen" [Memórias de Anne Frank: o Anexo Secreto, um lugar de tristeza e lágrimas], *Wereldkroniek*, 8 de junho de 1957.

112 Silberbauer deu ordens: Sytze van der Zee, *Vogelvrij: De jacht op de Joodse onderduiker* (Amsterdam: De Bezige Bij, 2010), 443.

112 morreu de tifo: "Cäcilie Emma Sophie Hüsfeldt," Joods Monument, https://www.joodsmonument.nl/en/page/222603/cäcilie-emma-sophie-hüsfeldt.

113 "A história não pode ser escrita": Transcrição do discurso de Gerrit Bolkestein, transmitido pela rádio Oranje em 28 de março de 1944, NIOD.

114 "Ela ficou muito quieta": Citado em Schnabel, *No rasto*, 110.

114 "Não consigo, não consigo descrever": Ibid.

114 "dividida em duas": Diário (VD), 1º de agosto de 1944, 335.

114 "uma palhaça engraçada": Ibid., 336.

114 "Antes de eu perceber": Ibid., 336.

115 "terrivelmente pálido": Hiroo Kawamura, "Hunger and Fear in the Secret Annex" [Fome e medo no Anexo Secreto], *Asahi Shimbun*, 3 de abril de 1965.

115 "Continue negando": Bep Voskuijl, depoimento ao Departamento de Investigação Criminal de Amsterdã, 13 de dezembro de 1963, NIOD.

115 "Você não tem vergonha": Miep e Jan Gies, relato de entrevista a David Barnouw e Gerrold van der Stroom, 19 e 27 de fevereiro de 1985, NIOD.

116 "Volte para cá": Ernst Schnabel, anotações pessoais, DLM; Bep Voskuijl, gravação de áudio de entrevista a Oskar Morawetz, 9 de outubro de 1978, CM.

116 "o olho do furacão": Ernst Schnabel, anotações pessoais, DLM.

Parte II: Nelly

119 "Aqui eles têm certeza": Diário (VCR), 11 de maio de 1944 (versão A), 668.

CAPÍTULO 10: A VOZ DE UMA JOVEM

121 "alegria de ver": Presser, *Cinzas*, 172.

121 Agora frágeis e grisalhos: Adolf Eichmann foi enforcado em 31 de maio de 1962. No mesmo ano, começaram em Bona os julgamentos de Chelmno, em que onze dos carrascos de Hitler foram processados. Em 1963, começou em Frankfurt o segundo julgamento de Auschwitz, com vinte suspeitos indiciados no banco dos réus, junto com o julgamento de Belzec em Munique de oito ex-membros da SS.

121 "um ninguém, um zero": Wiesenthal e Wechsberg, *The Murderers*, 182.

122 "O diário de Anne Frank": Simon Wiesenthal no documentário *I Have Never Forgotten You: The Life and Legacy of Simon Wiesenthal*, de Richard Trank, 2007.

122 "resolveu viver pelos mortos": Wiesenthal e Wechsberg, *The Murderers*, 175.

126 "mais telegramas e cartas": Ibid., 181.

126 estava apenas "seguindo ordens": "Arrest and release of Karl Silberbauer" [Prisão e soltura de Karl Siberbauer], Anne Frank House, https://www.annefrank.org/en/timeline/92/arrest-and-release-of-karl-silberbauer/.

126 "somente cumpriu seu dever": Durante este mesmo período, Otto Frank fez declarações semelhantes em entrevistas a diversos jornais. Ver, por exemplo., "SD'er die de familie Frank arresteerde in Wenen opgespoord" [Homem da SD que prendeu família Frank localizado em Viena], *Het Vrije Volk*, 20 de novembro de 1963; "Vader van Anne Frank kende Silberbauers naam" [Pai de Anne Frank sabia o nome de Silberbauer], *Algemeen Handelsblad*, 21 de novembro de 1963.

126 "um resquício de humanidade": Ernst Schnabel, anotações pessoais, DLM.

126 "A única coisa que peço": Simon Wiesenthal, "Epilogue to the Diary of Anne, em *Anne Frank Unbound: Media, Imagination, Memory*, editado por Hyman A. Enzer e Sandra Solotaroff-Enzer (Bloomington, IN: Indiana University Press, 2002), 68.

127 "Na manhã seguinte": Victor Kugler, carta a Bep Voskuijl, 11 de fevereiro de 1964, AFH.

127 apareceu na porta da casa de Silberbauer: Karl Silberbauer, entrevista a Jules Huf em *Kurier*, 22 de novembro de 1963. A entrevista foi republicada na revista holandesa *De Groene Amsterdammer* em 14 de maio de 1986.

129 "não tinha motivo para suspeitar": Bob van Dijk, "Wie pleegde het verraad van het Achterhuis?" [Quem foi o traidor do Anexo Secreto?], *Panorama*, 13 de dezembro de 1963.

129 "Infelizmente, não": Bep Voskuijl, depoimento ao Departamento de Investigação Criminal de Amsterdã, 13 de dezembro de 1963, NIOD.

129 "Quero deixar claro": Karl Silberbauer, depoimento, 25 de novembro de 1963, Ministério do Interior da Áustria, ÖS.

130 "Nosso pequeno grupo salvou": Lifestoriescoza, "50 Minutes with Cor Suijk", entrevista em vídeo feita por Lisa Chait, janeiro de 2010, YouTube, 1º de setembro de 2017, https://www.youtube.com/watch?v=fqTliPyCFNc.

131 "deixar pedra sobre pedra": Willy Voskuijl, relato de entrevista a Erika Prins e Teresien da Silva, 9 de março de 2006, AFH.

131 "voz de uma jovem mulher": Cor Suijk disso isso ao seu colega próximo na Casa de Anne Frank, Jan Erik Dubbelman. Ver Jan Erik Dubbelman, em entrevista a Jeroen De Bruyn, 22 de março de 2011.

131-132 "Ainda tenho minha própria teoria": Otto Frank, "Anne Frank Would Have Been Fifty This Year" [Anne Frank teria cinquenta anos este ano], *Life*, março de 1979.

132 "[Otto] dizia o tempo todo": Fritzi Frank, entrevista gravada em vídeo a Wouter van der Sluis, outubro de 1993, AFH.

133 "um verdadeiro cão": Karl Silberbauer, entrevista a Jules Huf em *Kurier*, 22 de novembro de 1963.

133 Quando interrogado sobre a invasão: Willy Lages, em depoimento ao

Departamento de Investigação Criminal de Amsterdã, 6 de dezembro de 1963, NIOD.

CAPÍTULO 11: RATAZANA CINZENTA

138 biografia de Anne Frank escrita em 1992 pela autora alemã Mirjam Pressler: Este livro foi publicado originalmente em alemão como *Ich sehne mich so: Die Lebensgeschichte der Anne Frank* (Weinheim: Beltz & Gelberg, 1992). Foi publicado em inglês como *The Story of Anne Frank* [A história de Anne Frank] (London: Macmillan, 1999).

139 Infelizmente, isso: A partir de setembro de 1944, pessoas passaram a ser regularmente executadas em público em Amsterdã. Por exemplo, em 12 de março de 1945, os invasores alemães executaram trinta prisioneiros políticos em Weteringplantsoen, no centro da cidade, em retaliação ao assassinato de um membro da Sicherheitsdienst.

CAPÍTULO 12: EXÍLIO E RETORNO

143 Diny se lembra da irritação: Diny Voskuijl, entrevista gravada em vídeo a Teresien da Silva, 14 de novembro de 2011, AFH.

145 que jovens de dezesseis e dezessete anos: "Wein, Weib und Gesang" [vinho, mulheres e música], *Het Parool*, 2 de novembro de 1944.

145 cerca de 145 mil mulheres holandesas: Ver Monika Diederichs, *Wie geschoren wordt moet stil zitten: De omgang van Nederlandse meisjes met Duitse militairen* (Soesterberg: Aspekt, 2006).

146 um "lar longe do lar": "Erika — einmal anders: Ein gastfreies Haus für unsere Soldaten" [Erika — Algo novo: um local acolhedor para os nossos soldados], *Deutsche Zeitung in den Niederlanden*, 22 de dezembro de 1940.

146 "comida excelente": Propaganda, *Deutsche Zeitung in den Niederlanden*, 4 de janeiro de 1941.

146 "para o Estado holandês": "Seyss-Inquart spreekt te Amsterdam: Massale bijeenkomst morgenavond op het IJsclubterrein" [Seyss-Inquart

faz discurso em Amsterdã: reunião de massa amanhã nas dependências do Ice Club], *Algemeen Handelsblad*, 26 de junho de 1941.
147 O relatório da polícia informou: Relatório da polícia de Amsterdã, 1º de novembro de 1941, ACA.
147 "Mas mesmo assim ela continuou": Diny Voskuijl, entrevista gravada em vídeo a Teresien da Silva, 14 de novembro de 2011, AFH.
147 "Havia uma brecha grande": Ibid.
148 visto para a "Grande Alemanha": Nelly Voskuijl, solicitação de visto para a Alemanha, 18 de dezembro de 1942, ACA.
148 "Nelly quase não falava": Diny Voskuijl, entrevista gravada em vídeo a Teresien da Silva, 14 de novembro de 2011, AFH.
148 "Isso a fez voltar": Ibid.
149 trabalhou como secretária: O relato sobre o trabalho de Nelly para os alemães tem como base informações do diário de Anne Frank e entrevistas com Diny Voskuijl e Bertus Hulsman. Não existem registros de emprego de Nelly Voskuijl (nem quaisquer outros documentos relacionados a sua colaboração) nos Arquivos Nacionais de Haia, no Bundesarchiv de Berlim nem nos Arquivos Arolsen on-line.
149 "Nelly Voskuijl está em L'aône: Diário (VCR), 6 de maio de 1944 (versão A), 655. Como já foi observado anteriormente, na edição crítica dos diários publicada pelo NIOD, o nome de Nelly foi substituído pelas iniciais, e diversas frases foram deixadas de fora. Em consequência, as citações não corrigidas do diário pertencentes a Nelly vêm das transcrições datilografadas de todas as passagens do diário no NIOD.
150 "não fez nada além de ficar em um abrigo": Diário (VCR), 11 de maio de 1944 (versão A), 668.
150 "Ela ligou para um dos seus muitos amigos": Diário (VCR), 6 de maio de 1944 (versão A), 665.
150 "chapéu de lata e a máscara de gás": Diário (VCR), 11 de maio de 1944 (versão A), 668.
151 "os velhos problemas de novo": Diário (VCR), 19 de maio de 1944 (versão A), 674. Mais uma vez, nós acrescentamos novas partes das páginas datilografadas do NIOD.
151 "fica na cama e chora muito": Ibid.

151 outra entrevista: Bertus Hulsman, entrevista disponível em vídeo para Dineke Stam, em 4 de dezembro de 2007.
152 "No fundo, Nelly estava muito brava": Diny Voskuijl, em carta a Joop van Wijk-Voskuijl, em outubro de 2012.
152 "Por que você não volta para os seus judeus?": Assim como Bertus, Diny não se lembra exatamente do momento desta citação. Nelly poderia ter dito isso em várias ocasiões durante a ocupação. Contudo, em vista da afirmação de Diny de que Nelly tinha ficado irritada pelo segredo e confidência que se estabeleceram nas relações entre Johan e Bep, podemos supor que o comentário ocorreu *depois* de Johan começar a trabalhar na Opekta, em 1941 — quando já havia perseguição aos judeus —, e muito provavelmente depois de os Frank se esconderem, em 1942. Antes desse período, não haveria razão para Bep e Johan cochicharem secretamente sobre o que faziam.
153 "Por favor, pai, na cabeça, não!": Diny Voskuijl, declaração por escrito, 9 de junho de 2022. Por um lapso de comunicação, Diny não nos comunicou nas entrevistas para a primeira edição deste livro que o violento incidente do ataque de Johan a Nelly acontecera em 5 de agosto de 1944 — exatamente um dia depois da batida no Anexo Secreto. Ela só esclareceu esse fato durante a checagem desta edição.

Parte III: Bep

155 Por favor, saiba que farei tudo: Bep Voskuijl, carta a Otto Frank, 31 de dezembro de 1958, AFH.

CAPÍTULO 13: RESQUÍCIOS

158 "Nós dois ficamos chocados": Bertus Hulsman, entrevista a Joop van Wijk-Voskuijl e Jeroen De Bruyn, 20 de fevereiro de 2014.
158 "mal se atrevia a dar um passo": Bertus Hulsman, entrevista a Joop van Wijk-Voskuijl e Jeroen De Bruyn, 20 de fevereiro de 2014.

158 "O que resta a dizer quando": Bertus Hulsman, entrevista a Joop van Wijk-Voskuijl e Jerown De Bruyn, 20 de fevereiro de 2014.
159 O que realmente aconteceu: As mais importantes dessas fontes são: Ernst Schnabel, anotações pessoais, DLM; Bep Voskuijl, depoimento ao tribunal distrital de Lübeck, 29 de setembro de 1959, em Rheine, Alemanha, LL; Bep Voskuijl, entrevista gravada em áudio a Oskar Morawetz, 9 de outubro de 1978, CM; Bob van Dijk, "Wie pleegde het verraad van het Achterhuis?" [Quem foi o traidor do Anexo Secreto?], *Panorama*, 13 de dezembro de 1963; Diny Voskuijl, entrevista a Joop van Wijk-Voskuijl e Jeroen De Bruyn; recordações de Joop van Wijk-Voskuijl, baseado nos relatos de sua mãe.
160 "É difícil não se sentir impressionada": Citado em Laureen Nussbaum, "Anne Frank, schrijfster" [Anne Frank, escritora], *De Groene Amsterdammer*, 23 de agosto de 1995.
161 Como Miep lembrou mais tarde: Miep e Jan Gies, relato de entrevista a David Barnouw e Gerrold van der Stroom, 19 e 27 de fevereiro de 1985, NIOD.
161 minha mãe notou: Bep Voskuijl, depoimento ao tribunal distrital de Lübeck, 29 de setembro de 1959, em Rheine, Alemanha, LL.
161 e mal conseguiu esconder sua fúria: Schnabel, *No rasto*, 157.
163 os Reiche: Fichário pessoal de Ernst Robert Reiche (1902) e Flora Elsa Weichold (1903); documento registrado do Registro Nacional de Estrangeiros, 3 de junho de 1922, ACA. O registro da família Reiche foi oficialmente cancelado da municipalidade de Amsterdã em março de 1946.
165 Segundo o historiador: Mak, *Amsterdã*, 122.
165 "Nós fazíamos um recheio": Gies e Gold, *Relembrando Anne Frank*, 238-39.
166 "formalidade, burocracia e frieza": Hondius, *Terugkeer*, 87.
166 No verão de 1945: "Een Joodse kwestie" [Uma questão judaica], *De Patriot*, 2 de junho de 1945.
167 "Mais um judeu, não!": Hondius, *Terugkeer*, 100.
167 "Senhores": Bep Voskuijl, carta a Leidsche Onderwijsinstellingen, 11 de junho de 1945, AFH.

168 "Assim que recebermos": Leidsche Onderwijsinstellingen, carta a Bep Voskuijl, 15 de junho de 1945, AFH.

169 ele ainda sentia: Bertus Hulsman, entrevista a Joop van Wijk-Voskuijl e Jeroen De Bruyn, 20 de fevereiro de 2014.

170 "Ela realmente gostava do Kugler": Diny Voskuijl, entrevista a Joop van Wijk-Voskuijl e Jeroen De Bruyn, 25 de agosto de 2012.

CAPÍTULO 14: TIO OTTO

171 "Como poderei retribuir": Otto Frank, carta a sua família na Suíça, 15 de maio de 1945, citado em Pressler, *O tesouro*, 235.

171 Apenas 127 dos 1.019 judeus: von Benda-Beckmann, *Depois do diário*; Presser, *Cinzas*.

172 Rosa contou sobre os últimos dias de Edith: Rosa de Winter-Levy, *Aan de gaskamer ontsnapt!* (Doetinchem: C. Misset, 1945), 29.

173 "Só pensar nas crianças": Otto Frank, carta a Alice Frank, 28 de março de 1945, citado em Pressler, *O tesouro*, 218.

173 Victor e Jo conseguiram sobreviver: Em 18 de setembro de 1944, Jo Kleiman foi libertado do campo de prisioneiros da SS em Amersfoot, na província holandesa de Utrecht, por insistência da Cruz Vermelha. Estava muito mal de saúde, e os alemães o consideraram incapaz de realizar trabalhos forçados.

173 Minha mãe se lembrava: Bep Voskuijl, entrevista gravada em áudio a Oskar Morawetz, 9 de outubro de 1978, CM.

174 "Eu realmente prestei atenção": Diny Voskuijl, entrevista a Jeroen De Bruyn, 2 de setembro de 2012.

174 "Evocar memórias": Ibid.

174 "Simplesmente não consigo pensar": Otto Frank, carta a Leni Frank, 21 de junho de 1945, citado em Lee, *Vida oculta*, 182.

175 Margot foi a primeira: Por décadas, acreditou-se que Anne e Margot morreram no fim de março de 1945, como mostravam documentos da Cruz Vermelha. Contudo, em 2023, a Casa de Anne Frank publicou um livro afirmando que suas mortes provavelmente ocorreram

no início de fevereiro de 1945. Ver von Benda-Beckmann, *Depois do diário*.
175 "Ninguém precisa saber": Otto Frank, carta a Herbert Frank, 24 de julho de 1945, citado em Lee, *Vida oculta*, 192.
175 "Meus amigos": Otto Frank, memórias, citado em Lee, *Vida oculta*, 192.
175 "delicado cartão": Alice Frank, carta a Otto Frank, 4 de agosto de 1945, citado em Pressler, *O tesouro*, 233.
175 "Ainda não tenho forças para ler": Otto Frank, carta a Leni Frank, 22 de agosto de 1945, citado em Lee, *Vida oculta*, 194.
176 "me distrair": Otto Frank, carta a Leni Frank, 21 de junho de 1945, citado em Lee, *Vida oculta*, 182.
176 "construir uma nova vida": Otto Frank, memórias, citado em Lee, *Vida oculta*, 195.
177 "Como poderei": Otto Frank, carta a sua família na Suíça, 15 de maio de 1945, citado em Pressler, *O tesouro*, 235.
177 "Aqui estou": Otto Frank, carta a Walter e Julius Holländer, 20 de agosto de 1945, citado em Lee, *Rosas*, 213-14.
177 "sacrifício sem paralelo": Otto Frank, em carta a sua família na Suíça, 15 de maio de 1945, citado em Pressler, *O tesouro*, 235.
177 "um homem que saiba": Diário (VD), 25 de maio de 1944, 305.
178 "Olha, Cor": Rie van Wijk, entrevista a Joop van Wijk-Voskuijl, 11 de novembro de 2009.
179 "Todos os vizinhos mais próximos": Citado em Jean Schick Grossman, "Anne Frank: The Story Within Her Story" [Anne Frank: a história dentro da história], 5 de dezembro de 1954 (manuscrito não publicado), AFH.
180 "Normalmente, quando eu perguntava": Diny Voskuijl, entrevista a Joop van Wijk-Voskuijl e Jeroen De Bruyn, 25 de agosto de 2012.
188 "Caro sr. Frank": Bep Voskuijl, carta a Otto Frank, 4 de setembro de 1957, AFH.
189 "Simplesmente não consigo": Bep Voskuijl, carta a Otto Frank, 25 de junho de 1957, AFH.
189 "Depositei imediatamente": Ibid.
191 "O dinheiro era de Anne": Lee, *The Hidden Life*, 306.

CAPÍTULO 15: NEGACIONISMO

193 "um grave erro por parte da polícia" (nota de rodapé): David Barnouw e Gerrold van der Stroom (NIOD), entrevista a Jeroen De Bruyn, 30 de julho de 2010.

194 "Ao lhe enviar agora o *Het Achterhuis*": Otto Frank, carta a Christina Sodenkamp, junho de 1947, AFH.

194 "Ela foi subjugada": Diny Voskuijl, entrevista a Joop van Wijk-Voskuijl e Jeroen De Bruyn, 25 de agosto de 2012.

195 Também fez álbuns de recortes: Depois Bep doaria esses álbuns à Casa de Anne Frank, onde estão guardados nos arquivos do Departamento de Coleções.

195 "a história de Anne sempre": Cok van Wijk, entrevista a Jeroen De Bruyn, 6 de abril de 2014.

195 explicou que Bep: Bep Voskuijl, carta a Otto Frank, 31 de dezembro de 1958, AFH.

196 Dois dias depois, ela escreveu: Ibid.

196 sentiu-se "à vontade" (nota de rodapé): Bep Voskuijl, carta a Otto Frank, 19 de abril de 1959, AFH.

196 "sem palavras": Bep Voskuijl, carta a Otto Frank, 31 de dezembro de 1958, AFH.

196 "Espero que não": Bep Voskuijl, carta a Otto Frank, 4 de setembro de 1957, AFH.

197 "Espero que": Bep Voskuijl, carta a Otto Frank, 22 de março de 1951, AFH.

197 Em 1958, dois moradores: "Nazis Drop Forgery Claims Against Anne Frank's Diary" [Nazistas retiram acusações de fraude contra Diário de Anne Frank], *The Sentinel*, 9 de novembro de 1961.

197 "Podem contar comigo": Bep Voskuijl, carta ao tribunal distrital de Lübeck, 9 de agosto de 1959, AFH.

197 "além de qualquer dúvida": "Nazis Drop Forgery Claims Against Anne Frank's Diary" [Nazistas retiram acusações de fraude contra Diário de Anne Frank], *The Sentinel*, 9 de novembro de 1961.

197 "Estou chocado": Lothar Schmidt, carta a Otto Frank, 12 de junho de 1959, citado no documentário *Otto Frank: Father of Anne* [Otto Frank: pai de Anne], de David de Jongh, 2010.

198 "totalmente incapaz": Robert Faurisson, *Is the Diary of Anne Frank Genuine?* (Torrance, CA: Institute for Historical Review, 1985), 178. [No Brasil, *Quem escreveu o Diário de Anne Frank*]. O conteúdo desse livro é baseado em um relatório que Faurisson escreveu em francês em 1978 ("Le jornal d'Anne Frank: est-il authentique?"), que ele usou na batalha legal de Otto Frank entre 1976 e 1978 contra o neonazista alemão Heinz Roth.

198 "não estava nem um pouco interessado": Bep Voskuijl, carta a Otto Frank, 29 de agosto de 1978, AFH.

198 "Como eles se atrevem a questionar": Jos van Noord, "Geen twijfel aan echtheid dagboek van Anne Frank: Westduits onderzoek verkeerd uitgelegd" [Não há dúvida sobre a autenticidade do diário de Anne Frank: investigação da Alemanha Ocidental explicou incorretamente], *De Telegraaf*, 7 de outubro de 1980.

199 "Ninguém nunca nos perguntou": Jan Roelfs, "In Canada leven herinneringen aan het Achterhuis voort: Victor Kugler riskeerde met anderen zijn leven voor familie Anne Frank" [A memória da vida no Anexo Secreto resiste no Canadá: Victor Kugler e outros que arriscaram a vida pela família de Anne Frank], *Trouw*, 29 de julho de 1978.

199 mas impôs um limite: Loes e Victor Kugler, carta a Bep Voskuijl, 22 de abril de 1975, AFH.

200 "Nosso tempo no escritório": Bep Voskuijl, carta a Victor Kugler, 1º de junho de 1959, AFH.

200 "se abster de dar entrevistas": Otto Frank, carta a Loes e Victor Kugler, 23 de setembro de 1978, AFH.

200 "Victor e Lucy Kugler": Shapiro e Kardonne, *Victor Kugler*, 100.

201 "última peça do quebra-cabeça": Claudia Morawetz, e-mail a Jeroen De Bruyn, 10 de setembro de 2009.

201 Partes da entrevista: Bep Voskuijl, gravação em áudio de entrevista a Oskar Morawetz, 9 de outubro de 1978, CM.

202 um documentário: O documentário foi intitulado *The Man Who Hid Anne Frank* [O homem que escondeu Anne Frank], e tem como foco principal o papel de Victor Kugler como um dos ajudantes. O filme foi exibido no Canadá pela CBC Television, em 17 de dezembro de 1980.

202 "Ela não era de falar muito": Holly Rasky, entrevista a Jeroen De Bruyn, 27 de agosto de 2012.

CAPÍTULO 16: UMA GAROTA CHAMADA SONJA

212 O cartão de registro pessoal: O cartão de registro pessoal de Roza van Weezel (1914-1996), ACA. Roza foi batizada em 2 de abril de 1944 "na Igreja Reformada Holandesa de Watergraafsmeer, depois de fazer os seus votos de fé".

213 Jacqueline, o pai e a irmã: Ver Jacqueline van Maarsen, *My Name Is Anne, She Said, Anne Frank: The Memoirs of Anne Frank's Best Friend* [Meu nome é Anne, ela disse, Anne Frank: memórias da melhor amiga de Anne Frank] (London: Arcadia, 2007).

213 Sua irmã Jeanette: Jeanette van Weezel, entrevista em vídeo à Fundação da História Visual dos Sobreviventes de Shoah (hoje chamada USC Fundação Shoah), 16 de dezembro de 1995, USHMM. Jeanette van Weezel e seu marido nascido na Romênia, Gustav Havas, imigraram com os dois filhos para os Estados Unidos em 1954.

213 "agir de forma suspeita": Relatório da polícia de Amsterdã, 13 de maio de 1940, ACA.

213 Em uma declaração oficial: Raymond Fremdt, relatório de um interrogatório realizado na instituição penitenciária de Vught, 27 de junho de 1946, ficha de Raymond Fremdt na Jurisdição Especial do Arquivo Central, NA.

CAPÍTULO 17: A DOCE PAZ

221 "Eu me sinto mal": Diny Voskuijl, entrevista a Joop van Wijk-Voskuijl e Jeroen De Bruyn, 25 de agosto de 2012.

222 "Não vai ser tão difícil": Ibid.

222 "Ela me contou sobre sua vida pessoal": Diny Voskuijl, entrevista a Joop van Wijk-Voskuijl, 9 de março de 2021.
224 "Censura de Otto Frank": Richter Roegholt, "De censuur van Otto Frank," *Het Parool*, 3 de fevereiro de 1981.
224 "Otto Frank se sentiu obrigado": Fred Lammers, "Otto Frank liet grote gedeelten uit Annes dagboek weg" [Otto Frank deixou de fora grande parte do Diário de Anne Frank], *Trouw*, 30 de janeiro de 1981.
225 "deixou de fora": Bep Voskuijl, relatório de entrevista a David Barnouw e Gerrold van der Stroom, 25 de fevereiro de 1981, NIOD.
226 "Quero tentar": Fritzi Frank, carta a Bep Voskuijl, 19 de novembro de 1982, AFH.
226 "Com seu falecimento em 2001" (nota de rodapé): David Barnouw e Gerrold van der Stroom (NIOD), entrevista a Jeroen De Bruyn, 30 de julho de 2010.
228 Quando voltou da Alemanha: Em 2013, Melissa Müller publicou uma edição atualizada de sua biografia de Anne Frank de 1998. No livro, ela afirma que Nelly Voskuijl foi presa em 26 de outubro de 1945, e ficou "presumivelmente encarcerada em Groningen por vários anos". Acrescentou que Nelly foi "acusada por colaborar com os alemães" e "não pôde seguir sua vida até 1953". Porém, nada disso pode ser provado. Não há nenhum registro de Nelly na Jurisdição Especial do Arquivo Central (mantido nos Arquivos Nacionais de Haia), tampouco se pode encontrar registro da colaboração de Nelly nos arquivos de Groningen. Segundo o cartão de registro pessoal de Nelly nos Arquivos da Cidade de Amsterdã, o dia 26 de outubro de 1945 foi a data em que ela se mudou para a Grote Rozenstraat, número 14, em Groningen. Além disso, Diny Voskuijl visitava Nelly com frequência em Groningen nos anos pós-guerra e nega com veemência que a irmã tenha sido presa. Em sua biografia, Melissa Müller não forneceu a fonte de sua afirmação em relação a Nelly.
229 "Não consigo acreditar": Rhijja Jansen, "'Dat Nelly fout was, daar werd nooit over gesproken': Diny Voskuijl over goed en fout binnen één gezin" ["'O fato de Nelly ter estado no lado errado da Guerra

nunca foi discutido': Diny Voskuijl sobre os bons e os maus de uma mesma família"], *De Volkskrant*, 26 de abril de 2018.

229 Apesar de suas dificuldades financeiras: Registro sobre Johannes Hendrik Voskuijl dos arquivos da Fundação de Túmulos da Guerra, NA. Como muitos jovens holandeses, Voskuijl foi recrutado pelo exército da Holanda para fazer parte do que o governo holandês chamava então de Politionele Acties (Ações Policiais), com o objetivo de restaurar a lei e a ordem nas Índias Orientais Holandesas. Foi mandado para a colônia em julho de 1948. Segundo os registros, Voskuijl foi atingido por fogo inimigo em um caminhão do exército perto da cidade de Ajibarang, Java Central, e morreu a caminho do hospital mais próximo. Tinha 21 anos de idade. Seu corpo foi enterrado no cemitério militar de Pandu, em Java Ocidental.

231 Seu corpo foi descoberto: A data da morte de Nelly Voskuijl foi registrada como 15 de abril de 2001; como consta do Banco de Dados Municipal Global, CBG.

CAPÍTULO 18: O CADERNO VAZIO

233 "Tenho estado muito doente": Bep Voskuijl, carta a Fritzi Frank, 6 de abril de 1983.

234 "Dissemos a ela": Leny van Wijk, entrevista a Jeroen De Bruyn, 6 de abril de 2014.

234 Todos os seus quatro filhos: Anne van Wijk, e-mail a Joop van Wijk-Voskuijl, 9 de agosto de 2009.

234 Tinha perdido seu segundo pai: Otto Frank morreu em 19 de agosto de 1980 em Birsfelden, na Suíça; Victor Kugler, em 14 de dezembro de 1981, em Toronto; e sua mulher, Loes, em 8 de junho de 1991. Jan Gies morreu em 26 de janeiro de 1993 em Amsterdã. Miep Gies viveu até os cem anos; morreu em 11 de janeiro de 2010 em Hoorn, na Holanda.

235 "Quando saímos do elevador": Anne van Wijk, e-mail a Joop van Wijk-Voskuijl, 21 de setembro de 2010.

235 O museu a descreveu: Comunicado à imprensa, Casa de Anne Frank, 9 de maio de 1983, AFH.

236 "Ela tinha uma personalidade meiga": Jos van Noord, "Ze was de meest vertrouwde helpster van Anne Frank: Vandaag begrafenis van Elli Vossen uit *Het Achterhuis*" [Ela era a ajudante em quem Anne Frank mais confiava: hoje é o funeral da Elli Vossen do *Het Achterhuis*], *De Telegraaf*, 11 de maio de 1983.

241 "O segredo da minha mulher": Cor van Wijk, anotações de uma entrevista à Casa de Anne Frank, 28 de setembro de 1994, AFH.

EPÍLOGO: AS COISAS QUE DEIXAMOS PARA TRÁS

244 "Se o fim do mundo": Otto Frank, citado em Cara Wilson-Granat, *Tree of Hope: Anne Frank's Father Shares His Wisdom with an American Teen and the World* [Árvore de esperança: o pai de Anne Frank compartilha seus saberes com um adolescente americano e com o mundo] (Charleston, SC: Palmetto Publishing, 2021), 117.

NOTA SOBRE AS FONTES

252 Um estudo científico de 69 páginas: Dr. Bart Wallet et al., "The Betrayal of Anne Frank: A Refutation" [A traição a Anne Frank: uma refutação], SPUI25, março de 2022, https://spui25.nl/programma/the-betrayal-of-anne-frank-a-refutation.

ÍNDICE REMISSIVO

A

Achterhuis, Het (Frank), 82, 113, 162, 163, 196
AFC Ajax (time de futebol), 39
Ahlers, Tonny, 43n
Anne (avó de Jeroen De Bruyn), 10
Anne Frank Center (cidade de Nova York), 131
Anexo, *ver também* Traição dos residentes do Anexo
alimentação, 57-60
batida realizada no, 109-18, 161-4, 173
conhecimento dos vizinhos sobre 180-2
estante no, 9, 19-22, 74-6, 159
mudança para, 51-5
planos para se esconder no, 48-51
primeiros meses no esconderijo, 60-7
Anexo Secreto, *ver* Anexo
assassinos entre nós, Os (Wiesenthal), 121
Auschwitz, 121
Betty Bloemendal em, 87
família Nabarro em, 23
Henri Elias em, 105
Otto Frank em, 20, 46, 173-6, 178, 180
residentes do Anexo mandados para, 173

B

Barnouw, David, 227, 228n
Bassey, Shirley, 208
Beatriz, rainha, 47, 63
Bed, Jonas, 39
Belzec, campo de extermínio, 121-2

Bep, *ver* Voskuijl, Elisabeth "Bep"
Bep Voskuijl (De Bruyn e van Wijk-Voskuijl), 253
Bergen-Belsen, campo de concentração, 12, 39, 176, 215
Bernardo, príncipe consorte, 63
bicicletas, 37, 74-5
Blitzkrieg, 34
Bloemendal, Bertha "Betty", 85-6
Bolkestein, Gerrit, 113
Brilleslijper, Marianne "Janny", 176
Brilleslijper, Rebekka "Lien", 176
Buddeberg, Heinrich, 199
Buntenbach, Laura, 71, 73, 172

C

Campagne, Jacobus, 214
campos de concentração, *ver também* Auschwitz
   Belzec, campo de extermínio, 121-2
   Bergen-Belsen, 12, 39, 176, 215
   Chelmno, campo de extermínio, 121
   Dachau, 27
   Janowska, 122
   Majdanek, campo de extermínio, 123
   Mauthausen, 123, 174
   Neuengamme, 174
   Ravensbrück, 112, 215
   Sobibor, campo de extermínio, 11, 23
   Treblinka, campo de extermínio, 123
   Vught, 130
   Westerbork campo de trânsito, 23-4, 86, 105, 112, 115, 173
Campo de concentração Janowska, 122
Carl (marido de Nelly Voskuijl), 230-2
Casa de Anne Frank, 11, 13, 19, 29, 103, 138, 146, 153
   aberta ao público, 184
   e Bep Voskuijl, 188-9, 237
   e Cor Suijk, 131
   visita de Ton van Wijk e Joop van Wijk-Voskuijl, 247
Casper (sobrinho de Joop van Wijk-Voskuijl), 250
Chelmno, campo de extermínio, 121
Cinema & Theater (revista), 70
Contos do Esconderijo (Frank), 82

D

Dachau, campo de concentração, 27
De Bruyn, Jeroen
   Bep Voskuijl, 253
   pesquisa geral de, 9-15, 133-4, 245-9
   pesquisa sobre Bertus Hulsman, 102, 152-4, 160
   pesquisa sobre Bep Voskuijl, 190, 203

pesquisa sobre diário de Anne Frank, 161
pesquisa sobre Nelly Voskuijl, 138-44, 144-5
pesquisa sobre Roza van Weezel, 213
Departamento de Investigação Criminal de Amsterdã, 93n
Dettmann, Julius, 133
Deutsche Zeitung in den Niederlanden, 148
de Winter, Rosa, 174
diário
   adaptações do 46, 161, 197
   autenticidade do, 199-200
   como "exercício de relações públicas", 23
   como microcosmo do Holocausto, 121-3
   descoberta de Willem van Maaren, 163
   edição crítica, 227-9, 228n, 236
   e Otto Frank, 182-3, 196, 227
   menção a Nelly Voskuijl no, 227-8, 248
   versão A 113, 151, 161-2
   versão B (ver *Achterhuis, Het* (Frank)
   versão C, 162
Diário de Anne Frank, O (filme), 195, 196n
Diário de Anne Frank, O (peça teatral), 123, 161, 197
Diederichs, Monika, 147
Diny, *ver* Voskuijl, Dina "Diny"
Dolle Dinsdag (Terça-feira Insana), 164-6

E

Eichmann, Adolf, 24, 121, 123, 126,
Elias, Erich, 28
Elias, Henri, 105
Elli, *ver* Voskuijl, Elisabeth "Bep"
Elly (sobrinha de Joop van Wijk--Voskuijl), 250
estante de livros, 19-31, 76

F

Faurisson, Robert, 200, 202
Fie (mulher de Cor van Wijk), 241-2
Frank, Alice, 177
Frank, Annelies Marie "Anne", 19, *ver também* Casa de Anne Frank; Diário
   amizade com Miep Gies, 40-1
   citação de, 17
   e a batida no Anexo, 112-5
   e Auguste van Pels, 77-9
   e Bep Voskuijl, 31-2, 40-1, 61-2, 79-81,181-2
   e comemoração do Sinterklaas, 63-4
   e comida no esconderijo, 57-61
   e Edith Frank, 79
   e Johan Voskuijl, 89-90
   e o amor por filmes, 70
   e os primeiros meses no esconderijo, 61-5

e Peter van Pels, 100-1
e planos de se esconder, 51-5
infância de, 24-5, 27-31
legado de, 197-9
morte de, 39, 177
na festa do pijama, 81-2, 84-5, 86-7
segundo ano no esconderijo, 99-102
textos de, 17, 101-5
Frank, Edith, 50, 53-4, 179
como dona de casa, 30
e a batida no Anexo, 110
e Anne Frank, 79
e os primeiros meses no esconderijo, 91
morte de, 174-6
mudança para Marbachweg, 27
recebendo carta para Margot Frank, 43
Frank, Elfriede "Fritzi", 131-2, 227, 235-6
Frank, família, *ver também nomes de indivíduos*
e batida no Anexo, 114-5, 173
e Bep Voskuijl, 30-1
mudança para o Anexo, 52-4
Frank, Herbert, 177
Frank, Leni, 176, 178
Frank, Margot, 20-1, 80-1, 112-3, 164, 177, 196, 203
curso por correspondência de, 168-9
e a carta dos nazistas, 42-3, 51-2, 90

e Bep Voskuijl, 181-2
e comemoração do Sinterklaas, 63-4
e os primeiros meses no esconderijo, 62-3
e planos de se esconder, 51-4
infância, 27-30
morte de, 39-40, 176
na festa do pijama, 83-5
Frank, Otto
cartas de, 246-7
citação, 173, 245
depois da captura, 173-7
e a batida no Anexo, 111-3, 163
e Bep Voskuijl, 190-3
e Bertus Hulsman, 105
e comemoração do Sinterklaas, 63-4
e Cor Suijk, 130-2
e *diário de Anne Frank, O* (filme), 182-3
e Johan Voskuijl, 90
e julgamento por difamação, 199
e Karl Silberbauer, 125-6
e negacionistas do Holocausto, 199-201
e Nelly Voskuijl, 224-6
e o diário de Anne Frank, 182-3, 196, 227
e o legado de Anne Frank, 197-9
e Oskar Morawetz, 202-3
e os primeiros meses no esconderijo, 60-4
e plano de se esconder, 47-54

e Simon Wiesenthal, 123-5
e viagem a Noordwijk, 182-5
e Victor Kugler, 97, 202-4
e Willem van Maaren, 130-2
morte de, 226, 236
mudança para Amsterdã, 27-30
mudança para Marbachweg, 26-7
no casamento de Bep Voskuijl com Cor van Wijk, 178-82
no começo da ocupação, 35-7
no esconderijo 57-8, 60-1
personalidade de, 25-7
tentativa de chantagem, 43n
trabalho na Opekta, 27-30, 40-2
volta a Amsterdã, 20-1
Fremdt, Raymond, 215
From the Diary of Anne Frank (peça orquestral), 203
Fundação Túmulos de Guerra (Oorlogsgravenstichting), 231

G

Gans, sr., 35
Garbo, Greta, 63
Genot, Anna, 97
Gerard (marido de Bettie van Weezel), 213
Gies, Hermine "Miep" Santruschitz
cartas de, 247
contatada por Jeroen De Bruyn, 12
depois da batida no Anexo, 177
e a batida no Anexo, 109-10, 114-6, 161-3
e Bep Voskuijl, 45, 236-9
e comemoração do Sinterklaas, 62-4
e *diário de Anne Frank* (filme), 182-3
e Jan Gies, 71-2
e Joop van Wijk-Voskuijl, 45, 47-9
e Karl Silberbauer, 123-5
e negacionistas do Holocausto, 200-1
entrevista, 46-9
e o legado de Anne Frank, 197-9
e Oskar Morawetz, 202-4
e plano de se esconder, 47-50, 52-4
e Ton van Wijk, 45
no casamento de Bep Voskuijl com Cor van Wijk, 180-1
na festa de noivado, 107
no esconderijo, 57-9, 87, 92
no Hongerwinter, 167
Recordando Anne Frank, 46
trabalho na Opekta, 28-30, 41-2, 45-6, 61-2
Gies, Jan, 45, 57-8, 115-6, 175, 192n, 223
e Miep Gies, 71-2
e o plano de se esconder, 47-9
e Oskar Morawetz, 202-3
na festa de noivado, 107
no casamento de Bep Voskuijl com Cor van Wijk, 180-1

no funeral de Bep Voskuijl, 239
trabalho na Gies & Co., 42
Gies, Paul, 12, 45
Gies & Co., 43
Gold, Alison Leslie, 46
Goslar, Hanneli, 203
Gringhuis, Gezinus, 111
Grootendorst, Willem, 111-2
Guilhermina, rainha, 33, 63, 100

H

Hartemink, Everdina, 112
Hartog, Lammert, 97
Hauben, sr. (vizinho), 248
Hella (amiga de Bep Voskuijl), 236-7
Hendrie (filha de Diny Voskuijl), 224
Hester (sobrinha of Joop van Wijk-Voskuijl), 250
Himmler, Heinrich, 24, 61
Hitler, Adolf, 27, 74, 148-9, 200, 216, 231
  Invasão da Holanda, 33-5
Holanda
  e o diário de Anne Frank, 23-4
  invasão pela Alemanha, 33-7
  libertação da, 166-8
  ocupação nazista da, 35-8, 40-1, 86-7
  práticas funerárias na, 249
  situação econômica no pós--guerra da, 173
  taxa de mortalidade no Holocausto, 20-1, 173

volta de Nelly Voskuijl a, 230
Hollandsche Schouwburg (Teatro Holandês), 105
Holocausto
  história de Anne Frank como microcosmo do, 121-3
  Instituto NIOD de Estudos sobre a Guerra, o Holocausto e o Genocídio, 140, 226n
  Museu Yad Vashem do Holocausto, 192n
  na Holanda, 20, 173
  negacionistas do, 195, 200
  RIOD (Instituto Estatal Holandês para Documentação da Guerra), 48n, 226-9, 226n, 238
  taxa de mortalidade na Holanda, 20, 173
Hondius, Dienke, 168-9
Hongerwinter, 166-70
Huf, Jules, 127-8
Huize Lydia, 150
Hulsman, Bertus, 179, 227
  e a batida no Anexo, 116-8, 159-60, 162
  e Bep Voskuijl, 101-3, 169-71
  e Johan Voskuijl, 105-6
  sobre Nelly Voskuijl, 147, 150
Hüsfeldt, Cecilia, 112

I

Ingrid (segunda mulher de Joop van Wijk-Voskuijl), 4, 103, 156, 242

Irene, Princesa, 63
Irmãs Jacot, 145

J

Jan (marido de Diny Voskuijl), 224
Jansen, Joseph, 43n
Jo, *Ver* Kleiman, Johannes "Jo"
Jochem (sobrinho de Joop van Wijk-Voskuijl), 250
Jornal Alemão na Holanda, 148
José (sobrinho-neto de Wolf Tafelkruijer), 112
Juliana, rainha, 63, 198n

K

Kaletta, Charlotte, 198
Kardonne, Rick, 71
Kay-Lee (neta de Joop van Wijk-Voskuijl), 250
Keizer, Bettie, 214, 216
Keizer, Daniel, 214
Kleiman, Johanna, 71
Kleiman, Johannes "Jo", 42, 182, 192n
  e a batida no Anexo, 110-1, 115
  e a estante de livros, 75
  e Anna Genot, 97
  e comida no esconderijo, 58
  e o diário de Anne Frank, 182-3
  e plano de se esconder, 51-2
  e trabalho na Opekta, 42, 52, 116
  infância, 70-1

libertação de campo de prisioneiros, 162, 175
prisão de, 143
Kraler, sr., *ver* Kugler, Victor
Kugler, Victor, 50-1, 63-4, 69-71, 114-5, 111-2, 171, 175, 179, 192n, 203-4
  doença de, 201-3
  e a batida no Anexo, 110-1
  e a estante de livros, 74-6
  e Bep Voskuijl, 72-4, 101, 106, 171
  e *diário de Anne Frank, O* (filme), 182-3
  e Gies & Co., 42
  e Karl Silberbauer, 125-7
  e o diário de Anne Frank, 182-3
  e Otto, 97, 201-3
  e plano de se esconder, 47-8
  e Willem van Maaren, 93-5, 131-2
  morte de, 236
  trabalho na Opekta, 41-2, 162
Kuiper, Maarten, 111

L

Lages, Willy, 24, 133, 143
Lanzmann, Claude, 10
Leny (mulher de Cok van Wijk), 235-6, 238-40
libertação da Holanda, 167
Louis (amor por Anne, avô de Jeroen De Bruyn), 10

M

Majdanek, campo de extermínio, 123
Mak, Geert, 24, 167
Margarida, princesa, 63
Marie-José (mulher de Ton van Wijk), 250-1
Mauthausen, campo de concentração 37, 123, 174
Mevrouw Groen (personagem ficcional), 220
Miep, *ver* Gies, Hermine "Miep" Santruschitz
M.K, *ver* Voskuijl, Hendrika Petronella "Nelly"
Mooie-zinnenboek (Frank), 84
Morawetz, Claudia, 203
Morawetz, Oskar, 203-4
Museu Yad Vashem do Holocausto, 192n

N

Nabarro, Jacob, 23
Nabarro, Selma, 23
nazistas e Partido Nazista, *ver também* campos de concentração
 carta para Margot Frank, 42-3, 51-2, 90
 clubes sociais dos, 147-8
 ocupação da Holanda, 35-8, 40-1, 86-7
Nelly, *ver* Voskuijl, Hendrika Petronella "Nelly"
Neuengamme, campo de concentração, 174
Nielson, A., 170
NIOD (Instituto de Estudos sobre a Guerra, o Holocausto e o Genocídio), 140, 226n *ver também* RIOD (Instituto Estatal Holandês para Documentação da Guerra)
NRC (jornal), 230
Nussbaum, Laureen, 162

O

O livro das belas frases (Frank), 84
Olofsson, Erna, 112
Oostenrijk, família, 60
Opekta, 27-8, 69, 71-3, *ver também* Círculo da Opekta
 Círculo da Opekta, 28-9, 131-2, 175, 225, 246, 249
 contratação de Bep Voskuijl, 28-30
 depois da batida, 162
 durante a ocupação, 40-1
 e Jo Kleiman, 41-2, 61-2
 e Johanna Kleiman, 41-2
 e Willem van Maaren, 93-6, 129-30
 fechamento da empresa, 178
 no Hongerwinter, 167
 Victor Kugler na, 71-4

P

Paape, Harry, 226-8

Panorama (revista), 129
Parool, Het (jornal), 147
Patriot, De (jornal), 168
Pectacon, 43
Pfeffer, Fritz, 203
   e a batida no Anexo, 115
   e a comemoração do Sinterklaas, 63-4
   e Charlotte Kaletta, 91, 198
   morte de, 173-4
   no esconderijo, 63, 65, 84
Piet, "Ome" (vizinho), 90
Polícia holandesa, 24, 125, 195
Pressler, Mirjam, 140
Pronk, Aagje, 78
Puls, Abraham, 162-3

Q

Quem escreveu o diário de Anne Frank? (Faurisson), 200
Quem traiu Anne Frank? (Sullivan), 254

R

Rasky, Harry, 204
Rasky, Holly, 204
rasto de Anne Frank, No (Schnabel), 98
Rauter, Hanns Albin, 8
Ravensbrück, campo de concentração, 112, 215
Rebecca (filha de Joop van Wijk-Voskuijl), 219, 237, 250
Recordando Anne Frank (Gies), 46
reféns holandeses, execução de, 141-2
Reiche, Ernst, 165-6
Reiche, Flora, 165-6
Reiche, Hermann, 165-6
Reiche, Louisa, 165-6
Revue (tabloide), 93n
RIOD (Instituto Estatal Holandês para Documentação da Guerra), 48n, 226-9, 236, *ver também* NIOD (Instituto de Estudos sobre a Guerra, o Holocausto e o Genocídio)
Robin (filho de Ton van Wijk), 250
Rogers, Ginger, 63
Ryan (neto de Joop van Wijk-Voskuijl), 250

S

Schiele, Egon, 42
Schloss, Zvi, 193
Schnabel, Ernst
   e Bep Voskuijl, 98, 114, 126, 160
   rasto de Anne Frank, No, 98, 124
Se o passado se tornar o presente, 232
Seyss-Inquart, Arthur, 148
Shapiro, Eda, 71
Siegfried (oficial austríaco), 137-9, 146, 149-50
Silberbauer, Karl, 121-2, 123-34, 225
   captura de, 128-9
   e a batida no Anexo, 111-7, 141-3, 159-62
   e Otto Frank, 125

e Simon Wiesenthal, 123-6
Silberbauer, sra., 127
Sinterklaas, comemorações, 64, 75, 205
Sobibor, campo de extermínio, 11, 23
Sodenkamp, Christina "Stien", 142-3, 154, 185-6, 196
 como parteira, 188-9
 e Bep Voskuijl, 106
 e Betty Bloemendal, 86-7
 e Carl, 230-2
 e Joop van Wijk-Voskuijl, 216-8, 238
 e Johan Voskuijl, 21-2, 66-7, 91-2
 e Nelly Voskuijl, 232
 e os primeiros meses no esconderijo, 66-7
 e Willy Voskuijl, 231
 frugalidade de, 25-6
 no começo da ocupação, 37-8
 no funeral de Bep Voskuijl, 239-40
 no Hongerwinter, 166-7
 relações com judeus, 39-40
Sonja (mulher de Joop van Wijk--Voskuijl), 205-21
 divórcio, 240
 e Cor van Wijk, 242
Stam, Dineke, 153
Stevens, George, 122
Stielau, Lothar, 199
Suijk, Cornelius "Cor", 130-2
Sullivan, Rosemary, 254

T

Taconis, Ynze, 125
Tafelkruijer, Wolf, 112
Telegraaf, De (jornal), 200, 237
Terça-feira Insana, 164-6
traição dos residentes do Anexo, 128-34
 Nelly Voskuijl como suspeita, 137-47, 149-56, 180, 216, 223, 225-6, 229, 236, 246
 Willem van Maaren como suspeito da, 93n, 128, 163, 203
Treblinka, campo de extermínio, 123
Trouw (jonrla), 63, 201, 226

V

Vaderland, Het (jornal), 216
Vallee, Rudy, 63
van Beusekom, Henk, 78
van Bladeren, Lena, 97-8
van den Bergh, Arnold, 254
van der Stroom, Gerrold, 227, 228n
van Dijk, Ans, 134
van Gelderen, Jacob, 35
van Langen, Loes "Lucy", 201
van Maaren, Willem, 93-9
 como suspeito pela traição, 93n, 128-30, 163-4, 203
 e a batida no Anexo, 110
 encontrando o diário, 163
 suspeição como informante, 131-2
van Maarsen, Jacqueline, 215

van Noord, Jos, 200
van Pels, Auguste, 73-4, 87, 90-1, 106
   e Anne Frank, 77-9
   e Bep Voskuijl, 77-8
   e planos para se esconder, 50-1
van Pels, família, 114-5, 173
van Pels, Hermann, 73, 90, 94-5, 173-4
   e comemorações do Sinterklaas, 63-4
   e comida no esconderijo, 57-8
   e planos para se esconder, 50-1
van Pels, Peter, 163-4
   bicicleta de, 74
   e Anne Frank, 100-1
   e comemorações do Sinterklaas, 63-4
   e os primeiros meses no esconderijo, 62-3
   morte de, 174
van Weezel, Jeanette, 215
van Weezel, Roos, 213-4, 216, 218
van Weezel, Roza, 211-6, 218, 220
van Wijk, Anne, 188-9, 207, 237-40, 247, 249-50
van Wijk, Cok, 45, 93, 181-2, 197, 235
   e Joop van Wijk-Voskuijl, 206-7, 238
   e Miep Gies, 45
   no funeral de Bep Voskuijl, 239
van Wijk, Cornelis "Cor"
   comemoração do aniversário, 184-6
   e Bep Voskuijl, 178-80, 185-7, 240
   e Joop van Wijk-Voskuijl, 205-7, 240-3
   e Nelly Voskuijl, 229
   e Roza van Weezel, 210-3
   e Sonja, 210-1, 218-20, 241-2
   morte de, 242-3
van Wijk, Maria "Rie", 179-80
van Wijk, Ton, 181-2, 207-8, 235, 237
   e Bep Voskuijl, 240, 247-9
   e Joop van Wijk-Voskuijl, 206-7, 238-9
   e Miep Gies, 45
   e relações familiares, 250-1
   morte de, 247
   visita à Casa de Anne, 247
van Wijk-Voskuijl, Joop, 133-5, 190, 203-4, 213
   álbum de fotografias, 251-2
   Bep Voskuijl, 253
   casamento com Ingrid, 242-3
   e Bep Voskuijl, 205-8, 251-2
   e Christina Sodenkamp, 216-8
   e Diny Voskuijl, 238
   e Miep Gies, 45, 47-9
   e Nelly Voskuijl, 238
   e Sonja, 208-13, 216-20, 240
   e Ton van Wijk, 205-6, 238-9
   e visita a Noordwijk, 182-5
   ferimento por queimadura, 205-10
   pesquisas em geral de, 133-5, 245-9

pesquisas sobre Bertus
    Hulsman, 102, 152-4, 160
pesquisas sobre Bep Voskuijl,
    190, 203-4
pesquisas sobre Nelly Voskuijl,
    138-45, 233
pesquisas sobre o diário de
    Anne Frank, 161
pesquisas sobre Roza van
    Weezel, 213
relações familiares, 249-51
visita à Casa de Anne Frank,
    247
Vítimas judias, atitude da
    Holanda pós-guerra em relação
    a, 169
Voskuijl, Cornelia "Corrie", 22, 66
Voskuijl, Dina "Diny"
    e Bep Voskuijl, 72-4, 106, 223-5
    e doença de Johan Voskuijl, 91
    e Joop van Wijk-Voskuijl, 238
    e Nelly Voskuijl, 145-6, 149-50,
        154
    e os primeiros meses do
        esconderijo, 66-7
    e Sonja, 217-8
    na casa da infância, 75-6
    nascimento de, 24-5
    recordações de, 37-8
Voskuijl, Elisabeth "Bep", 157
    álbuns de recortes de, 11, 197
    anos de adolescência, 28-9
    cartas de, 246-8
    como "Mevrouw Groen", 219-21
    depois da batida no Anexo, 177

difteria de, 92-3, 96
doença e morte de, 235-40
e a batida no Anexo, 109-10,
    113-7, 159-60, 162-3
e a família Frank, 30-1
e Anne Frank, 31-2, 79-86, 181-3
e Auguste van Pels, 77-8
e Bertus Hulsman, 101-2, 105-7,
    169-71
e comemoração do Sinterklaas,
    62-4
e comida durante o esconderijo,
    57-9
e Cor van Wijk, 178-81, 185-7
e *diário de Anne Frank, O*
    (filme), 182-3
e Diny Voskuijl, 223-5
e execuções de reféns
    holandeses, 141-2
e Johan Voskuijl, 76
e Joop van Wijk-Voskuijl, 205-
    8, 251-2
e Karl Silberbauer, 126-7
e Margot Frank, 181-2
e Miep Gies, 45
e negacionistas do Holocausto,
    199-200
e Nelly Voskuijl, 140-3, 180-1,
    184-5, 229-30
entrevista nos anos 1970, 87
e o legado de Anne Frank, 197-9
e o pai, Johan, 92
e os primeiros meses do
    esconderijo, 63-7
e Oskar Morawetz, 202-4

e Otto Frank, 190-3
e plano para o esconderijo,
    47-55
e Roza van Weezel, 210-3
e Sonja, 210-1, 218-20
e viagem a Noordwijk, 182-7
e Victor Kugler, 72-4, 101, 106,
    171
e Willem van Maaren, 128-30,
    131-2, 163
infância, 20-5
morte de, 228, 249
na estreia do filme na Holanda,
    198n
na festa do pijama 85-7
nascimento da filha Anne, 188-9
no Hongerwinter, 167
no rescaldo da guerra, 13-5,
    168-9
período de boa saúde de, 200-2
tentativa de suicídio de, 187-90,
    239
trabalho na Opekta, 40-1, 57-8,
    59-62
Voskuijl, família, vida no pré-
    guerra, 15
Voskuijl, Gerda, 25, 67, 75, 115,
    117, 149, 166, 232
Voskuijl, Hendrika Petronella
    "Nelly", 75-6, 119, 250
    como suspeita pela traição,
        141-3, 153-5, 180-1, 223-6, 233,
        236, 246
    e a família Reiche, 164-5

e Bep Voskuijl, 140-3, 180-1,
    184-5, 229-30
e Carl, 230-2
e Christina Sodenkamp, 232
e Cor van Wijk, 229
e Diny Voskuijl, 145-6, 149-50,
    154
e Johan Voskuijl, 137, 141, 149,
    152-3, 177, 231
e Joop van Wijk-Voskuijl, 238
em discussões familiares, 153-6
emprego em Laon, França,
    150-4
e o diário de Anne Frank, 248
e o diário de Anne Frank,
    edição crítica, 227-9
e os primeiros meses do
    esconderijo, 66-7
e Otto Frank, 224-6
interesse por alemães, 39-41, 165
morte de, 228n, 232
nascimento de, 21-2
no casamento de Bep Voskuijl
    com Cor van Wijk, 180-1
no diário de Anne Frank, 245
relações com nazistas, 137-42,
    145-50, 165
trabalho para os alemães, 59,
    272
vida no pós-guerra, 230-3
Voskuijl, Johan, 19-23, 25-6, 159
como carpinteiro, 75-6
como pai 30-1
doença e morte de, 89-92, 96,
    105, 174, 177

e a batida no Anexo, 117-8
e Anne Frank, 89-90
e Bertus Hulsman, 105-6, 170
e Christina Sodenkamp, 91-2
e comemoração do Sinterklaas, 63-4
e *diário de Anne Frank, O* (filme), 182-3
e informantes, 90
e Nelly Voskuijl, 137, 141, 149, 152-3, 231
e os primeiros meses do esconderijo, 63-5, 73-4
e Otto Frank, 90
e Siegfried, 149-50
no começo da ocupação, 37-9
no diário de Anne Frank, 245
relação com judeus, 38-40
trabalho na Opekta, 41
Voskuijl, Johanna "Annie", 22, 66, 145-6, 166, 235
Voskuijl, Johannes "Joop", 24-5, 114-5, 231
Voskuijl, Wilhelmina "Willy", 75-6, 91, 130-1, 177, 228, 232, 240
e Christina Sodenkamp, 231
e os primeiros meses do esconderijo, 64-5
infância, 21-3
Vrije Volk, Het (jornal), 127
Vught, campo de concentração, 130

W

Wallagh, Bob, 197-8
Walraven, Hella, 236
Weichold, Flora, 165
Westerbork, campo de trânsito, 23-4, 86, 105, 112, 115, 173
Wiesenthal, Cyla, 122
Wiesenthal, Simon, 121-8
Winkler Prins, 83

AGRADECIMENTOS

Este livro não existiria sem a generosidade e a ajuda de muitas pessoas que conhecemos ao longo do processo. Em primeiro lugar, gostaríamos de agradecer à nossa editora, LaSharah Bunting. Seu entusiasmo e dedicação inabaláveis fizeram com que fosse um prazer trabalhar com ela, e suas ideias e edições meticulosas melhoraram imensamente nosso manuscrito. Também somos gratos a seus maravilhosos colegas da Simon & Schuster, entre eles Maria Mendez, Lynn Anderson, Chonise Bass, Brianna Scharfenberg, Alyssa diPierro e Priscilla Painton.

Nossos agentes, Peter e Amy Bernstein, reconheceram o potencial desta história e nos guiaram no caminho para sua publicação. Seus conselhos, tanto em questões comerciais quanto editoriais, foram inestimáveis. Também somos gratos a Efraim Zuroff, diretor do Centro Simon Wiesenthal de Jerusalém, que nos apresentou a Peter e Amy e acreditou neste projeto desde o início.

Ingrid van Wijk-Wolff, com sua preocupação com nosso projeto, suas melhorias no manuscrito e assistência de inúmeras maneiras, foi um tremendo apoio durante os muitos anos que dedicamos a este livro. Eric De Bruyn e Petra Larosse foram infalivelmente prestativos e uma grande fonte de segurança e acolhimento. Nossos sinceros agradecimentos a eles.

Somos gratos a Barbara Eldridge, Christoph Knoch e ao falecido Buddy Elias, do Anne Frank Fonds da Basileia, na Suíça, por seu encorajamento e por nos concederem o Margot Frank Stipendium, que nos ajudou muito na realização da nossa pesquisa.

Agradecemos à equipe do Instituto NIOD de Estudos sobre a Guerra, o Holocausto e o Genocídio de Amsterdã por nos guiar por seus arquivos, e a David Barnouw e Gerrold van der Stroom, em particular, por fornecerem detalhes de seus encontros com Bep, Nelly e Willy Voskuijl no início dos anos 1980. Marie-Christine Engels, Alan Moss e Robbert Boukema, dos Arquivos Nacionais de Haia, vasculharam seu acervo para nós, procurando por qualquer informação que pudesse ser valiosa. Apesar do volume de pedidos que fizemos (muitas vezes em cima da hora), eles nunca perderam a paciência.

Agradecemos a ajuda e os conselhos das seguintes pessoas: Wouter Bax (jornal *Trouw*), Miriam Boonen (Instituut Schoevers), Miriam Häfele (Deutsches Literaturarchiv Marbach), Marjon Hardonk (jornal *De Volkskrant*), Jacques Hartman (CBG Center for Family History), Kunihiro Hayashida (jornal *Asahi Shimbun*), Diane Keyser (Forum der Joodse Organisaties, Antuérpia), Jaap Klein (jornal *Het Parool*), Peter Kroesen (Arquivos da Cidade de Amsterdã), Bert Kuipers (município de Groningen), Megan Lewis (Museu Memorial do Holocausto dos Estados Unidos), Maureen McNeil (Anne Frank Center, Nova York), Els van der Meer (Memorial Nacional do Campo Vught), Willem van der Meer (assessor jurídico), Keiko Miura (Anne's Rose Church, Japão), Elisabeth Overgaauw (Centro de Guerra e Resistência de Groningen), Frank Rettig (Bundesarchiv), Margreet Visch-Camphuis (Arquivos de Groningen) e dr. Bart Wallet (professor de Estudos Judaicos na Universidade de Amsterdã). Somos particularmente gratos a Jan Erik Dubbelman, diretor emérito dos Projetos de Educação Internacional da Casa de Anne Frank, por nos fornecer informações importantes e por seu amável apoio.

Também prestamos nossa sincera gratidão àqueles que compartilharam suas memórias de Bep: Jacqueline van Maarsen (Holanda), Claudia Morawetz (Canadá), padre John Neiman (Estados Unidos), Frank Perk (Holanda), Arlene e Holly Rasky (Canadá), Takeo Sato (Japão) e Cok, Leny, Anne, Ton e Rie van Wijk.

O seguinte grupo de pessoas nos apoiou de várias maneiras. Na Holanda: Jon Elbert, Simon Hammelburg, David de Jongh, Loes Liemburg e Herman Vuijsje; na Bélgica: Benedite Baerts, Diane Broeckhoven, Stefanie De Bruyn, Nina Moerkens, Marte Nevelsteen, Hannelore Riemenschneider, Silke Riemenschneider e Anneke Van de Voorde; no Canadá: Rick Kardonne, Barbara Legault e Rita Visser; nos Estados Unidos: Ralph Melnick e Cara Wilson-Granat. Somos muito gratos a todos.

Diny Voskuijl e Bertus Hulsman foram de tremenda ajuda ao compartilhar suas memórias vívidas e muitas vezes dolorosas. Apesar da idade avançada, eles sempre estiveram à disposição para responder às nossas muitas perguntas, nos ajudando a preencher lacunas na nossa história e criando novas conexões. Por sua coragem, lealdade e amizade, somos verdadeiramente gratos.

E, finalmente, agradecemos imensamente ao nosso editor consultivo, Stephen Heyman, que nos orientou durante todo o processo de redação. Com seu olhar aguçado, ideias maravilhosas e empatia, ele foi indispensável para este projeto de várias maneiras. Por sua dedicação e por todo o tempo que liberou para trabalhar conosco durante os últimos anos — tanto virtual quanto presencialmente —, gostaríamos de expressar nossos mais calorosos agradecimentos.

**Acreditamos
nos livros**

Este livro foi composto em Adobe Garamond
Pro e impresso pela Gráfica Santa Marta para
a Editora Planeta do Brasil em março de 2024.